项目支持：浙江省重点建设高职院校浙
品牌专业、中国特色高水平高职学校浙江金
专业群、高等职业教育金融科技应用专业国家

全面建设小康社会新金融系列丛书

数字普惠金融：
中国的创新与实践

吴金旺　　顾洲一◎著

中国金融出版社

责任编辑：王　君
责任校对：潘　洁
责任印制：丁淮宾

图书在版编目（CIP）数据

数字普惠金融：中国的创新与实践/吴金旺，顾洲一著. —北京：中国
金融出版社，2021.10

（全面建设小康社会新金融系列丛书）

ISBN 978 – 7 – 5220 – 1346 – 6

Ⅰ.①数…　Ⅱ.②吴…②顾…　Ⅲ.①数字技术—应用—金融业—研
究—中国　Ⅳ.①F832 – 39

中国版本图书馆 CIP 数据核字（2021）第 203239 号

数字普惠金融：中国的创新与实践
SHUZI PUHUI JINRONG：ZHONGGUO DE CHUANGXIN YU SHIJIAN

出版
发行　**中国金融出版社**

社址　北京市丰台区益泽路 2 号
市场开发部　（010）66024766，63805472，63439533（传真）
网 上 书 店　www. cfph. cn
　　　　　　（010）66024766，63372837（传真）
读者服务部　（010）66070833，62568380
邮编　100071
经销　新华书店
印刷　保利达印务有限公司
尺寸　169 毫米 × 239 毫米
印张　16.5
字数　251 千
版次　2021 年 12 月第 1 版
印次　2021 年 12 月第 1 次印刷
定价　58.00 元
ISBN 978 – 7 – 5220 – 1346 – 6
如出现印装错误本社负责调换　联系电话（010）63263947

序　言

新征程已经开启。习近平总书记在庆祝中国共产党成立 100 周年大会上庄严宣告："经过全党全国各族人民持续奋斗，我们实现了第一个百年奋斗目标，在中华大地上全面建成了小康社会，历史性地解决了绝对贫困问题，正在意气风发向着全面建成社会主义现代化强国的第二个百年奋斗目标迈进。"党的十九届五中全会通过了《中共中央关于制定国民经济和社会发展第十四个五年规划和二〇三五年远景目标的建议》，新发展阶段、新发展理念、新发展格局成为一条贯通全文的主线，也是指引我国在新征程上行稳致远的旗帜。

新时代呼唤新金融。改革开放以来，我国金融进入了发展的快车道，取得了长足的进步，完成了从量的扩张到质的飞跃的转变。随着经济转型和深化改革不断推进，金融业的发展逐步由规模的增长向效率的提升转变；由依托金融机构的发展向注重金融功能的发挥转变；由金融业态的丰富向注重金融生态的优化转变。进入新时代以来，随着国际国内形势的深刻变化，我国的金融发展又一次面临新的历史机遇，同时也面临一系列新的挑战。这些新机遇、新挑战，主要来自以下方面：一是经济发展方式的转变，高质量发展需要新的增长动力，科技和创新成为重要引擎；二是环境约束日益显著，推动可持续发展，践行"绿水青山就是金山银山"的理念不断深入人心；三是推进共同富裕成为共识，如何在奋进中共享发展成果成为激发活力的重要议题。这些新机遇、新挑战，应时代而生，不断演化，彼此交错，激发各界进行新思考和新探索。

新金融发展离不开理论与实践的探索。在这个进程中，浙江金融职业学院（以下简称浙金院）勇于探索实践，不断开拓创新，在金融发展以及推动经济高质量发展事业中树立了良好的声誉，发挥了积极作用，取得了显著的成效。一方面，人才培养成效突出，建校以来为浙江、长三角地区乃至全国培养了 5 万余名各类金融相关人才，其中担任支行副行长及以上高级管理人员 5000 人左右；另一方面，科研和社会服务并驾齐驱，正成为推动浙金院实现新跨越的新动力。近年来，浙金院的学术研究团队在专业论文发表、学术专著出版、政府决策参考和行业发展咨询等领域取得了一系列成果，不少成果受到国家领导人和省领导的批示肯定。学校还建立了浙江省软科学重点研究基地（科技金融创新研究基地、服务浙江万亿金融产业协同创新中心、浙江地方金融研究中心）等组织，组织专职与兼职相结合的力量系统开展教学和研究工作，而本套丛书的撰写是浙金院科研和社会服务成果的新体现。

本套丛书由浙金院中青年学者撰写，共有《绿色金融：结构优化与绿色发展》《数字普惠金融：中国的创新与实践》《数字金融：智能与风险的平衡》《农村金融：金融发展与农民收入》《科技金融：金融促进科技创新》等 5 部著作。丛书回应了新时代的呼唤，彰显了新金融的特点，聚焦在科技金融、数字金融、绿色金融、普惠金融等当前金融理论和实践领域的重大问题、前沿问题。本套丛书具有鲜明的特点：既有理论研究，也有实践应用；既有历史回顾，也有前沿探索；既有国际视野，也有区域特色。

新的蓝图已经绘就，新的征程已经开启。希望以本套丛书的出版为平台和契机，进一步加强与各位师长、同仁、朋友的广泛交流，推动与金融理论与实践研究者、管理者和工作者的深入探讨，齐心协力，勠力前行，共同谱写新发展格局下金融发展事业的新篇章。

周建松

浙江金融职业学院党委书记

浙江地方金融发展研究中心主任

浙江省金融学会副会长

2021 年 10 月

前　言

伴随着科学技术的进步与应用，全球经济正在从工业经济向数字经济过渡。金融是现代经济的核心，金融创新通过优化资源配置为新时期经济发展质量的提升提供原动力。普惠金融产生于15世纪，较长一段时间内被视为一种依托宗教和募捐而产生的慈善公益行为。而普惠金融这一词语在2005年国际小额信贷年时首次被正式提出。2016年9月，G20杭州峰会发布《G20数字普惠金融高级原则》，数字普惠金融首次走上国际舞台。数字普惠金融泛指一切通过使用数字金融服务以促进普惠金融的行动，其中利用数字技术推动普惠金融发展是第一原则。

金融的本质在于信用，信用的基础在于信息技术。随着5G、移动互联网、大数据、人工智能、云计算以及区块链等新兴数字技术的发展，金融与科技融合发展已成为全球金融创新的热点，中国也正成为金融科技领域的排头兵。数字技术降低了普惠金融的交易成本，提升了普惠金融风险控制的有效性，拓展了普惠金融服务的供给范围。数字普惠金融契合"互联网＋"时代金融发展的客观要求，能充分发挥技术优势，并与普惠金融理念、实践深度融合，成为解决当前普惠金融现实难题的有力手段和可靠路径。

本书以互联网金融、金融科技大发展为背景，围绕数字普惠金融开展系统性研究，包括数字普惠金融研究现状、数字普惠金融空间集聚效应、数字普惠金融影响因素、数字普惠金融减贫效应、长三角地区数字普惠金融一体化程度、私人加密数字货币和中央银行法定数字货币、大数据和机器学习等新兴技术在商业银行风险度量中的应用创新、浙江数字普惠金融实践，以及数字化时代消费者权益保护等重点问题。

数字普惠金融的发展改变了传统金融的空间格局，提高了金融的包容性，从而避免"二八效应"，真正实现"国富民强"，这是金融服务实体经济、金融精准扶贫的责任和使命，也是我们开展数字普惠金融研究的基本出发点。我们相信，通过科技的力量赋能金融，带来"好的金融"而不是"坏的金融"，金融将会更快、更便捷、更精准地服务实体经济，持续通过供给侧改革推动金融高质量发展。

在本书研究和写作过程中，作者参考了大量的文献资料，在此表示衷心感谢！由于水平有限，加之数字普惠金融的许多理论和实践仍在研究探索和发展创新中，本书难免有错漏之处，恳请读者批评指正。

吴金旺　顾洲一

2021 年 6 月 30 日

目　　录

1　数字普惠金融概述

1.1　数字普惠金融的起源

金融是国之重器，是现代经济的核心，金融创新通过优化资源配置为新时期经济发展质量的提升提供原动力。普惠金融早在 15 世纪已有雏形，较长一段时间内被视为一种依托宗教和募捐而产生的慈善公益行为。普惠金融（Inclusive Finance）在 2005 年国际小额信贷年时首次被正式提出，与"金融排斥"互为正反面，又称为"包容性金融"。结合党的十九大报告，具体到金融领域，其主要矛盾就是缓解人民群众金融服务需求和金融供给不平衡不充分之间的矛盾，这就是普惠金融的主要任务。

2015 年，中央"一号文件"强调：探索建立以发放小额贷款为主的小额信贷组织，服务对象以农村居民为主，发起人主要包括企业或自然人。自此，村镇银行以及一些小额信贷组织迅速发展起来，作为普惠金融的全面实践者，成为传统银行类金融机构信贷的有益补充。2013 年党的十八届三中全会第一次引入普惠金融的概念，发展普惠金融已经逐渐成为推动传统金融变革、激发新金融活力、推进金融业务创新、为多主体提供全方位配套金融服务的有力保障。2015 年 3 月，在《政府工作报告》中发展普惠金融被再次重点强调，核心要素是扩大金融覆盖面。但是，发展普惠金融也一直存在理念大于行动的现象，因为它面临着成本高、效率低、服务失衡等全球共性难题，如何平衡政策支持和市场发展是难点，在实践中，像格莱珉银行这种成功的案例并不多。2016 年 1 月，国家级战略规划《推动普惠金融发展规划（2016—2020 年）》正式发布，明确提出要继续发挥互联网在促进普惠金融发展中的有益推动作用，大力推进移动金融专项工程。2016 年 9 月，G20 杭州峰会发布《G20 数字普惠金融高级原则》，数字普惠金融首次走上国际舞台，"利用数字技术推动普惠金融发展"成为第一原则，这也标志着数字普惠金融正式成为全球未来金融扶贫的重要方向。2017 年 7 月，在全国金融工作会议上，习近平总书记首次提出"建设普惠金融体系"，并再次明确我国普惠金融的数字化发展方向。2017 年 10 月，党的十九大报告指出，发展普惠金融是增大金融服务实体经济的覆盖面和提升金融服务效率的一个重要途径，同时报告也提出到 2020 年决胜全面建成小康社会的目标。金融是经济的血液，大力发展普惠金融是我国消灭贫困、全面建成小康社会、促进社会和谐的必要手段。因此，融合"互联网 +"，深度发展普惠金融，已经成为中国现代金融建设与发展的核心内容之一，进一步丰富了金融的内涵和外延，代表了新经济、新时代金融的重要发展方向。我国数字普惠金融标志性事件如下：

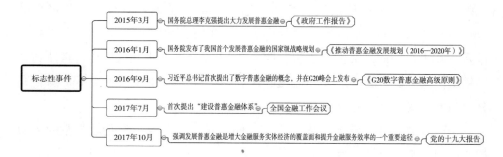

图 1.1 我国数字普惠金融标志性事件

综观国际社会，国际组织也出台了诸多涉及数字普惠金融的政策文件，详见表 1-1。

表 1-1　　　　　**国际组织数字普惠金融相关代表性政策文件概览**

国际组织/国家机构	政策文件	时间（年）
全球普惠金融合作伙伴组织（GPFI）	《全球标准制定机构与普惠金融——不断演变的格局》	2016
	《数字普惠金融的新兴政策与方法》	2017
全球普惠金融合作伙伴组织（GPFI）、二十国集团（G20）	《G20 数字普惠金融高级原则》、《G20 普惠金融指标体系（升级版）》	2016
国际货币基金组织（IMF）、世界银行	《巴厘金融科技议程》	2018

国际组织/国家机构	政策文件	时间（年）
二十国集团（G20）	《G20普惠金融政策指引——规范非正式经济中个人和中小微企业的数字金融服务》	2018
世界银行、中国人民银行	《全球视野下的中国普惠金融：实践、经验与挑战》	2018

资料来源：①林胜，边鹏，闫晗. 数字普惠金融政策框架国内外比较研究［J］. 征信，2020，（1）. ②中国银行保险监督管理委员会. 中国普惠金融发展报告［M］. 北京：中国金融出版社，2018.

　　普惠金融的目标对象是几千万的小微企业主、几亿的农户和城市普通工薪阶层，拥有丰富的市场需求和广泛的群众基础。面临的难点主要在于信息不对称、交易成本过高和回报率较低。如何发展普惠金融，至今仍是一个世界性难题。以普惠为核心的互联网，突破了我国长期的"金融抑制"（Financial Repression）现象，成为普惠金融发展的重要载体，推动了商业可持续性普惠金融的稳步发展。"金融抑制"是和"金融自由化"以及"金融深化"相对立的一个术语，在麦金农的《经济自由化的秩序》中，"金融抑制"指的是"一种货币体系被压制的情形，这种压制导致国内资本市场受到割裂，对于实际资本积聚的质量和数量造成严重的不利后果"。从长期来看，金融抑制破坏了稀缺资源配置的市场机制和价格体系，使得国内资本市场和货币市场长期处于受压制的状态，不能发挥金融体系有效配置资金的经济功能，从而影响了金融增长和经济的长远发展。[①]

　　普惠金融不是政策性金融，它是指在金融机构成本可负担的前提下，通过不断的竞争和创新，保证金融服务排斥对象逐步获得其需求的相关服务。我国在改革开放之前，就有了农村信用社等形式的普惠金融初级萌芽。自20世纪90年代以来，随着互联网技术在感知性、移动性、普适性、数据累积性等方面的快速发展和在移动金融领域应用的不断深入，互联网时代的金融新业态——互联网金融正式诞生。传统金融机构不断涉足互联网金融业，互联网企业也纷纷介入金融业，我国的金融体系进入全民互联网金融时代。"普惠"是互联网金融的核心之一，通过互联网平台，更多的用户享受到支付、

---

①　王曙光. 金融自由化与经济发展（第二版）［M］. 北京：北京大学出版社，2004.

借贷以及财富管理的便捷。互联网金融不仅对传统金融体系带来了"鲇鱼效应"，推动了传统金融机构的改革创新，更为普惠金融体系建设提供了新的发展机遇，成为普惠金融在互联网以及移动互联网环境下进一步发展的范式。

随着大数据、人工智能、云计算以及区块链等新型数字技术的发展，金融与科技融合发展已成为全球金融创新的热点，并且正在成为未来金融业竞争的重要领域。根据《中国互联网络发展状况统计报告》数据，截至 2020 年 3 月底，我国网民规模已经达到 9.04 亿人，其中 8.97 亿人是手机网民；互联网普及率达到 64.5%，其中手机上网的比例达到 99.3%。互联网基础设施建设日益完善，不管何时身处何地，互联网都变得触手可及。互联网金融的应用创新速度前所未有，涌现出一批像蚂蚁金服①、众安保险、微众银行、百信银行这样的金融科技独角兽企业，进一步激发了金融业务创新的热度，强化了金融市场稳定性，提升了资源配置有效性，进一步改善了供给端金融服务的能力和水平，避免金融脱实向虚，为金融服务实体经济发展开拓了全新的模式。实践也证明数字普惠金融是普惠金融的持续深化，能够有效兼顾商业性和社会性的双重目标。2016 年 7 月，我国 31 个省份的数字普惠金融发展指数发布，指数由北京大学互联网金融研究中心、蚂蚁金服等研究机构共同起草，结果表明各省份数字普惠金融发展过程中的差距在减小，数字普惠金融成为低成本、广覆盖和可持续的普惠金融重要范式。后 G20 杭州峰会时期，中国正在成为金融科技领域的排头兵，迎来了数字普惠金融这一普惠金融的黄金时代。可见，数字普惠金融契合"互联网＋"时代金融发展的客观要求，充分发挥了新型互联网数字技术的优势，并与普惠金融理念、实践深度融合，成为解决当前普惠金融现实难题的有力手段和可靠路径。

1.2　互联网对普惠金融的影响

普惠金融业务的半径较大，但回报率较低、成本较高、风险较大，缺乏

---

①　2020 年 7 月，蚂蚁金服运营主体——原浙江蚂蚁小微金融服务集团股份有限公司发生工商变更，正式更名为蚂蚁科技集团股份有限公司。

有效的载体。如何发展可持续性普惠金融，至今仍是一个世界性难题。而我国个人与企业信用的基础信息数据库还不完善，发展普惠金融缺乏坚实的基础。互联网应用的大众化和金融服务的普惠功能提升，已经呈现深度融合、相互促进的大趋势。发展普惠金融离不开覆盖城乡的金融服务网络。互联网能突破时空局限，在任何时间、任何地点都能更灵活地服务更广大的消费者。大数据信息集散处理的能力将大大提升金融服务与风险控制能力，使得金融服务在商业上具有可持续性，以符合普惠金融发展潮流。

1.2.1 创新信贷技术，降低信息不对称程度

普惠金融发展面临的难点主要在于信息不对称和交易成本过高。因为社会的弱势群体，比如农户和小微企业等，普遍在央行征信系统中缺乏信用记录，没有有效的抵质押品来缓释风险，传统的信贷技术对他们根本不适用。由于信贷相关信息严重不足，金融机构难以运用有效的信息甄别机制来解决信息不对称问题，对无抵质押品的借款者实行较高的利率，进而导致逆向选择，使普惠金融风险堆积，最终社会弱势群体的金融排斥问题仍得不到有效解决。普惠金融服务对象的信息，大多是非标准化信息，只有互联网才能将这些大量的、杂乱无章的、没有头绪的信息迅速地加以收集、处理和运用。大数据、云计算是互联网企业的优势，其通过技术手段对客户历史交易数据进行全面分析，识别客户的有效需求和交易行为习惯，评估客户的资信状况，有助于改善传统金融信息不对称的问题，提升风险控制能力，推出个性化金融产品。比如阿里的金融小微信贷技术，依靠电子商务平台上所掌握的贷款客户过去的商品交易记录、产品市场销售能力、还款情况及行为习惯等，进行信用风险的识别和计量，可以解决传统银行很难解决的小微企业、弱势群体的信用评估问题，充分发掘数据的商业价值。

1.2.2 降低交易成本，体现开放性

借助互联网，无须设立实体网点，普惠金融交易过程可以都在网络上完成，这降低了运营实体网点的人力成本和业务运行成本，创造了成本低廉的投融资模式，提供金融服务的主体也获得了更大的服务定价空间。互联网企

业参与金融业务的目的，除了获得暂时性的金融业务收入外，还可以获得更多的用户、账户和数据，为其今后的业务创新和拓展延伸赢得更多的机会。基于长远打算，互联网金融服务的主体会主动让利给投资者和融资者，使投资者获得更高的收益；融资者以更低的成本获得资金，从而形成忠实的用户群体，有效降低了资金融通的中间费用。同时，通过对积累的数据进行分析和处理，可以形成时间连续、动态变化的信息序列，进而进行风险评估与产品定价。阿里金融是国内第一家服务于电子商务领域小微企业融资需求的小额贷款公司，申贷、支用、还贷等都通过网络进行，通过支付宝发放，基本不涉及线下审核，最短放贷时间仅需 3 分钟，单笔操作成本仅有 2.3 元，远远低于银行的操作成本。

1.2.3　拓展金融服务边界，实现平等性

互联网金融依托全天候覆盖全球的虚拟网络，可以突破时间、空间限制，延伸金融服务的边界，7×24 小时为客户提供个性化金融服务。当前在农村地区，互联网普及应用速度很快，这为扩大金融服务覆盖面提供了可能。只要会使用互联网，就可以随时随地参与到金融活动中，实现了金融服务的平等性。通过互联网信息技术，金融机构和类金融机构可以进行金融产品创新，将网民的"碎片化资金"有效整合利用，降低金融服务门槛，为更广泛的人群提供金融服务。在融资服务对象方面，阿里小贷、互联网贷款和众筹等满足了许多无法从传统金融机构获得服务的小微企业、个体工商户和农户等的融资需求。在投资服务对象方面，互联网基金、众筹和线上理财产品等投资渠道是零门槛，极大地吸引了广大草根投资者。互联网必将推动人人平等参与的普惠金融的形成和发展。以余额宝为例，2013 年 6 月推出后，截至 2014 年 6 月 30 日，余额宝规模达 5 741.6 亿元，为国内最大、全球第 4 大货币基金，客户数超过 1 亿人，引起了百姓投资理财意识的大爆炸，形成了广泛参与体验的良好氛围，在一定程度上填补了传统金融服务网络的空白，推进了普惠金融的发展。

1.2.4　复制推广快，操作更便捷

在金融互联网化后，通过网络电子平台，金融产品可以直接面向大众客

户，缩短了销售链，实现了客户和金融机构以及客户和客户的点对点交易。金融产品在推广时，可以通过互联网、物理渠道等直接销售给广大客户，提高了客户服务的可得性、针对性，做到了精准营销和成功营销。由于传统金融服务不能完全满足普通客户的需求，这一领域的市场存在较大的空间和良好的发展前景。

1.3　数字普惠金融研究现状及述评

目前，国内外学者对普惠金融的研究成果已经比较丰富，而对新生的数字普惠金融的研究才刚刚起步。现有数字普惠金融的研究成果主要集中于以下几点：①数字普惠金融的概念界定；②数字普惠金融发展水平评价；③数字普惠金融的影响因素；④数字普惠金融的减贫效应；⑤数字普惠金融的风险与监管；⑥数字普惠金融消费者权益保护。

1.3.1　数字普惠金融的概念界定

国务院《推进普惠金融发展规划（2016—2020 年）》对"普惠金融"的定义是：依据商业可持续和机会平等原则，以相对较低、可承担的成本，给小微企业主、广大农民、城镇低收入人群、贫困人群、老年人和残疾人等特殊群体，提供及时、适当、有效的金融服务。2016 年全球普惠金融合作伙伴组织（GPFI）报告对数字普惠金融的定义是：泛指一切通过使用数字金融服务以促进普惠金融的正规金融服务行动，关键点在于负责任、成本可负担、商业可持续。2017 年 9 月，《G20 数字普惠金融高级原则》列举了"数字普惠金融"的具体内容，指通过数字化或电子化技术，比如电子货币、支付卡和常规银行账户，开展各项传统金融规划和银行对账服务。Honohan（2005）等认为普惠金融应具有四大功能，包括扩大内需、刺激经济增长、消除贫困以及实现包容性社会。Kapoor（2013）认为普惠性、包容性的金融服务可以促进经济平稳增长，最终所有公民都能从经济金融发展中受益。Chattopadhyay（2011）通过定量分析得出结论：如果银行体系缺乏足够的包容性，会使 GDP 损失 1%，这也进一步验证了普惠金融的重要性。Beck 等（2007）的研究发现，大企业通过银行贷款获得融资的比例比小微企业高约 13%，小微企业的正规融资渠道明显受限。而国内学者郭田勇（2015）指出，目前国内的普惠金融水平较低，无法满足大多数中小微企业和低收入人群的需求。在由盈灿咨询、网贷之家、第一财经陆家嘴联合发布的《2016 数字普惠金融白皮书》中，将数字普惠金融机构按照机构类型划分为两类：传统金融机构的数字创新以及新兴金融机构的互联网金融产品创新，这也是目前关于数字普惠金融组织构成相对成熟的观点，而且从现状可以看出，传统金融机构正在加大创新力度，比如兴业银行在数字金融服务中，发起成立"云票据研究中心"，布局点票市场。尹应凯、侯蕤（2017）提到美国已经形成了相对较完整的数字普惠金融链，并形成了良好的数字普惠金融生态环境，具体包括互联网支付、大数据征信、大数据营销、大数据风控、互联网理财、互联网贷款以及智能投顾等。董玉峰、赵晓明（2018）指出，随着互联网金融逐渐兴起并被赋予普惠期望，传统金融机构也应积极顺应金融科技创新潮流，加快向轻资产、数字化和智能化方向转型。林胜、边鹏、闫晗（2020）指出，数字普惠金融的定义主要源自实践，现有的与数字普惠金融相关的政策文件基本都包括了通过金融科技和数字技术促进普惠金融发展的内容。在服务群体方面，各国根据国情各有侧重，结合"服务实体经济"和"扶贫攻坚"两大主题，我国对数字普惠金融的服务群体定义较广，比较关注小微企业和农民；而美国关注学生和工薪阶层；印度则比较关注女性、小农户、劳工、中小微企业、贫困农民，并认为数字普惠金融是运用金融科技对金融产品和金融服务进行创新，有效防控风险，全面提升普惠金融覆盖面、可得性、可负担性和商业可行性的金融活动。

1.3.2 数字普惠金融发展水平评价

1.3.2.1 数字普惠金融评价指标体系

普惠金融发展水平的量化标准尚未统一，且大部分文献以银行业作为研究对象（Sarma 和 Pais，2008；Arora，2010）来建立各项指标，小部分考虑了保险业（李涛等，2010），鲜有涉及互联网普惠金融的研究。

普惠金融作为一个多维度概念，评价其发展水平时需要建立科学的指标体系，国内外学者已对此进行了广泛探索。一些国际机构组织，比如金融包容联盟（AFI）、全球普惠金融合作伙伴组织（GPFI）、世界银行（WB）等，均在测算方面给出了评价数字普惠金融的具体指导方法。Beck 等学者（2007）选取了八个指标对金融服务水平现状开展评价，比如每万人每百平方千米 ATM 数量和金融机构网点数量等。参照联合国开发计划署计算（HDI）的方法，Sarma 和 Pais（2011）测算了 45 个国家的普惠金融发展指数，并首次引入产品接触性、使用效用性和地理渗透性三个维度，这三个维度也为后续学者开展研究提供了范式参考。后续学者（Ambarkhane 等，2016）的主要贡献在于丰富了指标体系测算，进一步完善了维度。为了减少金融排斥现象，传统商业银行不断扩张网点从而获得更好的网络效应（Berger 等，2009）。Arora（2010）基于国际视角，从银行业务的审批时长、分支机构和自动取款机数量等方面着手，衡量了 98 个国家的普惠金融水平。

国内学者更多的是参考 Sarma 和 Pais 的研究结果，评价研究起步较晚，且集中于扩展评价维度和实证检验两个方面。基于 Sarma 和 Pais 的指标体系，陈三毛和钱晓萍（2014）测算了区域包容性指数；杜强和潘怡（2016）考察了省际发展水平的区域差异；张国俊等人（2014）改进了 Sarma 和 Pais 的维度种类信息，在测算金融排斥指数时采用了四个维度信息，分别是渗透度、使用度、效用度和承受度，对区域性普惠金融现状进行评价；王婧等（2013）评价了国内金融的包容性，涉及指标包括每万平方千米、每万人的银行业金融机构数和从业人员数等。

随着"云物大智链"技术的不断发展和应用的不断深入，信息技术与经济社会的融合进一步扩展了普惠金融的触达能力和服务范围（Androutsos，2011）。国内学者谢平等（2012）指出，在应用中，互联网越来越成为重要的思维和工具，未来会产生区别于资本市场直接融资和银行间接融资的第三种模式，即互联网金融模式，这会颠覆传统的人类金融模式，类似的变革在商品、音乐、图书、零售、交通等领域已经发生。焦瑾璞等（2015）认为中国普惠金融历史的实践可以归纳为四个阶段，现在已经达到创新性互联网金融阶段，早期主要是面向小微企业和贫困人群的"小额信贷"，后来逐步发展到为低收入群体提供储蓄、支付、信贷、保险等多种金融服务的微型金融，最后走向综合性普惠金融。目前，我国普惠金融业务发展的根基离不开创新性互联网金融，并呈现出很强的正相关性。通过一系列金融创新，普惠金融在经济上有效降低了金融服务成本，在服务对象上扩大了范围，最终实现了机构和客户的双方共赢，其中互联网金融是重要推动力（焦瑾璞，2014）。结合焦瑾璞（2015）的研究成果可知，到 2020 年，普惠金融发展正在经历金融科技阶段（第五阶段）。因此，在"互联网＋"背景下，数字普惠金融打破了仅从传统银行业务角度考虑的模式，体现了金融服务的多层次性和多元化。

表 1 - 2　　　　　　　　中国普惠金融的主要发展阶段

发展阶段	标志性事件	主要特征
公益性小额信贷（20 世纪 90 年代）	1993 年，中国社科院农村发展研究所在河北易县建立了中国首家小额信贷机构——扶贫经济合作社，以改善贫困户的经济状况和社会地位。	小额信贷的主要资金来源是个人或国际机构的捐助以及软贷款，致力于改善农村地区的贫困状况，体现普惠金融的基本理念。
发展性微型金融（2000—2005 年）	中国人民银行提出采取"一次核定、随用随贷、余额控制、周转使用"的管理办法，开展基于农户信誉，无须抵押或担保的贷款，并建立农户贷款档案，农户小额信贷得以全面开展。	随着该时期再就业和创业过程中产生的大量资金需求，正规的金融机构开始全面介入小额信贷业务，形成了较有规模的微型金融体系，为促进就业和改善居民生活作出了贡献。
综合性普惠金融（2006—2010 年）	2005 年中央"一号文件"明确提出"有条件的地方，可以探索建立更加贴近农民和农村需要、由自然人或企业发起的小额信贷组织"。	小额信贷组织和村镇银行迅速兴起；银行金融服务体系逐步将小微企业纳入服务范围；普惠金融服务体系提供包括支付、汇款、借贷、典当等在内的综合金融服务，并呈现网络化、移动化发展趋势。
创新性互联网金融（2011—2015 年）	余额宝等新型互联网金融产品为广大群众提供了互联网支付、互联网借贷以及互联网理财等丰富多样的金融服务。	互联网金融得到迅速发展，形成了所谓"以第三方支付、移动支付替代传统支付，以 P2P 信贷代替传统存贷款业务，以众筹融资代替传统证券业务"的三大趋势。

续表

发展阶段	标志性事件	主要特征
金融科技 （2016年至今）	大数据、云计算、人工智能、区块链等一系列技术创新，全面应用于支付清算、借贷融资、财富管理、零售银行、保险、交易结算等诸多金融领域，一场新的技术革命在最古老的金融行业全面展开。	智能投顾、精准营销、智能风控、智能客服、数字货币的兴起，科技对于金融的促进不再局限于渠道等浅层次层面，而是开启了真正的"金融＋科技"的深层次融合，"无科技不金融"已成为现代金融体系的重要特征。

综观国内外研究，现有的关于普惠金融发展水平评价的文献大都是基于Sarma和Pais（2011）的多维度评价框架，指标选取的标准不一，对于大数据研究不足，一般都采用比较简单的平均权重；大部分学者建立指标体系是基于商业银行的视角，但是随着现代金融体系框架的不断成熟，新型金融业务不断产生，单纯运用银行相关指标和数据难以全面、准确地反映普惠金融，尤其是数字普惠金融的发展情况，而目前涉及互联网、移动端的指标和维度的文献数量非常有限。

1.3.2.2　区域差异

王哲（2011）、孙晶（2013）在对区域经济的研究中发现，由于现代资源的供给与需求在空间中的分配不平衡，金融业的发展运行势必存在区域不均衡的现象（即存在一定的空间效应）。然而随着市场经济的不断发展和互联网金融工具的出现，某些落后地区、偏远地区、农村地区的小微企业频繁出现违约现象，这也和数字普惠金融的区域性差异表现出很强的正向相关性。现有文献主要从横截面的时间序列视角去衡量普惠金融的发展状况，但是中国幅员辽阔，部分地区省域差异悬殊，鲜有文献从空间视角捕捉普惠金融发展的区域差异，同时结合普惠金融时间和空间两个维度的研究更显不足。目前使用的主要方法集中于以下三种：（1）单个指标描述性差异分析；（2）通过构建普惠金融指标体系，进行区域发展差异分析；（3）建立空间计量模型分析区域差异，揭示空间格局。

尽管使用了不同的衡量体系和计量工具，但是国内对普惠金融区域差异的研究结论还是具有一致性的。陈银娥等学者（2015）构建了普惠金融发展指数的综合评价模型，认为我国普惠金融的发展呈现较强的多级分化现象，表现为东部地区越来越发散，中西部地区越来越收敛；考虑空间效应时，普惠金融发展水平较高的地区能通过空间扩散效应间接带动邻近地区的发展。陆凤芝和黄永兴（2017）通过动态面板系统 GMM 模型发现，中西部地区普惠金融发展明显低于东部地区，呈现出由西到东逐渐递增的区域格局。李雅宁等（2017）学者也得到上述结论，不同的是他们在构建指标体系时，采用了金融服务的可获得性、使用情况和质量这三类因素；在实证分析手段方面，采用主成分分析法对指标进行降维分析和因子排名。梁丽冰（2020）以我国30 个省（自治区、直辖市）2013—2017 年面板数据为样本，以北京大学互联网研究中心的数字普惠金融指数和以泰尔指数度量的城乡收入差距为核心解释变量和被解释变量，构建空间面板滞后模型（SAR）和空间面板杜宾模型（SDM），对数字普惠金融影响城乡收入差距的空间效应进行回归分析，研究发现：本省（自治区、直辖市）的城乡收入差距对相邻省（自治区、直辖市）具有显著的正向空间溢出效应；数字普惠金融对本省（自治区、直辖市）的城乡收入差距具有显著的缩小作用，同时对邻近省（自治区、直辖市）的城乡收入差距也具有缩小作用。梁榜和张建华（2020）基于数字普惠金融地级城市层面数据，采用地理距离和经济距离空间权重矩阵构建空间面板数据回归模型，考察中国城市数字普惠金融发展的空间集聚特征，并从全国整体和三大区域对数字普惠金融发展的空间收敛性进行实证检验。研究发现：城市数字普惠金融具有显著的空间自相关性，即便控制多个区域经济特征变量，数字普惠金融的发展仍具有显著的正向空间集聚效应；全国整体和三大区域数字普惠金融的发展呈现出典型的 σ 收敛，并且均存在显著的绝对和条件 β 收敛，但不同区域的空间收敛速度有所差异。

目前，国内外对于普惠金融区域差异的研究多以指标体系构建为主，其中以描述性分析居多，定量研究成果相对不足，并且鲜有文献立足区域差异视角对数字普惠金融进行深入研究。

1.3.3 数字普惠金融与普惠金融的影响因素

从服务形态与制度变迁上划分，全球数字普惠金融经历了"微型金融→

普惠金融→数字普惠金融"的演进历程。现有国内外文献集中于将普惠金融作为影响因子 X 变量进行研究,涉及数字普惠金融影响机理的文献非常有限。当前,大部分学者对传统普惠金融的影响机理进行了研究,大致分为以下四个方面。

1.3.3.1 宏观经济层面

早期,国外学者主要将普惠金融作为解释变量,探究其与经济增长之间的动态关系(Sarma 和 Pais,2011;Anand 和 Chhikara,2013),而国内学者对于这一方面的研究起步相对较晚(杨燕,2015;孙硕,2016;李涛等,2016)。当然,有少部分国内外学者将普惠金融作为被解释变量,基于实证研究来探究普惠金融的影响因素。比如,基于发展中国家的历史数据,Beck 等(2009)研究发现,储蓄率以及经济增长率等宏观因素的现状会对普惠金融水平产生影响;而国内学者王婧和胡国晖(2013)认为宏观经济因素中应包含第一、第二、第三产业的发展速度和产出贡献率。另外,有学者选取经济增长率、居民消费价格指数、城镇化率、财政支出规模和贸易开放程度作为经济增长的指标,得出普惠金融受经济增长影响相对较小,但是经济增长受普惠金融影响较大的结论(周斌等,2017;陆凤芝等,2017),这个结论与金融深化理论研究成果一致。

目前,大多数理论研究是基于经济增长与普惠金融的相互关系。Sarma 等(2011)研究发现,一个国家的金融普惠水平与经济社会发展现代化程度具有很强的正相关性。Anand 等(2013)分析得出结论:如果普惠金融指数增加 1%,那么包含 GDP 因素的人类发展价值指数就会增加 0.14%。Wang 和 Kinkyo(2016)指出普惠金融具有扶贫特征,有利于缩小经济差距。同时,杨燕(2015)、孙硕(2016)、李涛等(2016)均指出经济增长和金融深度有着显著稳健的因果关系。中国普惠金融研究院 2016 年 8 月发布的《数字普惠金融的实践与探索》指出,数字普惠金融降低了金融服务门槛,进而减弱了贫困效应。目前,大多数理论研究是基于传统线下网点普惠金融模式与经济增长的关系,而李立威等(2013)指出互联网普及率每提高 10%,实际人均GDP 提高大约 1.4%,可见互联网的普及推动了经济发展,数字普惠金融对经济增长影响的动态研究是值得广泛关注的。

1.3.3.2 收入差距层面

目前，国内外学者以普惠金融作为解释变量，收入增长为被解释变量，对普惠金融促进收入增长的研究已经比较成熟。Geda 等（2006）利用埃塞俄比亚 1994—2000 年面板数据，发现通过信贷、储蓄等金融服务的延伸，普惠金融可以提高低收入人群的收入水平。之后，Bittencourt（2010）以巴西为样本进行研究，发现提高低收入地区的金融服务水平和服务范围，有利于改善 20% 的低收入人群的生活现状。国内学者的实证研究也发现，可以通过发展普惠金融，缩小城乡居民收入差距（李容德，2017；温茜茜，2017；张建波和郭丽萍，2017）。

由于近几年才提出数字普惠金融的概念，目前国内仅个别学者研究数字普惠金融与收入差距的关系，如宋晓玲（2017）在构建平衡面板数据实证模型时，将数字普惠金融指数作为解释变量，城乡居民收入差距指标作为被解释变量，验证后得出数字普惠金融的发展能够显著缩小城乡居民收入差距的结论。吴金旺（2019）基于嘉兴地区的调研，从微观用户行为视角出发，从覆盖广度、使用深度、数字支持服务程度三个方面进行数字普惠金融的自我评价，同时，从可支配收入和消费支出状况两个维度量化自我经济水平，线性模型实证表明数字普惠金融的发展能在一定程度上起到显著的减贫效应。

1.3.3.3 金融调控层面

从普惠金融到数字普惠金融，均具有一定的政策性，所以会受到金融政策环境的影响。王婧和胡国晖（2013）认为，从货币政策三大法宝：法定存款准备金、再贴现、公开市场业务的角度而言，如果货币政策紧缩，则可能会降低普惠金融服务水平；同时国外学者也指出良好的政府调控是实现普惠金融的关键途径（Wang 和 Kinkyo，2016）。赵露（2020）指出数字普惠金融对信贷分配产生显著正向影响，一定程度上的地方政府干预对信贷分配产生正向影响，居民人均可支配收入对信贷分配产生负向影响。

1.3.3.4 "互联网＋"层面

随着我国"互联网＋"战略的全面推进，互联网与各行各业快速融合，近年来，"互联网＋"对普惠金融的影响成为研究普惠金融的热点。2016 年，世界银行发布了《2016 年世界发展报告：数字红利》，用数据可视化的方式充分肯定了数字技术、互联网的发展对提升普惠金融水平的作用。伍旭川（2017）认为可以借助大数据技术，实现敏感数据的开放式安全共享，这样可以克服原来仅局限于某些具体场景类别的数字普惠金融，破解信息孤岛现象。Pan 等（2016）认为支付是金融的基础，移动支付通过支持 P2P、众筹、互联网保险、互联网消费金融等互联网金融行业的发展，最终促进了普惠金融的发展。国内学者张晓燕（2016）采用向量误差修正模型（VECM），并运用我国 2004—2014 年相关数据，发现互联网金融具有普惠金融的属性。随着互联网时代的到来，人们的生活与行为方式也在不断改变，通过线上线下的融合发展，网络消费正成为经济稳定运行的"压舱石"。相比于传统的线下消费模式，网络消费通过网络技术减少交易的中间环节和空间属性要求，拉近了供需两侧距离，原来经济相对落后的地区，比如新疆、内蒙古、西藏等，还有一些四五线城市，都可以方便、快速地获得市场供应的物美价廉的消费品，初显普惠价值。

综观国内外相关研究成果，数字普惠金融作为互联网时代普惠金融发展的新起点、新阶段、新模式、新工具，发展的时间还不长，目前已有的文献基本以传统普惠金融为主，尚未充分考虑数字化特征。而随着移动互联网金融、大数据金融等的快速发展，普惠金融的变化日新月异，现有研究结果已缺乏时效性和准确性。目前在实证研究中，大多将普惠金融作为解释变量，对具体影响普惠金融因素的研究还不多。而随着互联网的发展与应用，数字普惠金融明显提升了金融服务供给侧结构性改革的能力和水平，探究其关键影响因素，并对显著因素提出政策性建议，对促进普惠金融发展是至关重要的。

1.3.4 数字普惠金融的减贫效应

金融与贫困的关系早在麦金农（McKinnon，1973）和肖（Shaw，1973）的研究中就已经涉及，他们认为制约广大发展中国家贫困地区经济发展的一个重要因素就是金融抑制现象。之后，一大批国外学者从金融的视角来系统研究贫困（Galor 和 Zeira，1989；Greenwood 和 Jovanovic，1990）。Sarma 和 Pais（2011）认为普惠金融使穷人有更多的机会去接触金融服务，从而达到减贫的目的。Park 和 Mercado（2015）以亚洲发展中国家为研究对象，将城乡收入差距作为衡量贫困的标准，实证分析普惠金融对减少贫困的影响程度，发现普惠金融对降低贫困有明显作用。Jin（2017）分别基于亚洲、非洲、拉丁美洲等国家的数据验证了普惠金融的减贫效应。

2016年8月，由中国普惠金融研究院发布的《数字普惠金融的实践与探索》指出，数字普惠金融首先降低了金融服务的门槛，进一步减弱了贫困效应。目前，国内关于数字普惠金融减贫效应的论述很少，大部分还是以普惠金融的减贫机制为探讨对象，并采用基尼系数或者贫富差距比值来量化减贫效应。例如，韩晓宇和星焱（2017）建立PVAR模型，实证研究普惠金融与减贫效应的动态关系；马彧菲和杜朝运（2017）用居民消费水平的高低来量化贫困减缓的实际情况，发现普惠金融有利于减缓贫困；卢盼盼和张长全（2017）采用贫困发生率来衡量贫困，并利用GMM估计方法实证分析中国普惠金融的减贫效应；宋晓玲（2017）认为数字普惠金融在数字技术、用户群、风险控制三个维度的耦合作用下，解决了一直以来的"成本"与"收益"之间的不匹配矛盾，通过降低门槛效应、缓解排除效应和减贫效应，进而缩小城乡收入差距。

数字普惠金融减贫效应已经有充足的理论基础，但实证研究还不够。减贫效应量化方法没有统一的标准，多数文献采用基尼系数或者贫富差距比值来量化减贫水平。

1.3.5 数字普惠金融的风险与监管

创新与风险是金融永恒的主题。黄益平（2017）指出，数字普惠金融是一种经济发展推动的自发创新，有的获得了成功，有的制造了混乱，有的前途未卜，不过，数字普惠金融在中国能得到长足的发展，政府还是持支持态度的，监管部门也对创新中产生的新问题给予了一定程度上的包容。周小川早在2014年就指出，在金融领域要鼓励科技的使用，以往的政策、监管、调控，因为不适应互联网金融这一新事物，必须完善。[①] 由于数字普惠金融业务

---

① 证券时报网．[EB/OL]．[2014 - 03 - 04]．https：//finance. sina. com. cn/money/fund/20140304/115318399150. shtml.

具有虚拟性，一般不提供面对面服务，也没有实体物理网点，大量消费者个人信息留存在平台，潜藏着消费者财产在网上被盗、包含隐私的各类信息被泄露、维权成本较高、损害求偿权难以保障等风险，还存在大量数字欺诈、不当使用数字足迹和数字画像等行为，很多直接构成了刑事案件，这类新型、叠加的风险的传染性、破坏性较强，对社会危害性也大。陆岷峰、沈黎怡（2016）指出，由于数字普惠金融具有虚拟性，这对消费者信息安全、资金交易安全提出了挑战，消费者明显处于信息不对称的弱势群体一方。胡滨（2017）提到，推行中国版"监管沙盒"的时机已趋成熟，金融科技企业可以在安全空间内测试其创新的金融产品、服务、商业模式和营销方式，避免现场监管在刚开始碰到问题时就跟进，约束创新。张红（2018）指出，如果在中国引入并应用"监管沙盒"，应当正确处理其与传统依法行政原则的关系、功能监管与机构监管的关系、合作规制与政府规制的关系。全球普惠金融合作伙伴组织（GPFI）发表的白皮书认为数字技术的发展带来了新风险，包括运营管理风险、结算汇兑风险、流动性风险、信用风险、洗钱风险及恐怖融资风险等，全面均衡性监管体系的建立要及时有效，适时开展风险识别、风险评估与风险控制等活动。石兴舜（2018）指出，监管成本的支出与防范的风险相比，不宜比例过高，要保证经济原则，这就要求监管机构充分了解普惠金融新的发展模式与特征风险，做好适度监管。何宏庆（2020）指出数字技术没有改变金融风险的隐蔽性、突发性和传染性，反而使金融风险、技术风险、网络风险更容易叠加和扩散，由此进一步放大了风险的危害。为有效规避和化解数字普惠金融风险，必须增强数字风险意识、明晰行业边界、提高数字技术水平、强化混业监管、倡导征信共享、缩小数字鸿沟和完善社会保障体系。在新兴技术的应用方面，伍旭川（2019）指出区块链技术在金融领域的应用也存在较大的欺诈风险，一些创业机构通过贴上"区块链"标签来欺骗投资者进行投资，使得对区块链的投资看似增长很快，实际上真正用于区块链技术的投资被高估，从而催生区块链投资泡沫，不利于整个行业的健康发展。一些 P2P 平台通过换上区块链的外衣来逃避互联网金融整治和金融监管，特别是一些虚拟币的交易本身就是非法的，现在又存在打着区块链旗号继续进行非法集资的苗头，这些行为本身都属于金融欺诈，严重损害金融消费者的利益。

数字普惠金融的风险和监管问题已经成为学界关注的重点领域，在数字普惠金融风险特征、风险类型方面的研究还有待加强。在监管方面，"沙盒监管"讨论较多；在加强科技监管方面、在数字普惠金融牌照准入与适度监管等方面还未存在一致的标准。

1.3.6 数字普惠金融消费者权益保护

孟祥轶（2017）指出，早在2008年国际金融危机时，各国政府就认识到危机中的受害者往往缺乏金融领域的基本知识与分析判断能力，在国家战略层面应充分考虑到金融教育的重要性，并作为行为监管和宏观审慎监管的重要补充手段。数字时代，普惠金融迎来新机遇与新挑战，需要重新认识金融消费者权益保护面临的新问题。与普惠金融时代相比，数字普惠金融时代涌现的消费者权益问题更加突出、更加隐蔽。特别是随着数字普惠金融风险案件的频繁发生，影响较大的如大学生裸贷、e租宝、泛亚事件等，使消费者教育的必要性受到广泛关注，研究者也一致认可了消费者教育的紧迫性。早在2015年，我国就已出台《关于加强金融消费者权益保护工作的指导意见》，从行政层面明确指出，要重点加强金融消费者权益保护工作，因为这是金融风险防范和化解的长期和重要内容。党的十八大以来，习近平总书记反复强调金融对国家经济的重要性，形成了一系列理论脉络清晰、具有深刻实践指导意义的重要思想。金融稳则经济稳，金融活则经济活。[①] 习近平总书记在2017年第五次全国金融工作会议上强调，要加快建立和完善有利于保护金融消费者权益的机制，确保最底层消费者的合理权益受到充分保护，不受侵害。尹优平（2017）指出，维护消费者合法权益与发展普惠金融目标是相同的，要实现数字普惠金融可持续健康发展，必须重视并解决金融消费者权益保护这一根本问题。

2017年《G20/OECD金融教育国际网络报告》倡议帮助消费者更好地管

---

① 新华网．［EB/OL］．［2017-04-26］．http：//www.xinhuanet.com/politics/2017-04/26/c_1120879349.htm.

理潜在的数字风险，并积极通过网络开展金融消费者权益保护教育。《G20 数字普惠金融高级原则》第 6 条明确指出："重视并普及消费者数字技术基础知识和金融基础原理。"王晓蕾（2017）在第四届金融科技外滩峰会上指出，面对数字世界的全面到来，监管部门要加强安全保护、交易公平性保护、隐私保护等方面的教育。

现有数字普惠金融消费者权益保护研究的内容主要集中于从政策层面研究消费者教育的必要性，对于如何借助现代数字科技技术，发挥政府、学校、企业、行业协会的协同创新优势与作用，构建合理的、完善的消费者教育体系还存在很多空白。

1.4 结论和展望

综上所述，普惠金融理念提出已经有十多年的时间，在近几年数字技术发展、金融供给侧改革、金融精准扶贫、金融服务实体经济等宏观背景下，数字普惠金融得到了国内外广泛关注和认可，并在某些方面达成共识。伴随着实践领域一大批互联网金融、金融科技领域独角兽企业的发展壮大并引发全球广泛关注，数字普惠金融技术也具备了可复制性和可推广性，各国特别是我国国内非常注重鼓励业务模式创新，力争在全球竞争中抢占先机。

从上述国内外相关的研究文献中可以看到，数字普惠金融的内涵及外延的概念界定已经非常清晰；政策层面积极支持和推动数字普惠金融发展；部分学者已经开始应用实证研究的方法，对数字普惠金融发展水平的评价以及影响因素做系统性的分析和阐释。目前，学界对数字普惠金融指数的构建还是以北京大学发布的数字普惠金融指数为主，而随着近些年互联网金融、共享金融、社交金融、自金融等新金融的迅速发展，尤其在 G20 峰会之后，原先的指标构建已经缺乏时效性，数据来源显得过于单一，完善数字普惠金融指标体系显得更为重要。由于各省（自治区、直辖市）基础设施完善程度、经济发展水平不同，我国数字普惠金融的发展呈现明显的地域性差异，后续研究可以进一步立足于区域差异视角，研究数字普惠金融的影响机理。决胜全面建成小康社会，把握数字普惠金融与减贫效应的动态关系正成为理论研究的热点问题，以此来研究减贫效应的动态路径，检验数字普惠金融的普惠性。与此同时，应该更加关注研究数字普惠金融的风险特别是科技风险，当前数字普惠金融的风险研究还是以定性为主，定量研究需要加强。在监管层面，加大科技监管针对性研究，学者普遍建议参照发达国家法律法规和比较常用的"监管沙盒"模式，鼓励在监管可控的范围内开展创新，构建适合我国国情的数字普惠金融监管体系。普惠金融服务对象的弱势性和金融自身的强专业性矛盾突出，金融的商业性与普惠金融社会性的矛盾也受到重点关注，需要加强探索构建全新的数字普惠金融消费者权益保护机制和体制。

参考文献

［1］吴金旺，顾洲一．数字普惠金融文献综述［J］．财会月刊，2018（19）．

［2］郭田勇，丁潇．普惠金融的国际比较研究——基于银行服务的视角［J］．国际金融研究，2015（2）．

［3］尹应凯，侯蕤．数字普惠金融的发展逻辑、国际经验与中国贡献［J］．学术探索，2017（3）．

［4］董玉峰，赵晓明．负责任的数字普惠金融：缘起、内涵与构建［J］．南方金融，2018（1）．

［5］李涛，徐翔，孙硕．普惠金融与经济增长［J］．社会科学文摘，2016（4）．

［6］陈三毛，钱晓萍．中国各省金融包容性指数及其测算［J］．金融论坛，2014（9）．

［7］杜强，潘怡．普惠金融对我国地区经济发展的影响研究——基于省际面板数据的实证分析［J］．经济问题探索，2016（3）．

［8］张国俊，周春山，许学强．中国金融排斥的省际差异及影响因素［J］．地理研究，2014（12）：2299－2311．

［9］王婧，胡国晖．中国普惠金融的发展评价及影响因素分析［J］．金融论坛，2013（6）．

［10］谢平，邹传伟，刘海二．互联网金融模式研究［J］．新金融评论，2012（12）．

［11］焦瑾璞，黄亭亭，汪天都，等．中国普惠金融发展进程及实证研究［J］．上海金融，2015（4）．

［12］焦瑾璞．移动支付推动普惠金融发展的应用分析与政策建议［J］．中国流通经济，2014（7）．

［13］陈银娥，孙琼，徐文赟．中国普惠金融发展的分布动态与空间趋同研究［J］．金融经济学研究，2015（6）．

［14］陆凤芝，黄永兴，徐鹏．中国普惠金融的省域差异及影响因素［J］．金融经济学研究，2017（1）．

［15］李雅宁，吴博文，罗欣等．我国三十一省区普惠金融发展现状分析［J］．北方经贸，2017（2）．

［16］杨燕．普惠金融水平的衡量及其对经济增长的影响——基于中国经济区域2005—2013年的面板数据［J］．金融与经济，2015（6）．

［17］孙硕．普惠金融与经济增长：基于跨国数据的实证分析［M］．北京：经济科学出版社，2016.

［18］周斌，毛德勇，朱桂宾．"互联网＋"、普惠金融与经济增长——基于面板数据的PVAR模型实证检验［J］．财经理论与实践，2017（2）．

［19］李立威，景峰．互联网扩散与经济增长的关系研究——基于我国31个省份面板数据的实证检验［J］．北京工商大学学报（社会科学版），2013（3）．

［20］李容德．普惠金融对城乡收入差距的影响机理与实证测度——基于江西省75县市2012—2014年的面板数据［J］．武汉金融，2017（7）．

［21］温茜茜．普惠金融对城乡收入差距的影响研究［J］．宏观经济研究，2017（7）．

［22］张建波，郭丽萍．关于普惠金融影响收入分配差距的理论机制及实证分析——我国普惠金融发展对城乡居民收入差距的影响［J］．武汉金融，2017（8）．

［23］宋晓玲．数字普惠金融缩小城乡收入差距的实证检验［J］．财经科学，2017（6）．

［24］伍旭川．区块链技术的特点、应用和监管［J］．金融纵横，2017（4）．

［25］张晓燕．互联网金融背景下普惠金融发展对城乡收入差距的影响［J］．财会月刊，2016（17）．

［26］韩晓宇，星焱．普惠金融的减贫效应——基于中国省级面板数据的实证分析［J］．金融评论，2017（2）．

［27］马彧菲，杜朝运．普惠金融指数测度及减贫效应研究［J］．经济与管理研究，2017，38（5）．

［28］卢盼盼，张长全．中国普惠金融的减贫效应［J］．宏观经济研究，2017（8）．

［29］黄益平．数字普惠金融的机会与风险［J］．新金融，2017（8）．

［30］陆岷峰，吴建平．关于创新发展普惠金融策略的思考［J］．吉林金融研究，2016（7）．

［31］胡滨．数字普惠金融的价值［J］．中国金融，2016（22）．

［32］张红．监管沙盒及与我国行政法体系的兼容［J］．浙江学刊，2018（1）．

［33］石兴舜．我国互联网金融牌照监管的解析与重构［N］．未央网，2018－01－30．

［34］孟祥轶．数字金融时代的金融教育［J］．清华金融评论，2017（6）．

［35］尹优平．互联网金融消费者权益保护［J］．中国金融，2014（12）．

［36］Kapoor，A．Financial inclusion and the future of the Indian economy［J］．Futures，2013，56（10）：35－42．

［37］Chattopadhyay S K．Financial Inclusion in India：A case－study of West Bengal［J］．Mpra Paper，July 2011．

［38］Beck T，Demirgüç－Kunt A，Peria M S M．Reaching out：Access to and use of banking services across countries［J］．Journal of Financial Economics，2007，85（1）：234－266．

［39］Sarma M，Pais J．Financial Inclusion and Development［J］．Journal of International Development，2011，23（5）：613－628．

［40］Arora R U．Measuring financial access［J］．Griffith University，Discussion Paper in Economics，2010（7）：1－21．

［41］Sarma M，Pais J．Financial inclusion and development：A cross country analysis［J］．Indian Council for Research on International Economic Relations，2008，10（1）：1－28．

［42］Ambarkhane D，Singh A S，Venkataramani B．Measuring financial inclusion of Indian states［J］．International Journal of Rural Management，2016，12（1）：72－100．

［43］Berber S C F，Gleisner．Emergence of financial intermediariesin electronic markets：the case of online P2P lending［J］．Business Research，2009（1）：39－65．

［44］Androutsos A．Access link bandwidth externalities and endogenous Internet growth：a long－run economic approach［J］．International Journal of Network Management，2011，21（1）：21－44．

［45］Anand S．Kodan Kablana，Chhikara K S．A Theoretical and Quantitative Analysis of Financial Inclusion and Economic Growth［J］．Management & Labour Studies，2013，38（1－2），103－133．

［46］ Beck T, Demirgüç Kunt A, Honohan P. Access to Financial Services: Measurement, Impact, and Policies ［J］. Social Science Electronic Publishing, 2009, 24 （1）: 119 – 145.

［47］ Wang C, Kinkyo T. Financial Development and Income Inequality: Long – Run Relationship and Short – Run Heterogeneity ［J］. Emerging Markets Finance & Trade, 2016, 52 （3）: 733 – 742.

［48］ Alemayehu Geda, Abebe Shimeles, Daniel Zerfu. Finance and Poverty in Ethiopia: A Household – Level Analysis ［J］. Wider Working Paper, 2006, 56 （1）: 61 – 86.

［49］ Manoel Bittencourt. Financial development and inequality: Brazil 1985 – 1994 ［J］. Economic Change and Restructuring, 2010, 43 （2）: 113 – 130.

［50］ Pan Y, Yang M, Li S, et al. The Impact of Mobile Payments on the Internet Inclusive Finance ［J］. Journal of Management & Sustainability, 2016, 6 （4） .

［51］ McKinnon. Money and Capital In Economic Development ［J］. American Political Science Association, 1973, 6 （2）: 271 – 273.

［52］ Shaw E S. Financial deepening in economic development ［J］. Economic Journal, 1973, 84 （333）: 227.

［53］ Galor, Zeira. Income Distribution and Macroeconomics ［J］. MPRA Paper, 1989, 60 （1）: 35 – 52.

［54］ Greenwood J, Jovanovic B. Financial Development, Growth, and the Distribution of Income ［J］. Journal of Political Economy, 1990, 98 （5）: 1076 – 1107.

［55］ Park C Y, Jr R V M. Does Financial Inclusion Reduce Poverty and Income Inequality in Developing Asia ［M］. Financial Inclusion in Asia. Palgrave Macmillan UK, 2016: 61 – 92.

［56］ Jin D. The Inclusive Finance Have Effects on Alleviating Poverty ［J］. Open Journal of Social Sciences, 2017, 5 （3）: 233 – 242.

［57］ Honohan P. Measuring microfinance access: building on existing cross – country data ［R］. 2005.

2 数字普惠金融发展影响因素研究

2.1 引言

2005 年，国际小额信贷年时首次提出普惠金融（Inclusive Finance）这个全新的概念，其主要的含义是指让每一个人在有金融需求时，都能以合适的价格享受到金融服务，并具有消除贫困、促进经济增长、实现包容性社会的功能。2015 年，国务院发布《推进普惠金融发展规划（2016—2020 年）》，第一次从国家层面明确普惠金融的内涵是指立足机会平等和商业可持续发展原则，在成本可负担的前提下，为各类有金融服务需求的企业或个体提供适当、有效的金融服务。随着人工智能、移动互联网、大数据、云计算和区块链等技术的应用不断深入，北京大学互联网金融研究中心、蚂蚁金服等研究机构于 2016 年 7 月共同发布了数字普惠金融指数（2011—2015 年）。2016 年 9 月，G20 杭州峰会以"构建创新、活力、联动、包容的世界经济"为主题，将数字普惠金融列为重要议题，发布《G20 数字普惠金融高级原则》。G20 峰会之后，我国正式与全球一起迎来普惠金融的黄金时代，即数字普惠金融时代。

近年来，电商、电子支付在中国的普及率处于全球领先水平，我国数字普惠金融发展有良好的先决条件。同时，G20 后发展数字普惠金融已经成为国际共识，数字普惠金融的发展迎来了契机。基于此，本章依托于数字普惠金融指数，探索当前国内数字普惠金融的发展特征，深度挖掘数字普惠金融发展的驱动因素，为数字普惠金融的更好发展提供有力保障。

2.2　理论基础

金融是现代经济的核心，金融创新是提升经济发展水平的原动力，普惠金融的发展可以减少贫困、提高经济发展水平和发展质量。Sarma 等（2011）研究发现，一个国家的金融普惠程度与经济社会发展现代化程度具有显著的同向变动关系。Anand 等（2012）通过分析发现，每当普惠金融指数增加 1%时，包含 GDP 因素的人类发展价值指数就会增加 0.14%。Wang 等（2016）指出普惠金融具有扶贫特征，可以缩小经济差距。同时，国内学者基于实证研究也得出了相同的结论，即普惠金融的发展可以促进经济发展水平的提高（杨燕，2015；孙硕，2016；李涛等，2016）。在互联网技术的应用方面，中国普惠金融研究院 2016 年 8 月发布的《数字普惠金融的实践与探索》指出，数字普惠金融的实践使获取金融服务的门槛降低，进而减弱贫困效应。但目前大多数理论研究是基于传统线下网点普惠金融模式与经济增长的关系，而李立威等（2013）指出互联网普及率每提高 10%，实际人均 GDP 提高大约1.4%，可见互联网的普及有效推动了经济发展。借助互联网的普及应用，全面发展数字普惠金融，是我国 2020 年全面建成小康社会的必然要求，而随着经济发展水平的提高，能否显著促进数字普惠金融的发展，实现国家普惠金融 2016—2020 年发展规划，也是值得广泛关注的。

关于"互联网 +"与普惠金融的研究一直是近年来研究的热点。Beck 等（2007）构建了 8 个指标测量金融服务的可获得性，发现相比于大型企业，中小微企业通过传统商业银行获得贷款的概率极低。为了减少金融排斥现象的发生，传统商业银行通过不断扩张网点进而获得更好的网络效应（Berger 等，2009）。为了量化普惠金融的普惠性，大量国内外学者为普惠金融评价指标构建作出了贡献，其中部分学者集中考虑了"网络效应"。比如 Arora（2010）以地理上和人口上的传统商业银行分支机构和自动取款机数量、各项银行业务的申请审批时长等传统金融指标，衡量了 98 个国家的普惠金融水平；Sarma（2008）以每千人拥有的银行账户数量、银行分支机构和自动取款机的数量、用户的使用范围和频率等构建普惠金融评价体系；国内学者王婧等

（2013）以每万平方千米的银行业金融机构数和从业人员数、每万人拥有的银行业金融机构数和从业人员数为指标来研究国内金融的包容性。但是，随着"云物大智"等先进科学技术的不断发展和应用的不断深入，传统的"网络效应"失去了时效性，而互联网技术与经济社会的融合进一步扩展了普惠金融的触达能力和服务范围（Androutsos，2011）。同时，国内学者谢平等（2012）强调，以互联网为代表的现代信息科技的应用，未来会对人类金融模式产生颠覆性影响，可见互联网的发展推动了金融创新，促进了普惠金融的数字化发展。焦瑾璞等（2015）将中国普惠金融实践的历程归纳为公益性小额信贷、发展性微型金融、综合性普惠金融和创新性互联网金融四个阶段。目前，我国的普惠金融落地与创新性互联网金融具有很强的相关性。普惠金融的主要目标是为中小微企业或者低收入个人提供金融服务，而互联网金融的定位恰是以低收入弱势群体为服务对象，通过信息技术以及金融产品的创新降低了金融服务产品的成本，扩大了金融服务的覆盖范围，实现了机构和客户的共赢。因此，依托"互联网+"的背景，创新性互联网金融是国内普惠金融实践的重要推动力（焦瑾璞，2014）。

除了常规的经济发展水平因素以及新的"互联网+"技术的影响外，数字普惠金融还与什么因素密切相关？笔者认为，次贷危机后，全球经济复苏缓慢，国际经济持续深度调整，国内经济下行压力不断加大。国内外经济环境促使中国经济转型，经济转型则需要消费驱动，消费驱动呼唤网络消费引擎。随着互联网时代的到来，网络消费成为经济稳定运行的"压舱石"。相比于传统的消费模式，网络消费通过网络技术减少交易的中间环节，拉近供需两侧距离，使经济相对落后的地区也可以方便、快速地接触市场供应的最新消费品，初显普惠价值。网络消费在产生大量金融需求的同时，也快速刺激着数字普惠金融的创新与发展。从已有的文献来看，目前还没有研究网络消费水平对数字普惠金融影响的内容。

综上可见，发展数字普惠金融已经成为国际共识，发展数字普惠金融意义重大且任重道远。传统上关注经济增长和金融发展相互关系的文献较多，而综合关注"互联网+"、经济发展水平和网络消费水平如何影响数字普惠金融的研究还很不足。仅国内学者周斌等（2017）通过建立 PVAR 模型实证检验了"互联网＋"、普惠金融与经济增长的关系，但是其普惠金融的指标构建缺乏互联网金融的代表性。此外，现有相关文献主要研究普惠金融与经济发展的经典回归模型，然而人类活动和经济行为是在一定的空间范围内进行的，模型的空间维度包括溢出效应、交互效应、扩散效应等（Lesage，2009）。而Wang 等（2016）指出国内外研究普惠金融空间相依性的文献较少，同时检验出普惠金融存在空间效应，但是其研究包含的金融服务比较单一，多以银行服务为主，无法体现数字化的贡献。针对现有相关研究中的不足，本章引入空间因素，运用时刻固定效应的空间自回归模型，实证分析空间邻近省份数字普惠金融水平、"互联网＋"、经济发展水平以及网络消费水平对各省份数字普惠金融的影响。

2.3 模型的建立

建模时，考虑地理关系、经济关系等地域间的相互关系是空间计量经济学的基本思想，通过引入空间权重矩阵 W 对一般线性回归模型 $Y = X\beta + u$ 进行修正。关于本书中的模型设定如下：

空间滞后模型（SLM）：$\begin{cases} Y = \rho WY + X\beta + u \\ u \sim N(0, \sigma^2 I_n) \end{cases}$ (2.1)

空间误差模型（SEM）：$\begin{cases} Y = X\beta + u \\ u = \lambda Wu + \varepsilon \\ \varepsilon \sim N(0, \sigma^2 I_n) \end{cases}$ (2.2)

空间一般模型（SAC）：$\begin{cases} Y = \rho WY + X\beta + u \\ u = \lambda Wu + \varepsilon \\ \varepsilon \sim N(0, \sigma^2 I_n) \end{cases}$ (2.3)

其中，Y 是 $NT \times 1$ 的向量，X 是 $NT \times p$ 的矩阵，N 表示观测值的个数，T 表示每个观测值被观察的时间，p 表示自变量 X 的维度，ρ 和 λ 是对应空间相关性系数，β 为待估参数，u 为误差项，ε 为误差项的随机扰动项，W 为空间权重矩阵，目前常基于 Queen、Rook 以及 K－近邻规则下构造空间权重矩阵。

通常来说，地区之间的经济行为存在一定程度上的交互效应，即存在空间相关性。空间相关性来自以下两个方面：一方面是地区与地区之间的经济行为使得相邻地区的经济存在显著的外溢效应；另一方面是由外生冲击引起的空间误差自相关。模型（2.1）主要用于探讨各变量在同一个地区是否有外溢效应；模型（2.2）衡量邻近地区关于因变量的误差冲击对本地区观察值的影响；而模型（2.3）综合考虑了空间相关性的两方面。

空间相关性的存在与否可以通过 Moran 检验、最大似然 LM – Error 检验以及 LM – Lag 检验等方法来完成空间效应检验。当不同观察对象的某一属性变量在空间上呈现一定的规律性时，就认为它们之间存在空间自相关。Global Moran 是一种被广泛应用的全局空间自相关统计量，其具体表达式如下：

$$\text{Moran} = \frac{n}{s_0} \frac{\sum\limits_{i}^{n} \sum\limits_{j=1}^{n} \omega_{ij}(x_i - \bar{x})(x_j - \bar{x})}{\sum\limits_{i}^{n}(x_i - \bar{x})^2} \tag{2.4}$$

其中，n 等于要素总数，s_0 是所有空间权重的聚合，ω_{ij} 是空间权重矩阵，由式（2.4）得，Moran 值 $\in [-1, 1]$。空间相关性是检验空间数据是否真正具有空间集聚性的一个重要指标，即这种集聚现象不是一种随机分布，而是受到了空间相关性的影响。当 Moran 值大于 0 时，表示观察值是正相关，并且其值越接近 1 意味着空间分布的相关性越大，即空间上集聚效应越明显，反之则相反。

2.4 数字普惠金融的空间分布特征

随着数字移动支付技术的飞速发展，数字普惠金融成为普惠金融的重要模式。普惠金融的数字化程度在不断提高，表 2 – 1 展示了 2011—2018 年省级数字普惠金融指数，从中可以看出数字普惠金融指数在稳步提高。

表 2 – 1 中国 2011—2018 年各省（自治区、直辖市）数字普惠金融指数

省（自治区、直辖市）	2011 年	2012 年	2013 年	2014 年	2015 年	2016 年	2017 年	2018 年
北京	79.41	150.65	215.62	235.36	276.38	286.37	329.94	368.54
天津	60.58	122.96	175.26	200.16	237.53	245.84	284.03	316.88

续表

省 （自治区、直辖市）	2011 年	2012 年	2013 年	2014 年	2015 年	2016 年	2017 年	2018 年
河北	32.42	89.32	144.98	160.76	199.53	214.36	258.17	282.77
山西	33.41	92.98	144.22	167.66	206.3	224.81	259.95	283.65
内蒙古	28.89	91.68	146.59	172.56	214.55	229.93	258.50	271.57
辽宁	43.29	103.53	160.07	187.61	226.4	231.41	267.18	290.95
吉林	24.51	87.23	138.36	165.62	208.2	217.07	254.76	276.08
黑龙江	33.58	87.91	141.4	167.8	209.93	221.89	256.78	274.73
上海	80.19	150.77	222.14	239.53	278.11	282.22	336.65	377.73
江苏	62.08	122.03	180.98	204.16	244.01	253.75	297.69	334.02
浙江	77.39	146.35	205.77	224.45	264.85	268.10	318.05	357.45
安徽	33.07	96.63	150.83	180.59	211.28	228.78	271.60	303.83
福建	61.76	123.21	183.1	202.59	245.21	252.67	299.28	334.44
江西	29.74	91.93	146.13	175.69	208.35	223.76	267.17	296.23
山东	38.55	100.35	159.3	181.88	220.66	232.57	272.06	301.13
河南	28.4	83.68	142.08	166.65	205.34	223.12	266.92	295.76
湖北	39.82	101.42	164.76	190.14	226.75	239.86	285.28	319.48
湖南	32.68	93.71	147.71	167.27	206.38	217.69	261.12	286.81
广东	69.48	127.06	184.78	201.53	240.95	248.00	296.17	331.92
广西	33.89	89.35	141.46	166.12	207.23	223.32	261.94	289.25
海南	45.56	102.94	158.26	179.62	230.33	231.56	275.64	309.72
重庆	41.89	100.02	159.86	184.71	221.84	233.89	276.31	301.53
四川	40.16	100.13	153.04	173.82	215.48	225.41	267.80	294.30
贵州	18.47	75.87	121.22	154.62	193.29	209.45	251.46	276.91
云南	24.91	84.43	137.9	164.05	203.76	217.34	256.27	285.79
西藏	16.22	68.53	115.1	143.91	186.38	204.73	245.57	274.33
陕西	40.96	98.24	148.37	178.73	216.12	229.37	266.85	295.95
甘肃	18.84	76.29	128.39	159.76	199.78	204.11	243.78	266.82
青海	18.33	61.47	118.01	145.93	195.15	200.38	240.20	263.12
宁夏	31.31	87.13	136.74	165.26	214.7	212.36	255.59	272.92
新疆	20.34	82.45	143.4	163.67	205.49	208.72	248.69	271.84

结合研究期间的数据可获得性，本书选择以 2011—2015 年为研究期间。

表2-2是基于北京大学2011—2015年数字普惠金融指数作标准化处理后得到的结果。

表2-2　中国2011—2015年各省（自治区、直辖市）数字普惠金融指数

省 （自治区、直辖市）	2011 年	2012 年	2013 年	2014 年	2015 年
北京	0.7941	1.5556	2.1562	2.3536	2.7638
天津	0.6058	1.2296	1.7526	2.0016	2.3753
河北	0.3242	0.8932	1.4498	1.6076	1.9953
山西	0.3341	0.9298	1.4422	1.6766	2.063
内蒙古	0.2889	0.9168	1.4659	1.7256	2.1455
辽宁	0.4329	1.0353	1.6007	1.8761	2.264
吉林	0.2451	0.8723	1.3836	1.6562	2.082
黑龙江	0.3358	0.8791	1.414	1.678	2.0993
上海	0.8019	1.5077	2.2214	2.3953	2.7811
江苏	0.6208	1.2203	1.8098	2.0416	2.4401
浙江	0.7739	1.4635	2.0577	2.2445	2.6485
安徽	0.3307	0.9663	1.5083	1.8059	2.1128
福建	0.6176	1.2321	1.831	2.0259	2.4521
江西	0.2974	0.9193	1.4613	1.7569	2.0835
山东	0.3855	1.0035	1.593	1.8188	2.2066
河南	0.284	0.8368	1.4208	1.6665	2.0534
湖北	0.3982	1.0142	1.6476	1.9014	2.2675
湖南	0.3268	0.9371	1.4771	1.6727	2.0638
广东	0.6948	1.2706	1.8478	2.0153	2.4095
广西	0.3389	0.8935	1.4146	1.6612	2.0723
海南	0.4556	1.0294	1.5826	1.7962	2.3033
重庆	0.4189	1.0002	1.5986	1.8471	2.2184
四川	0.4016	1.0013	1.5304	1.7382	2.1548
贵州	0.1847	0.7587	1.2122	1.5462	1.9329
云南	0.2491	0.8443	1.379	1.6405	2.0376
西藏	0.1622	0.6853	1.151	1.4391	1.8638
陕西	0.4096	0.9824	1.4837	1.7873	2.1612
甘肃	0.1884	0.7629	1.2839	1.5976	1.9978

省 （自治区、直辖市）	2011 年	2012 年	2013 年	2014 年	2015 年
青海	0.1833	0.6147	1.1801	1.4593	1.9519
宁夏	0.3131	0.8713	1.3674	1.6526	2.147
新疆	0.2034	0.8245	1.434	1.6367	2.0549

注：资料来源于北京大学数字普惠金融指数（2011—2015 年），通过对原始数据除以 100 的方式来进行数据标准化。

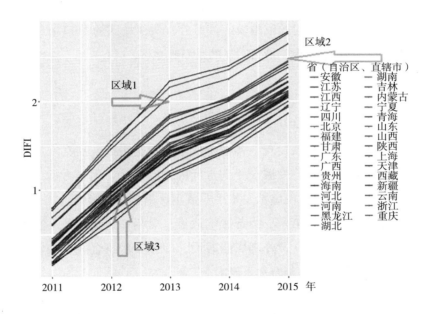

图 2 - 1　各省（自治区、直辖市）数字普惠金融变化趋势

从表 2 - 2 和图 2 - 1 中可以看出，近些年我国数字普惠金融指数（Digital In-clusive Finance Index，DIFI）呈现明显的递增趋势且出现了三块集中区域，其中区域 1（上海、北京、浙江）和区域 2（福建、江苏、广东、天津）都是属于经济较发达的省份；不同地区的 DIFI 的发展程度差距较大，如 2015 年属于区域 3 中西藏的 DIFI 比 2013 年区域 1 中的省份的 DIFI 都小，其中区域 3 包括安徽、重庆、甘肃、广西、贵州、海南、河北、黑龙江、河南、湖北、湖南、江西、吉林、辽宁、内蒙古、青海、陕西、山东、山西、四川、新疆、西藏、云南。

2013—2014 年的数字普惠金融变化趋势相比于其他年份比较平缓，主要源于这两年数字技术的开拓创新均处于飞速发展和应用阶段。DIFI 最低值从西藏 2011 年的 0.1622 增长到 2015 年的 1.8638，年复合增长率为 85%；DIFI 最高值从上海 2011 年的 0.8019 增长到 2015 年的 2.7811，年复合增长率为 37%。发展较好的区域主要聚集在东部沿海地区，但是在各个年份，其聚集中心各自对邻近省份的吸引力和辐射范围存在差异，如 2011 年东部沿海地区对其邻近省份没有起到"带动"作用，差距较明显，随后 2012 年、2014 年、2015 年差距逐步减小，呈现出协同发展的状态；而且同一年各省份对其邻近城市的辐射范围也存在差异，如北京市的 DIFI 发展向周边省份的扩散能力较弱，上海市、广东省则辐射的范围较广。另外，西部地区的 DIFI 发展程度与东中部地区的差距逐渐缩小，最为明显的是新疆地区。

2.5　实证分析

从上述部分的研究可以发现，各省份数字普惠金融的发展存在明显空间差异，可见数字普惠金融的发展会受到空间因素的影响，同时考虑到经济发展水平、"互联网＋"以及网络消费水平对数字普惠金融的影响，本书提出以下的内外影响因素假设：第一，内部影响假设，即相邻区域的数字普惠金融之间存在空间自相关；第二，外部影响假设，即数字普惠金融受经济发展水平、"互联网＋"以及网络消费水平影响。

2.5.1　数据来源及变量的选取

国内现有的研究主要集中于从传统金融服务的角度来研究普惠金融的概念、意义、指标构造以及与经济增长的关系，没有充分考虑新金融及其带来的数字普惠金融的优势。而在"互联网＋"时代下，"互联网＋基础设施""互联网＋产业转型""互联网＋创新创业""互联网＋共享经济""互联网＋智慧城市"的战略布局体现了数字普惠金融的应有之义。同时，网络消费新型方式打破了传统消费模式的地域性限制，使经济落后地区也有机会接触到全国乃至全球的优质消费品，初显数字普惠金融服务商业发展、服务实体经济的核心理念。故本书选取中国 31 个省份 2011—2015 年的

DIFI 数据作为研究对象，并根据已有的文献与分析，考虑"互联网 +"、经济增长及网络消费水平对数字普惠金融指数影响的空间计量模型。以下是数据来源及变量选取：

（1）数字普惠金融指数。来源于北京大学互联网金融研究中心发布的北京大学数字普惠金融指数。

（2）"互联网 +"指数。来源于腾讯研究院《中国"互联网 +"指数》报告，运用参考文献数据及方法进行测算。

（3）经济发展水平。以人均 GDP 为指标代表，来源于各年份统计年鉴。

（4）网络消费水平。来源于蚂蚁金服发布的蚂蚁网络消费指数报告，主要包括餐饮（线下消费）、生活服务、教育、航旅等服务消费。

不同变量具有不同的单位和不同的变异程度，这就使得对模型实际意义的解释发生困难。本书中用到的标准化方法为类小数定标标准化，通过移动小数点位置来进行数据标准化，即采用对原始数据除以 100 的方式进行处理。王惠文（1996）指出如果变量之间出现多重共线性，会使得回归系数估计值的稳定性不断增强，出现"伪回归"。因此本书首先采用计算条件数 kappa（x）来判断多重共线性的问题，得到统计量 k 值为 18.509。当统计量 k 值小于 100 时，则共线性程度很小，因此认为人均 GDP（pGDP）、"互联网 +"指数（hlw）和网络消费水平（wx）没有出现多重共线性，下文中将这三类因素均作为自变量放入模型。表 2 - 3 是所选取的自变量的描述性分析。

表 2 - 3   变量的描述性统计

	变量	最小值	最大值	均值	中位数	标准差
因变量	DIFI	0.162	2.781	1.390	1.477	0.671
自变量	hlw	0.134	0.500	0.257	0.240	0.077
	pGDP	0.164	1.080	0.468	0.391	0.213
	wx	0.720	1.801	0.990	0.958	0.188

2.5.2 内部影响——空间相关性检验

2.5.2.1 全局分析

为了客观描述数字普惠金融的空间聚集程度是非随机的，本书采用

Moran's I 指数来衡量。鉴于选取的各省（自治区、直辖市）是属于离散点的空间单元，本书采用常用的 K-4 近邻规则方法来构造空间权重矩阵，其结果如表 2-4 所示。

表 2-4　　　　　2011—2015 年数字普惠金融 Moran's I 指数检验

年份	Moran's I 指数	Z 值	p 值
2011	0.263	2.788	0.003
2012	0.308	3.252	0.001
2013	0.314	3.317	0.000
2014	0.316	3.343	0.000
2015	0.245	2.666	0.004

计算结果表明，历年数字普惠金融 Moran's I 指数均为正且通过了 0.01 显著性水平检验，可见我国数字普惠金融的分布存在显著的空间正相关性，即高数字普惠金融与高数字普惠金融的省份相邻。同时，2011—2014 年，Moran's I 指数大体上呈现明显的递增趋势，表明数字普惠金融的空间集聚性日益明显。进入 2015 年，"互联网+"上升为国家战略，原来相对落后的省份开始认识到互联网的重要性，将互联网化作为经济转型升级的重要方向，快速开展互联网基础设施建设，高度重视和加强互联网技术应用，本地培育企业与外地引进企业共同发力，通过数字经济引领实体经济发展，各省份数字普惠金融差距在缩小，使空间集聚效应与前几年相比有所减弱。

2.5.2.2　局部分析

全局 Moran's I 指数无法分析各个省份的空间聚集特征，可能会掩盖局部区域间的空间关系。为此，需要进一步分析局部空间相关性，来测算各个省份的空间属性及某个省份与周边省份的空间关联程度。

根据定义，若局部 Moran's I 指数值大于 0，即认为被研究区域与周边区域的被考察变量具有类似的情况，即在 Moran 散点图中是落在第一、第三象限的，具有明显的空间聚集特征。其中第一象限代表的是高观测值被高观测值包围（H-H），第三象限代表的是低观测值被低观测值包围（L-L）；若小于 0，则表示被研究区域与周边区域的被考察变量情况相异，具有明显的空间异质特征，其中第二象限代表的是低观测值被高观测所包围（L-H），第四象限代表的是高观测值被低观测值所包围（H – L）。

2011—2015 年各年份数字普惠金融的 Moran 散点图结果基本相似，限于篇幅，本书就以 2015 年的结果为例进行研究分析（见图 2 – 2）。从图 2 – 2 中发现共有 18 个省份落在第一、第三象限，两者合计占所有 31 个省份的 58.06%。再次验证了我国大部分省份的数字普惠金融发展具有正的空间相关性，呈现空间集聚性。落在高—高象限的地区大部分都是东部沿海城市，如浙江省、上海市等；而落在低—低象限的地区大部分位于西部地区，如新疆维吾尔自治区、四川省，这种现象的发生与我国的经济发展水平具有趋同性，也进一步体现了我国东西部在经济和金融领域发展程度的巨大悬殊性。其余的 13 个省份位于第二和第四象限中，说明了国内数字普惠金融发展依然存在空间异质性。

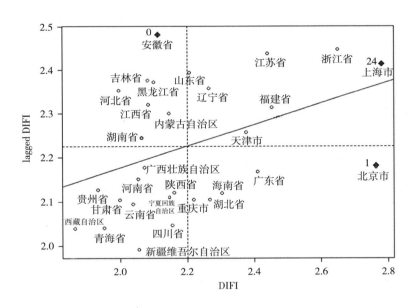

图 2 – 2　2015 年数字普惠金融的 Moran 散点图

总体而言，东部沿海地区的数字普惠金融发展较好，但是对周边省份具有不同的辐射范围和辐射力度，各省份特别是经济落后地区在发展数字普惠金融时，更需要借助周边对自身影响比较大的省份的力量，协同创新与共同发展。

2.5.3 外部影响——空间面板模型的设定与估计

空间相关性的检验说明了数字普惠金融存在显著的空间相关性，但是不能定量分析"互联网＋"、经济增长以及网络消费水平这些因素是否对数字普惠金融产生影响以及影响程度如何，因此本书建立空间计量模型来研究影响数字普惠金融的具体因素。

2.5.3.1 模型的设定

空间面板数据模型是在面板数据模型基础上加入空间维度，因此在选择空间面板数据模型时着重考虑：（1）空间模型的选择——空间滞后模型、空间误差模型或空间一般模型；（2）面板数据模型的选择——随机效应、固定效应或混合模型。

首先，在选择空间面板模型上，实证研究发现 LM – error 检验结果 p 值为 0.904，未通过 0.01 的显著性检验，因此本书构建空间滞后模型。其次，在本书中采用的是 31 个省（自治区、直辖市）的数字普惠金融及相关的经济变量，对于面板数据模型的选择，根据已有文献研究经验，当所研究的样本仅局限于某些特定的个体时，固定效应模型更加合适（Elhorst，2016）。另外，邓柏盛和宋德勇（2008）认为，随机效应模型中被忽略的变量与等式右端的所有变量无关的假设是一个不现实的假设，同时经过空间 Hausman 检验，p 值为 0.0002，远远小于 0.05 的显著性水平，因此本书在建立模型时采用具有固定效应的空间计量模型。

2.5.3.2 模型的估计

表 2 – 5 分别从个体固定效应、个体时刻固定效应和个体时刻双固定效应三种效应的角度来计算，结果表明，个体时刻双固定效应下所得到的残差平方和是最小的，但是其估计的空间自回归系数不显著，不能体现空间集聚效应；王火根和沈利生（2007）认为残差平方和最小是因为在个体时刻双固定效应中消除了横截面的结构性差异和时间序列上的时期差异而产生异方差，但是并不适用本书的数据。因此，本书认为个体时刻固定效应模型最为合适，即选取的面板数据中所存在的非观测效应主要来自跨期间的固定效应。

表 2 - 5　　　　　　　　参数估计结果

参数	个体固定效应	个体时刻固定效应	个体时刻双固定效应
pGDP	- 0.283	0.270 ****	0.314 ***
hlw	5.378 ****	1.245 ****	0.373 **
wx	0.777 ***	0.415 ****	- 1.040 *
ρ	- 0.539 ****	0.307 ****	0.061
残差平方和	36.763	1.058	0.1892

注：**** 是 0.1% 水平上显著，*** 是 1% 水平上显著，** 是 5% 水平上显著，* 是 10% 水平上显著。

在个体时刻固定效应模型中：第一，体现空间效应的空间自回归系数 ρ 通过了 0.1% 的显著性水平，再次验证了 31 个省（自治区、直辖市）之间的数字普惠金融存在明显的空间自相关；另外 ρ 的估计值为正，说明中国数字普惠金融的空间集聚效应在很大程度上呈现出趋同效应。第二，各解释变量人均 GDP、"互联网 +"和网络消费水平的估计值均通过了 0.5% 的显著性水平，回归模型有效。

综上分析，本书得到的模型如下：

$$DIFI = 0.307W \times DIFI + 0.27 \times pGDP + 1.245 \times hlw + 0.415 \times wx + \mu$$

$$(2.5)$$

对个体时刻固定效应空间滞后模型的系数进行分析后发现，空间滞后变量的空间自回归系数在 0.1% 的水平上显著，这表明数字普惠金融水平在地理空间上表现出较强的溢出效应，数字普惠金融发展水平的空间相互作用可以通过邻近地区相互传递，即邻近城市数字普惠金融发展水平具有促进作用的综合因素每提高 1%，会导致中心城市数字普惠金融发展水平上升 0.307%。根据回归系数可知，在其他条件保持不变的前提下，人均 GDP、"互联网 +"以及网络消费水平每增加 1%，数字普惠金融发展水平分别提高 0.27%、1.245%、0.415%。同时，"互联网 +"对发展数字普惠金融贡献最大，对数字普惠金融产生相对较大正向冲击；人均 GDP 对发展数字普惠金融贡献最小。综合而言，本书三个要素对数字普惠金融均产生正向影响，体现为"互联网 +"的发展主要通过技术应用促进其发展，同时经济发展水平和居民网络消费水平的增长对数字普惠金融的发展产生辅助推动作用。

2.6 对策建议

自 2005 年以来，普惠金融在世界各经济体都受到了广泛重视，为减少贫困、实现包容性经济增长提供了可靠的金融支持。随着数字技术在金融领域的加速应用，普惠金融也进入数字普惠金融的黄金时代，表现为以普惠为特征的互联网金融各项服务均得到迅猛增长，在庞大的技术红利、人口红利、政策红利和市场红利的共同推动下，第三方支付、互联网理财、网络银行、互联网消费金融、互联网保险等产品创新不断、受众群体越来越广。本章描述了数字普惠金融发展现状，使用空间面板模型，分析了数字普惠金融的空间集聚效应，实证检验了"互联网＋"、经济发展水平、网络消费水平三个重要因素对数字普惠金融的影响，得到如下结论。

第一，进入互联网和移动互联网时代，通过数字技术来发展普惠金融是可靠保障和必然路径。2011—2015 年，我国各省（自治区、直辖市）的数字普惠金融服务水平逐年提升，但不同地区发展水平有较大差距。可喜的是，进入 2015 年后，各省（自治区、直辖市）数字普惠金融空间集聚效应有所减弱，各省（自治区、直辖市）之间的差距在缩小，这意味着更多的企业和居民享受到了可获得性更高、成本更低、更加便捷的金融服务，通过数字科技跨越了金融有效性供给鸿沟。这些都表明国家通过技术创新促进普惠金融发展的成效已经开始显现，路径也逐渐形成。

第二，数字普惠金融空间分布图显示，数字普惠金融空间集聚效应明显，特别是在东部沿海地区，数字普惠金融整体水平较高，但北京、广东两个发达地区数字普惠金融的辐射范围不够广、辐射能力还有待提升。这与东部沿海城市一直以来的协同发展理念有密切关系：在经济上一直各有特色，结构分布合理；在金融上一直相互促进，互为补充；在技术上一直错位竞争，优先支持鼓励技术创新。这是非常值得借鉴的经验，各省份在支持数字普惠金融发展时，一定要树立区域协同创新发展的思路，经济落后省份要寻找周边经济发达城市做有效支持，这样可以间接推动本地区数字普惠金融水平。由于西部地区数字普惠金融整体水平较低，在一定程度上影响到西部地区的脱贫工作，国家对西部金融精准扶贫方面，应重点给予区域政策上的统筹考虑和倾斜，由重点省份带动周边省份，发挥金融技术外溢作用，保证宏观政策的及时性和有效性。

第三，数字普惠金融的影响因素中，除了受邻近省份的空间效应影响外，在本书选择的三个内部因素中，"互联网＋"对数字普惠金融发展的贡献最大，人均 GDP 对数字普惠金融发展的贡献最小，网络消费水平居中，这与传统研究中金融依赖于经济发展的结论类似，但又呈现不同的政策意义。各地区在制定数字普惠金融规划和具体实施战略时，要破除唯 GDP 论和 GDP 增长论，将"互联网＋"作为优先考虑因素，做好"互联网＋"顶层规划，切实促进"互联网＋"各项政策的落地实施。在实施过程中，要加强政策引导和服务配套，构建完善的技术基础设施网络，利用互联网重塑政府服务流程，服务好科技型互联网企业创新创业。各类金融机构和互联网金融企业要加快升级改造，以互联网改造传统金融服务模式，创新金融服务方式方法，不断提升整体实力。当然，在利用互联网等技术提高普惠金融水平的同时，也要时刻关注由此带来的全新的数字普惠金融风险，时刻保持警惕和清醒认识，加强数字普惠金融的协调监管，并积极利用互联网大数据技术来提高监管水平，全程实施穿透式监管，打击一切打着普惠的旗帜从事各类高风险甚至违法活动的行为，切实保护消费者的合法权益。

2.7　结论

本章以数字普惠金融为研究对象，基于 2011—2015 年中国省域短面板数据，引入空间因素，实证分析数字普惠金融发展影响因素。时刻固定效应的空间自回归模型计算结果显示：从内部影响因素来看，数字普惠金融具有明显的空间聚集性，2015 年后，各省份数字普惠金融整体水平继续提高，但差距开始缩小，表现为空间集聚效应有所减弱；从外部影响因素来看，"互联网＋"、经济发展水平以及网络消费水平对各省份数字普惠金融的发展均产生显著正向促进作用，其中"互联网＋"对发展数字普惠金融的贡献占主导地位，经济发展水平对发展数字普惠金融的贡献最小，结论为促进我国各省份数字普惠金融的发展提供政策参考。

由于受到数据可获得性的限制，本书还存在一些可拓展之处。首先，我们使用的是 2011—2015 年的短面板数据，因此没有全面反映长时期内数字普惠金融的变化趋势和空间集聚性。其次，本书重点考察了"互联网＋"、网络消费水平两个新要素与普惠金融的关系，已有文献中研究了经济发展水平与普惠金融的关系，但其他要素，如人口年龄结构、科技投入、城乡收入水平差异、金融宏观调控、社交舆情类信息等对数字普惠金融的影响难以完全体现。这些问题都值得在今后数据可获得的情况下，借助大数据技术进行深入探讨。

参考文献

［1］吴金旺，郭福春，顾洲一．数字普惠金融发展影响因素的实证分析——基于空间面板模型的检验［J］．浙江学刊，2018（3）．

［2］杨燕．普惠金融水平的衡量及其对经济增长的影响——基于中国经济区域2005—2013 年的面板数据［J］．金融与经济，2015（6）．

［3］孙硕．普惠金融与经济增长：基于跨国数据的实证分析［M］．北京：经济科学出版社，2016.

［4］王春峰，万海晖，张维．基于神经网络技术的商业银行信用风险评估［J］．系统工程理论与实践，1999（9）．

［5］李涛，徐翔，孙硕．普惠金融与经济增长［J］．社会科学文摘，2016（4）．

［6］王婧，胡国晖．中国普惠金融的发展评价及影响因素分析［J］．金融论坛，2013（6）．

［7］谢平，邹传伟，刘海二．互联网金融模式研究［J］．新金融评论，2012（12）．

［8］焦瑾璞，黄亭亭，汪天都，等．中国普惠金融发展进程及实证研究［J］．上海金融，2015（4）．

［9］焦瑾璞．普惠金融的国际经验［J］．中国金融，2014（10）．

［10］周斌，毛德勇，朱桂宾．"互联网＋"、普惠金融与经济增长——基于面板数据的 PVAR 模型实证检验［J］．财经理论与实践，2017（2）．

［11］邱瑾．基于 Bayes 空间计量视角的 GDP 增长影响因素及其区域集聚效应分析

[J]. 数理统计与管理, 2014 (1).

[12] 戚晓鹏, 周脉耕, 胡以松, 等. 应用地理信息系统探测消化道癌症死亡率空间聚集性 [J]. 地理研究, 2010 (1).

[13] 王惠文. PLS 回归在消除多重共线性中的作用 [J]. 数理统计与管理, 1996 (12).

[14] 邓柏盛, 宋德勇. 我国对外贸易、FDI 与环境污染之间关系的研究: 1995—2005 [J]. 国际贸易问题, 2008 (4).

[15] 王火根, 沈利生. 中国经济增长与能源消费空间面板分析 [J]. 数量经济技术经济研究, 2007 (12).

[16] Honohan P, Measuring Microfinance Access: Building on Existing Cross – Country Data [J]. Social Science Electronic Publishing, 2010, pp. 1 – 32.

[17] Klapper L, Demirguckunt A, Financial inclusion in Africa : an overview, Social Science Electronic Publishing, 2012, 7, p. 20.

[18] Sarma M, Pais J. , Financial Inclusion and Development [J]. Journal of International Development, 2011, 5, pp. 613 – 628.

[19] Anand S K, Chhikara K S, A Theoretical and Quantitative Analysis of Financial Inclusion and Economic Growth, Management & Labour Studies, 2012, 2 , pp. 103 – 133.

[20] Wang X, Guan J, Financial inclusion: measurement, spatial effects and influencing factors, 2016, 8, pp. 1751 – 1762.

[21] Beck T, Demirgüç – Kunt A, Peria M S M, Reaching out: Access to and use of banking services across countries [J]. Journal of Financial Economics, 2007, 7, pp. 234 – 266.

[22] Berger S C, Gleisner F, Emergence of Financial Intermediaries in Electronic Markets: The Case of Online P2P Lending [J]. Business Research, 2009, 5, pp. 39 – 65.

[23] Arora R U, Measuring Financial Access, Griffith University, Department of Accounting [J]. Finance and Economics, 2010, 7, pp. 1 – 21.

[24] Sarma M. Index of Financial Inclusion, Indian Council for Research on International Economic Relations, New Delhi, India, 2008, pp. 1 – 26.

[25] Androutsos A, Access link bandwidth externalities and endogenous Internet growth: a long – run economic approach [J]. International Journal of Network Management, 2011, 1, pp. 21 – 44.

[26] McKinnon R I, Money and capital in economic development, Brookings Institution,

1973, pp. 679 – 702.

[27] Lesage J P. An Introduction to Spatial Econometrics [J]. Revue Déconomie Industrielle, 2009, 123（123）: 513 – 514.

[28] Wang X, Guan J. Financial inclusion: measurement, spatial effects and influencing factors, 2016: 1 – 12.

[29] Elhorst. J. P. , Specification and Estimation of Spatial Panel Data Models [J]. International Regional Science Review, 2003（3）: 224 – 268.

3 数字普惠金融减贫效应研究

3.1 引言

近年来，随着我国经济水平的快速发展，城乡二元经济结构日益凸显，收入差距逐年加大，也进一步加剧了社会发展的不公平性。同时，由于趋利性的存在，实体金融机构向贫困人群提供金融服务具有成本高、不可持续等特点，这与金融机构利益最大化的目标存在矛盾。为此，国务院发布了首个发展普惠金融的国家级战略规划《推动普惠金融发展规划（2016—2020年)》，力求通过普惠金融的"普惠"消除贫富差距的鸿沟。之后，互联网金融以及新型数字技术的飞速发展，进一步推动了数字普惠金融（以数字技术驱动的普惠金融实现形式）的深入发展。

数字普惠金融利用互联网、云数据等技术，具备了降低金融服务门槛、促进价格发现和信息流通、打通金融服务"最后一公里"的特征，是实现金融高覆盖率、低成本和可持续发展的一种新模式。同时，数字普惠金融也因其惠贫性质得到国际社会的认可。2007年，肯尼亚首创富有商业价值的"M-PESA模式"，其核心就是以移动支付发挥数字普惠金融的潜力。截至2011年，全球已有30多个国家开展了数字普惠金融业务，其服务内容主要包括个人支付、转账等。数字普惠金融是为被排斥于正规金融体系之外、无法享有金融服务的群体提供获取普惠金融的数字渠道，包括支付、转账、信贷、储蓄、保险和证券业务，以满足服务对象的切身需求。2016年9月，《G20数字普惠金融高级原则》发布，标志着数字普惠金融正式成为未来金融创新发展、消除贫富差距的重要方向。

在我国全面建成小康社会的决胜时期，如何紧抓"数字普惠金融"带来的包容、效率和创新的新契机，发挥其在支付、信贷和储蓄等领域的信息及成本优势，将技术进步、经济增长和金融深化改革的成果惠及更多弱势群体，从而促进贫困减缓，对于缓解我国经济发展中的不平衡不充分问题尤为重要。研究数字普惠金融的减贫效应，对我国夯实稳定脱贫基础、追求经济包容性增长具有重要的现实意义。

3.2 理论基础

国内外学者对普惠金融体系维度和指标的构建各有特点。最具有代表性的是 Sarma 的研究，重点关注银行服务。随后，Sarma 和 Pais 基于联合国开发计划署计算 HDI 的方法，首次纳入了地理渗透性、产品接触性和使用效用性三大维度信息。国内在这方面的学术研究起步较晚，张国俊等改进了学者 Sarma 和 Pais 的多维度信息，使用渗透度、使用度、效用度和承受度四个维度建立指标测算金融排斥指数，对区域性普惠金融评价展开研究。近年来，互联网的普及、数字技术的不断进步，显著推动了发展中国家和发达国家的普惠金融指数。原有的评价体系缺乏对数字驱动因素的考虑，时效性不够。2016 年，北京大学数字金融研究中心课题组不仅从金融本身，还从互联网技术（如移动互联网）和大数据技术应用（基于征信分的场景应用）角度衡量普惠金融发展水平，构建了数字普惠金融指数。

2017 年，党的十九大提出了夺取新时代中国特色社会主义伟大胜利，决胜全面建成小康社会的目标，而数字普惠金融的发展是扩大金融服务实体经济的覆盖面和提升金融服务效率的一个重要途径，为贫困及弱势群体提供了平等优质的发展机会，缩小了城乡收入差距，降低了国内贫困基数，是我国全面建成小康社会的必要手段和必需方式。关于普惠金融与减贫、促进收入增长的研究逐渐成为热点。大多数国外学者的研究发现，普惠金融可以提高低收入人群的收入水平。而国内学者也做了大量的实证研究，邵汉华和王凯月（2017）发现普惠金融能够显著地减缓贫困，其中可以通过改善收入分配来减少贫困。同时，学者李容德和温茜茜（2017）进一步研究发现，我国普惠金融的发展能够缩小城乡居民收入差距。由于数字普惠金融发展的时间还比较短，所以目前研究数字普惠金融减贫效应的文献相对匮乏。国内学者宋晓玲（2017）将城乡居民收入差距指标作为被解释变量，数字普惠金融指数作为解释变量，构建了平衡面板数据模型，并发现数字普惠金融的发展能够显著缩小城乡居民收入差距。张子豪和谭燕芝（2018）的研究再次验证该项结论。

综上所述，已有国内外文献以行政区域（主要包括省级层面和国际层面）为基础构建了数字普惠金融指数。为了进一步研究数字普惠金融是否具有实际减贫效应，影响程度如何，本书创新性地从微观用户行为视角出发，从覆盖广度、使用深度、数字支持服务程度三个方面进行数字普惠金融自我评价。同时，从可支配收入和消费支出状况两个维度量化自我经济水平，从而构建线性模型，对现阶段数字普惠金融减贫效应作出合理的检验。

3.3　研究假设

通过包容、效率和创新，数字普惠金融为贫困及弱势人群提供了以往难以企及的发展机会。第一，数字普惠金融通过互联网技术的发展拓宽了金融服务的触达范围，触达能力的提高又可以扩大有效用户基数，促进了金融更好地为长尾人群服务。例如，偏远不发达地区的地理环境复杂，基建成本较高，传统金融机构不愿意或难以渗入，而在依托互联网的新金融模式下，客户通过电子账户（如互联网支付账号）等即可实现交易。因此，数字普惠金融让金融服务更直接、效率更高，客户覆盖面更广，让更多的人有机会享受到金融服务。第二，数字普惠金融通过互联网技术拓宽了金融服务的模式、类型、使用率，加大了使用深度，也为长尾群体提供了享受更多金融服务的机会。例如，仅从金融服务类型来看，数字普惠金融包括支付服务、信贷服务、保险服务、投资服务和征信服务，涉及业态广泛，多方位吸引和扩充了实际使用人数。第三，数字普惠金融通过便利性和成本优势，提高金融数字化服务支持程度，从而实现金融服务的低门槛和低成本。通常，金融服务越便捷，成本就越低，金融服务需求则越多，从而进一步满足更多人的金融服务需求。

数字普惠金融作为互联网技术发展的新金融产物，具有覆盖广、成本低以及风控强等特点，其服务对象主要以中低收入人群和小微企业为主，尤其对于长尾群体客户，数字普惠金融解决了个体收入与成本之间的失衡，使金融服务更加普惠。金融发展能够促进经济增长的观点已经得到了国内外大多数学者的支持，而普惠金融作为金融发展的一部分，能够显著促进经济增长，并通过增加个体收入和刺激个体消费来达到减贫效应。在收入方面，普惠金融通过"涓滴效应"发挥金融功能，金融机构借助适应性强的产品，提高金融产品及服务适用性以帮助居民增收，达到减缓贫困的目的，发挥减贫效应。然而，单纯的收入维度只是衡量减贫效应的一个方面，即收入效应只是经济增长促进减贫效应的一个维度，由于个体的消费结构存在差异，以消费支出衡量的个体多维贫困程度远高于单纯的收入维度。因此，将消费维度纳入减缓贫困的路径研究是有必要的。据此，本书创新性地构造了以微观主体为视角的数字普惠金融减贫效应影响机理体系（见图 3 – 1），并提出了本书的核心假设：数字普惠金融具有减贫效应，能够显著提高个人经济水平，减缓贫困。

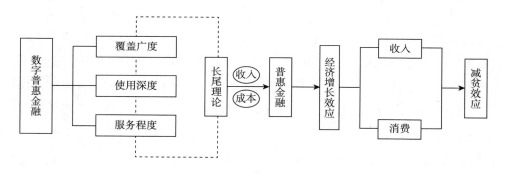

图 3 – 1　影响机理

3.4　数据来源与指标构建

3.4.1　数据来源

作者以发放问卷的形式进行实地调研，以观察公众的数字普惠金融现状与减贫效应成果。浙江省作为互联网金融领先发展的地区，具有发展数字普

惠金融的技术优势、政策优势、人才优势和环境优势等，也是我国数字普惠
金融践行的重要地区，致力于构建广覆盖、高效率、可持续的服务体系。省
内各地也是积极响应政策，深化推动和探索。嘉兴位于浙江东北部，是长三
角城市群、环杭州湾大湾区核心城市，杭州都市圈副中心城市，2017 年地区
生产总值位于浙江省第五位，仅次于杭州、宁波、温州和台州，浙江省级八
个贫困县之一的海盐县即位于此。嘉兴市是浙江省科技金融改革创新试验区，
自 2017 年以来，以深化供给侧改革为主线，坚持"重引领、深调研、强督
导"三位一体，积极推动辖内银行业机构深耕普惠金融，服务"三农"，服务
县域经济发展。随着普惠金融受重视程度的提升以及数字化技术的推进，嘉
兴的普惠金融插上了"翅膀"，金融服务水平和效率都得到了极大的提高。因
此，本次调研以嘉兴为对象，合理设计问卷进行实地走访调研。

为了保证样本的可代表性和随机性，本次调研采取随机抽样的方式，选
取嘉兴人流集中地（火车站、高铁站、广场、餐厅、商场、农村服务站）随
机发放问卷。根据抽样技术中的分层抽样技术，可知样本容量根据调研可靠
度和抽样误差来确定纯净样本的数量，公式如下：

$$n = \frac{z_{\alpha/2}^2 \times p(1-p)}{d^2} \tag{3.1}$$

其中，$z_{\alpha/2}^2$ 为标准正态分布的上 $\alpha/2$ 分位数；$1-p$ 为调查的可靠度；p 为总体
比例的期望值；d 为容许抽样误差。

表 3-1　　　　　　　不同置信区间和抽样误差下的样本量表

样本量抽样误差	不同置信区间的 Z 统计量		
	90%	95%	99%
	1.64	1.96	2.58
10%	67	96	166
5%	269	384	666
3%	747	1067	1849

本书的样本容量参数取值为可靠度99%，即 $\alpha = 0.01$，$Z_{\alpha/2} = Z_{0.005} = 2.58$，容许误差控制在5%，考虑到 p 是未知参数，采用保守估计，取 $p = 0.5$，计算可得调研所需的样本容量为 $n = 666$。本次问卷发放时间为 2018

年 10 月 23 日至 11 月 31 日，累计回收 736 份有效问卷，能满足调研样本需要。

本书通过调研数据探究数字普惠金融的使用现状以及对减贫的作用机制。因此，问卷设计分为三部分：被调查者的基本信息、数字普惠金融程度、自我经济水平评估。其中，被调查者的基本信息包括性别、年龄、户籍、学历和职业等；个人数字普惠金融程度从数字普惠金融的覆盖广度、使用深度、数字支持服务程度三个方面进行自我评价，借助层次分析法、变异系数法等构建数字普惠金融复合指标；自我经济水平评估方面，根据相关参考文献，并基于国家统计局编制的统计年鉴①，从可支配收入和消费支出状况两个维度设立细化指标，同理，构建自我经济水平的复合指数。

3.4.2 样本分析

本次调研的被调查人群中，男性占比为 47.3%，女性占比为 52.7%，两者占比相对均衡。年龄方面，20~35 岁的中青年占比为 61.3%，年轻人群是调研的主体人群。此外，36~50 岁的人群占比为 21.7%，20 岁以下的青少年和 50 岁以上的中老年人分别占比为 11.3% 和 5.7%。本次调研中，来自农村和城市户籍的人数占比均衡，分别占总样本的 54.2% 和 45.8%。学历方面，不同学历的人群占比也相对平衡，中专及以下、大专、本科三类人群分别占比为 26.8%、34.1% 和 35.1%，剩余的 4% 样本的学历为硕士及以上。职业方面，人数最多的是企业员工，占总人数的 43.6%；其次是自由职业者，占比为 23.4%；学生、行政事业单位人员和务农人员也均有涉及，分别占比为 16.6%、10.7% 和 5.7%。综上所述，样本基本涵盖了不同性别、年龄、户籍、学历和职业的人群，在一定程度上具有代表性和研究的普适性。

为了进一步了解嘉兴数字普惠金融发展的现状，本书从数字普惠金融的覆盖广度、使用深度和数字支持服务程度三个维度进行分析。

3.4.2.1 覆盖广度

覆盖广度是决定数字普惠金融发展程度的主要因素之一。调研结果显示，

---

① 参考统计年鉴中第六部分人民生活章节中的主要统计指标。

嘉兴数字普惠金融的整体覆盖广度水平较好，如表 3 - 2 所示，88.04% 的被调查人群拥有第三方支付账号，仅有 11.96% 的人群没有第三方支付账号。拥有第三方支付账号的人群中有 89.35% 已绑定银行卡，说明绝大部分人群（约为 78.66%）是已绑定银行卡进行使用的真实用户。

表 3 - 2 用户使用特征描述

选项 项目	是		否	
	人数（人）	占比（%）	人数（人）	占比（%）
是否拥有第三方支付账号	648	88.04	88	11.96
第三方账号是否绑定银行卡	579	89.35	69	10.65
是否使用过互联网消费贷	347	59.93	232	40.07
是否知道或使用过互联网小微经营贷	114	19.69	465	80.31
是否购买过互联网保险	281	48.53	298	51.47
是否参与过互联网投资理财	346	60.07	230	39.93

3.4.2.2 使用深度

数字普惠金融涉及的领域众多，包括互联网消费贷、小微企业经营贷、互联网保险、互联网理财等。从使用深度来看，数字普惠金融业务中，互联网消费贷和理财是受众最广的，分别占比为 59.93% 和 60.07%；其次是互联网保险，占比为 48.53%；小微企业经营贷使用人数最少。这一方面说明了数字普惠金融的发展极大地改变了公众的消费习惯，也在逐渐影响人们的互联网生活思维和理财意识；另一方面，普惠金融的设立初衷之一是为了解决中小企业融资难的困境，但目前的普及水平有所不足，可见数字普惠金融在解决中小企业融资难方面还存在着极大的空间。此外，值得一提的是互联网保险的普及，已覆盖到拥有互联网消费习惯人群的 48.53%，即接近一半的人群会购买互联网保险。保险行业作为一个传统的线下行业，存在高人工成本的特征，而互联网和保险的结合，使保险产品突破创新、条款简单、通俗易懂、交易额低、费率优势高，更便于自主购买和覆盖更广泛的人群。

3.4.2.3 数字支持服务程度

便利性和成本是用户是否使用金融服务的两大主要因素。为了测算数字普惠金融的服务支持程度，本次调研从移动支付金额占月生活总支出金额、移动支付笔数占月生活总支出笔数两个指标来量化，占比越高，越能体现互联网金融服务的低成本和低门槛优势。数据显示，两者比例最高的人群（27.6%和30.4%）均是支付占比超过50%以上的；绝大部分用户，即44.3%（16.7%和27.6%）的用户月生活总支出金额中超过30%为移动支出，44.1%（13.7%和30.4%）的用户月生活总支出笔数中超过30%为移动支付的形式，具体数据见表3-3。

表3-3   数字支持服务程度描述

项目\\比例	移动支付金额占月生活总支出的比例		移动支付笔数占月生活总支出笔数的比例	
	人数（人）	占比（%）	人数（人）	占比（%）
10%及以下	125	19.3	135	20.8
10%~30%	167	25.8	158	24.4
30%~50%	108	16.7	89	13.7
50%以上	179	27.6	197	30.4

3.4.3 指标构建

为了进一步检验数字普惠金融的减贫效应，本书基于用户行为数据，分别构建了数字普惠金融指数和自我经济水平指数，本节将从指标构建和计算方式两个角度进行分析。由于自我经济水平指数与数字普惠金融指数是基于同样的构建原则和计算方法，故本节将以数字普惠金融指数构建为主要内容。

3.4.3.1 数字普惠金融指标构建

构建原则：在对数字普惠金融相关文献的梳理过程中，笔者发现，北京大学数字普惠金融指数（2011—2015年）的编制在学术界以及业界占有权威地位，本书重点参考了其六大构建原则，分别是"同时考虑广度和深度""体现普惠金融服务的均衡性""兼顾纵向和横向可比性""体现金融服务的多层次性和多元化""强调互联网技术""确保数据的连续性和完整性"。本书的特色在于所构建的数字普惠金融指标体系是从用户行为角度出发，具备很强的微观性，故在原有构建原则的基础上增加了个体用户行为视角，并剔除了纵向（跨时间）和横向（跨地区）可比性，确保所构建的指标体系全面、客观、准确。

指标体系：按照指标构建原则，本书设计指标体系的思路是，基于国内外文献，结合国内数字普惠金融服务发展形势，分别从覆盖广度、使用深度和数字支持服务程度三个维度来构建指标体系，具体指标见表3-4。覆盖广度方面，由于受互联网和移动技术发展的影响，公众获取相应金融服务的方式已经改变，传统金融机构触达用户的直接体现为"金融机构网点数"和"金融服务人员数"，而在互联网金融时代，公众可以通过电子账户等形式得到所需要的金融服务，例如用户可以通过支付宝账号进行小额借贷等。使用深度方面，本书从实际使用数字普惠金融服务的情况来衡量，基于用户视角，对互联网支付、互联网信贷、互联网保险以及互联网投资进行了指标量化和数据收集。数字支持服务程度方面，互联网金融服务的便利性是影响公众参与的主要因素，其为公众提供了一种低成本和低门槛的方式去有效接触和使用金融服务。

表3-4 个体数字普惠金融指标体系

一级维度	二级维度	具体指标
覆盖广度	账户覆盖率	第三方支付账号数
		第三方支付账号绑定银行卡数
		已使用移动支付年限
		手机银行开通个数
使用深度	支付业务	日均使用第三方支付完成支付笔数
		日均使用第三方支付的金额数
	信贷业务	月均产生互联网消费贷的笔数
		月均产生互联网消费贷的金额
		使用互联网小微经营贷笔数
		平均每笔互联网小微经营贷的贷款金额
	保险业务	购买互联网保险次数
		平均保费金额
	投资业务	月均购买互联网理财产品金额
数字支持服务程度	便利性	移动支付笔数占比
		移动支付金额占比

同理，在自我经济水平评估方面，本书从可支配收入和消费支出状况两个维度设立细化指标，构建自我经济水平的复合指数。具体的指标构建详见

表 3 – 6。

3.4.3.2 计算方法

指标无量纲化方法：对于多指标综合评价体系，必须将性质和计量单位不同的指标进行无量纲化处理，以便于指标之间进行对比。国内学者彭非等指出，在无量纲化函数多指标综合评价体系中，常见的有线性功效函数法、指数型功效函数法、对数型功效函数法等。而目前学术界关于普惠金融指标的无量纲化方法主要有线性功效函数法和指数型功效函数法。由于本书调研个别指标数据以 0 和 1 为主，结合数据特点，采用线性功效函数法，具体公式如下：

$$d = \frac{x - x^s}{x^h - x^s} \tag{3.2}$$

其中，d 为转化后专项指标的评价值；x 为单项指标的评价值；x^s 为不允许值；x^h 为满意值。本书将 x^s 设为指标中的最小值，x^h 设为指标中的最大值。

基于层次分析的变异系数赋权法：在多指标综合评价过程中，权重的确定直接影响评价的结果。根据国内外现有的文献，权重的确定方法有很多，可分为主观赋权法和客观赋权法。主观赋权法主要是由专家根据经验进行主观的评价，例如德尔菲（Delphi）法以及 AHP 层次分析法等。而客观赋权法不依赖于个人的主观判断，主要是根据各指标的具体数值计算而得到，具有较强的客观性，例如主成分分析法、方差赋权法以及变异系数法等。文中将沿用北京大学数字普惠指数编制的权重确定方法，即将主观赋权（AHP 层次分析法）与客观赋权（变异系数法）相结合。

第一步：基于 AHP 层次分析法确定中间层权重。AHP 层次分析法的基本原理是在所构建的层次分析模型中，通过调查判断，形成判定矩阵。当检验判定矩阵通过一致性检验时，则可以接受判断矩阵，并直接得出各指标的权重值；若该一致性检验未通过，则反之。具体的计算步骤为：建立层次结构模型、构建判断矩阵、计算判断矩阵的最大特征值及其特征向量、一致性检验和计算权重向量。考虑到主观赋权法的欠缺性，本书沿用北京大学数字普惠金融指数中所设立的权重向量，一级维度与其权重取值相同，即覆盖广度（54%）、使用深度（30%）和数字支持服务程度（16%），括号内为权重，下同。与北京大学数字普惠金融指数不同的是，本书的二级维度指标有所删减，但仍根据指标间原比例进行相应的放缩处理，即在使用深度维度下设四个业务维度，即支付（5%）、保险（19%）、投资（30%）以及信贷（46%）。

第二步：变异系数法确定指标权重。基于第一步的基础，利用变异系数法计算各具体指标对其上一层的权重大小。该方法就是根据各个指标在所有被评价对象上观测值的变异程度大小，对其进行赋权。变异程度大的指标，说明该指标在衡量该对象的差异方法上具有较强的解释力，应赋予较大的权重。具体步骤如下：

首先，计算各指标的变异系数，该值反映了各指标的绝对变异程度：

$$CV_i = \frac{S_i}{\overline{X}_i}(i = 1,2,3,\cdots,n) \tag{3.3}$$

其中，S_i 为各指标标准差；$\overline{X}_i$ 为各指标均值。

然后对各个指标变异系数进行归一化处理，计算各个指标的权重：

$$q_i = \frac{CV_i}{\sum\limits_{i=1}^{n} CV_i}(i = 1,2,3,\cdots,n) \tag{3.4}$$

指数合成模型：在多指标综合评价中，合成是指通过一定的数学算式将多个指标对事物不同方面的评价值综合在一起，以得到一个整体性的评价。本书采用算术平均合成模型，具体模型如下：

$$d = \sum\limits_{i=1}^{n} w_i d_i \tag{3.5}$$

其中，d 为综合指数；w_i 为各个评价指标归一化后的权重值；d_i 为单个指标的评价得分；n 为评价指标的个数。本书中的数字普惠金融指数和自我经济水平指数的构建均采用了上述理论模型，通过主观赋权法和客观赋权法相结合的形式，形成客观、合理的评价体系。

3.5 实证结果分析

3.5.1 模型构建

根据上述的复合指标权重确定和构建方法，首先对原有样本进行筛选：

考虑到学生人群没有固定的收入，无法客观评价其经济水平状况，因此剔除学生人群；然后，剔除没有第三方支付账号的人群，样本清洗后得到有效问卷 471 份。其次，对该样本的数字普惠金融和自我经济水平两个指数进行处理，综合使用 AHP 层析分析法和变异系数法来确定各层的权重。表 3 - 5 是用户行为视角下数字普惠金融指数权重赋值。

表 3 - 5　　　　　　　数字普惠金融指数权重赋值

一级维度	一级权重	二级维度	二级权重	具体指标	变异系数	权重
覆盖广度	54%	账户覆盖率	100%	拥有第三方支付账号数	0.684	26.17%
				支付账号绑定银行卡数	0.517	19.83%
				已使用移动支付年限	0.626	23.99%
				手机银行开通个数	0.783	30.01%
使用深度	30%	支付业务	5%	第三方完成笔数	0.782	51.90%
				第三方支付金额	0.725	48.10%
		信贷业务	46%	月均消费贷笔数	1.323	17.69%
				月均消费贷金额	1.323	17.69%
				月均经营贷笔数	2.417	32.31%
				月均经营贷金额	2.417	32.31%
		保险业务	19%	互联网保险笔数	1.444	48.02%
				平均每笔保费	1.563	51.98%
		投资业务	30%	互联网理财金额	1.305	100.00%
数字支持服务程度	16%	便利性	100%	月均支付笔数占比	0.765	50.44%
				月均支付金额占比	0.752	49.56%

　　表 3 - 6 是自我经济水平指数权重赋值。研究发现：在该样本下，可支配收入中农业收入占比的权重（65.2%）明显高于可支配收入占比（34.8%）；在消费支出维度下，食品烟酒支出、购买理财产品以及教育方面支出的权重都显著高于该维度下其他指标。

表 3 - 6　　　　　　　自我经济水平指数权重赋值

一级维度	一级权重	具体指标	变异系数	权重
可支配收入	50%	可支配收入占比	0.756	34.8%
		农业收入占比	1.416	65.2%

续表

一级维度	一级权重	具体指标	变异系数	权重
消费支出	50%	食品烟酒支出	1.401	13.81%
		衣着支出	0.892	8.79%
		生活用品方面支出	0.946	9.33%
		生活服务方面支出	0.985	9.71%
		居住支出	0.591	5.83%
		交通通信方面支出	1.092	10.76%
		教育方面支出	1.212	11.95%
		娱乐方面支出	0.685	6.75%
		医疗保健支出	1.045	10.31%
		购买理财产品	1.296	12.77%

注：可支配收入占比指可支配收入占总收入的比重；农业收入占比指农业收入占可支配收入的比重。

为了探究数字普惠金融的发展是否有减贫效应，本书设定模型的因变量为自我经济水平指数，自变量有数字普惠金融指数和性别、户籍类型、学历、职业。自变量中的连续型变量为数字普惠金融指数，性别和户籍为二维离散型变量，学历为多维离散型变量，以硕士及以上为参考，对其作虚拟变量赋值，职业也做类似处理，以其他自由职业为参照。具体变量设置如表 3-7 所示。

表 3-7　　　　　　　　　　　自变量说明

	变量	类型	变量说明
数字普惠金融指数	数字普惠金融指数	连续变量	
性别	性别	离散变量	女性 = 1，男性 = 0
户籍	户籍	离散变量	农村 = 0，城镇 = 1
学历	中专及以下	虚拟变量	中专及以下 = 1
	大专		大专 = 1
	本科		本科 = 1
	硕士及以上		以硕士及以上为参考
职业	企业员工	虚拟变量	企业员工 = 1
	行政事业单位		行政事业单位 = 1
	务农人员		务农人员 = 1
	其他自由职业		以其他自由职业为参考

在建立回归模型前，首先对离散型自变量进行方差分析，做初步的变量筛选。详细结果见表3-8。检验结果显示，不同学历的人群在经济水平方面存在十分显著的差异，P值为0；其次是户籍、性别以及职业，P值分别为0.001、0.005和0.05，也存在较为显著的差异；而不同年龄的人群在经济水平上没有显示出显著的差异，主要原因可能是调研对象既包含了城镇居民，也包含了农村地区居民，年龄不是构成收入来源的决定性因素。

表3-8　　　　　　　　　　　　重要变量方差分析

		离差平方和	自由度	均方	F值	P值
性别	组间	0.212	1	0.212	7.812	0.005
	组内	12.709	469	0.027		
年龄	组间	0.071	3	0.024	0.854	0.465
	组内	12.85	467	0.028		
学历	组间	0.598	3	0.199	7.554	0
	组内	12.322	467	0.026		
职业	组间	0.214	3	0.071	2.621	0.05
	组内	12.706	467	0.027		
户籍	组间	0.316	3	0.316	11.764	0.001
	组内	12.604	467	0.027		

基于上述结果，本书在自变量中剔除年龄因素，建立线性回归模型，采用逐步回归法进行变量筛选，最终构建得到如下模型结果：

$$自我经济水平指数 = \beta_0 + \beta_1 数字普惠金融指数 + \beta_2 性别 + \beta_3 户籍$$
$$+ \beta_4 大专 + \beta_5 本科 + \beta_6 行政事业单位 + \beta_7 务农 + \varepsilon$$

3.5.2　模型结果

模型的拟合优度 R^2 值为0.413，高于一般经济真实数据的实证结果，说明该模型整体的拟合效果还不错。从表3-9中可以发现，除了是否为行政事业单位人员自变量外，其余自变量的各回归系数的概率都小于显著性水平0.05，因此拒绝原假设，可以认为回归系数与零有显著差异，即这些自变量与自我经济水平指数之间存在显著的线性关系。其中，数字普惠金融指数与自我经济水平指数之间的P值为0，且系数估计为0.233，可以认为两者呈现显著的正相关，即数字普惠金融程度越高，其经济水平越高。因此，数字普惠金融的发展能在一定程度上起到显著的减贫效应。

表3-9　　　　　　　　　　　　参数估计

	估计系数	误差标准差	t 值	P 值
数字普惠金融指数	0.233	0.047	4.968	0
性别	-0.043	0.015	-2.96	0.0031
户籍	0.048	0.015	3.283	0.0011
大专	-0.044	0.017	2.497	0.0122
本科	0.057	0.018	3.047	0.0024
行政事业单位	0.037	0.022	-1.687	0.0922
务农	-0.078	0.038	2.072	0.0388

从个人基本信息因素来看，与减贫效应最显著相关的因素是户籍，估计系数为0.048，说明城镇户籍类型变量对经济水平是产生正向影响的，即在其他因素不变的情况下，户籍是城镇类型的人群，经济水平也会越高。同时，显著相关的自变量是学历是否为本科，可以看出，是否为本科是对经济水平有正向影响的变量，相反，大专及大专以下学历是会对经济水平产生负向影响的自变量，这也从一定程度上说明学历会对自我经济水平产生较为显著的作用，学历越高，对经济水平的正向影响越大。此外，性别也是影响经济水平的重要因素之一，模型结果显示，是否为女性对经济水平起负面作用，这说明，总体而言，男性的经济状况会普遍高于女性。

3.6　结论

精准扶贫是新时代党和国家的一项重要战略部署，是实现全体人民对美好生活向往的根本保障。具体扶贫的方式有很多，比如教育扶贫、人才援助扶贫、农业扶贫、医疗扶贫、基础设施扶贫等，这些扶贫方式均具有一定的定向性、长期性、变化性。金融是现代经济的核心，是活水之源，金融扶贫也一直是扶贫工作的重要内容，做好金融扶贫工作，早已成为所有金融机构和准金融机构一项重要的社会责任。金融扶贫工作已经开展了很多年，一直存在两个比较突出的问题：一是成本太高，金融服务"最后一公里"始终难以逾越；二是达不到"灌溉式扶贫"，精准性不够。随着大数据、云计算、移动互联网、人工智能等新技术的发展和应用，数字普惠金融作为一种全新的服务方式在 G20 峰会达成共识后，发挥了信息化时代边际效应递增作用，在提高城市金融服务水平的同时，走出了城市带动农村的道路，渐渐使得人人、时时、处处都能享受到金融服务。

数字普惠金融的发展现状、减贫作用是非常值得肯定的，在国际层面和省级层面已经取得了一些研究成果。但是对于个人而言，是否参与并获得数字普惠金融带来的益处是本书关注的焦点。本书从微观层面出发开展研究，参照现有的文献，设计科学合理的调研问卷，进行深入的城市和农村现场调研，进一步展开实证分析，主要获得以下结论。

第一，创新性地构建了适合微观主体的数字普惠金融指标体系。在覆盖广度指标中，拥有第三方支付账号的人群中有 89.4% 已绑定银行卡，用户的习惯已经养成，通过移动支付体系，金融服务随手可得。在使用指标中，互联网消费贷和互联网理财参与人群最广泛，通过互联网来购买保险也逐步得到社会大众的认同，但是认知度以及通过互联网来获得小微企业经营性贷款的比例还较低。这也是数字普惠金融发展的一个必经阶段，从生活化的支付、消费等行业起步，最终打造一个涵盖支付、消费、理财、信贷等领域的金融生态体系。预计随着人们对互联网小微企业经营性贷款认知水平的提高以及实践工作的快速推进，互联网小微企业经营贷将在支持小微企业融资方面发挥更大的作用，这也是数字普惠金融发展的一个难点。

第二，变量筛选检验结果显示，不同学历的人群在经济水平方面存在十分显著的差异，表现为本科及本科以上学历与经济水平为正向关系，本科以下是负向关系。其次是户籍、性别以及职业均存在较为显著的差异。可见，教育是百年大计，教育改变命运，教育是决定个体经济发展的重要因素，在减贫政策中，要把支持教育放在首要位置，让更多的青年享受到优质的本科教育。从个人基本信息因素来看，与减贫效应最显著相关的因素是户籍，户籍为城镇类型的个体，经济水平会比农村户籍的高 0.048 个单位，这也印证了我国长期的二元经济结构理论，应该进一步开放户籍政策，让更多的农户有机会流向并融入城市，共享城市发展与繁荣。

第三，数字普惠金融指数与自我经济水平指数具有显著的正相关性，在其他变量不变的情况下，数字普惠金融每提高 1 个单位，经济水平可提高 0.233 个单位，因此，数字普惠金融的发展能在一定程度上起到显著的减贫效应。政府要利用好数字技术优势，做好普及宣传工作，提高社会大众特别是贫困人群的数字金融应用水平，为减缓贫困作出更大贡献。当然，在数字普惠金融减贫脱贫过程中，微观主体一定要做好风险管理，防范网络安全风险、网络非法集资、网络诈骗等案件的发生，切实保护好自身的合法权益，避免由于知识和能力的欠缺上当受骗。

本章还存在一些可拓展之处。第一，在数字普惠金融指标体系构建过程中，依赖微观调研的可获得数据，指标的种类还可以进一步拓展；实证分析也是采用横截面数据，以后可以进一步增加数据的纵向比较，构成时间序列。第二，本章集中于嘉兴地区的调研数据，尽管已经兼顾调查对象的年龄、性别、受教育程度等各类因素，但是个人的贫困程度往往也受外在环境的影响，比如政府的公共设施投入、当地的技术发展现状、经济发展模式等，后续研究可以进一步挖掘其他潜在变量。另外，还可以综合考虑中西部各个经济发展区域的微观个体，进一步做到扶贫精准化和科学化。

参考文献

［1］吴金旺，郭福春，顾洲一．数字普惠金融能否显著减缓贫困？——来自浙江嘉兴调研的行为数据［J］．浙江学刊，2019（4）．

［2］张国俊，周春山，许学强．中国金融排斥的省际差异及影响因素［J］．地理研究，2014（12）．

［3］宋晓玲，侯金辰．互联网使用状况能否提升普惠金融发展水平？——来自 25 个发达国家和 40 个发展中国家的经验证据［J］．管理世界，2017（1）．

［4］宋晓玲．数字普惠金融缩小城乡收入差距的实证检验［J］．财经科学，2017（6）．

［5］邵汉华，王凯月．普惠金融的减贫效应及作用机制——基于跨国面板数据的实证分析［J］．金融经济学研究，2017（6）．

［6］李容德．普惠金融对城乡收入差距的影响机理与实证测度——基于江西省 75 县

市 2012—2014 年的面板数据［J］．武汉金融，2017（7）．

　　［7］温茜茜．普惠金融对城乡收入差距的影响研究［J］．宏观经济研究，2017（7）．

　　［8］张子豪，谭燕芝．数字普惠金融与中国城乡收入差距——基于空间计量模型的实证分析［J］．金融理论与实践，2018（6）．

　　［9］Sarma M．Index of Financial Inclusion，Indian Council for Research on International Economic Relations，New Delhi，India，2008，pp. 1 – 26．

　　［10］Geda A，Shimeles A，Zerfu D．Finance and Poverty in Ethiopia：A Household – Level Analysis［R］．Research Paper No. 51，United Nations University ，2006；Bittencourt M，Manoel F．Financial Development and Inequality：Brazil 1985 – 1994［J］．Economic Change and Restructuring，2010，43（2）：113 – 130．

　　［11］Sarma M，Pais J．，Financial Inclusion and Development，Journal of International Development，2011，5，pp. 613 – 628．

4 长三角地区数字普惠金融
一体化研究

4.1 引言

    长三角地区是国内第一大经济区，中国综合实力最强的经济中心、亚太地区重要国际门户、全球重要的先进制造业基地、中国率先跻身世界级城市群的地区，长三角城市群已经成为我国经济活力最强、开放程度最高、创新能力最强、吸纳外来人口最多的区域之一，以4%的国土面积创造了全国25%左右的地区生产总值，长三角地区的经济实力让世人瞩目。2018年11月，中国国家主席习近平在首届中国国际进口博览会开幕式上的主旨演讲中首次提到将支持长江三角洲区域一体化发展并上升为国家战略。2019年5月13日，中央政治局会议审议通过《长江三角洲区域一体化发展规划纲要》，长三角一体化迈向全面深化阶段。2020年2月14日，《关于进一步加快上海国际金融中心建设和金融支持长三角一体化发展的意见》（银发〔2020〕46号）正式颁布，提出完善金融服务长三角一体化发展的体制机制，加大金融支持区域协调发展、创新驱动发展等国家重大战略的力度。2020年4月，人民银行上海总部会同长三角生态绿色一体化发展示范区执委会等12个部门联合出台《关于在长三角生态绿色一体化发展示范区深化落实金融支持政策推进先行先试的若干举措》（简称"示范区金融16条"），提出了八个方面16条具体措施，包括同城化结算服务、跨区域联合授信、移动支付互联互通、支持设立一体化金融机构、建设一体化绿色金融服务平台、推进金融信息共享共用等若干措施，标志着长三角生态绿色一体化发展示范区金融服务"同城化"全面启动。这些措施的出台将极大地推动长三角地区加快探索金融服务"同城化"，更好地服务长三角地区创新发展。同时，根据北京大学数字金融研究中心发布的最新的数字普惠金融研究成果，长三角地区，特别是杭州市和上海市的市辖区在县域数字普惠金融排行榜中基本垄断了前 20 强，充分说明了长三角地区区县已经成为中国践行数字普惠金融的典范区域。长三角数字普惠金融是否会盖过其他地区的发展势头，形成强者通吃的现象？是否能带动区域一体化发展？其中的机理、机制和效果值得深入研究。

4.2 理论基础

2016 年以来，伴随着网络技术的飞速发展和移动互联网的广泛使用，数字普惠金融各项业务迅速崛起，在降低金融服务成本的同时，扩大了金融服务覆盖面，技术驱动的数字普惠金融服务对象拓展至低收入弱势群体，填补了市场空白，已经引起了学术界与实务界的广泛关注。当前，国内外关于数字普惠金融的研究主要集中于指标体系构建、指数应用研究以及数字普惠金融发展、风险与监管机制研究。从理论上讲，普惠金融是一个多维概念，量化普惠金融涉及不同维度下的多个指标，因此构建一个科学客观的普惠金融指标体系是关键（曾省晖等，2014）。2012 年，全球普惠金融数据库（Global Financial Inclusion Database）的建立为构建一个科学客观的普惠金融公共指标体系提供了可能，也为普惠金融相关研究提供了极大的便利（Demirgüç－Kunt 和 Klapper，2012）。而随着信息技术的快速发展，传统普惠金融指标体系也逐渐呈现数字化趋势。国内学者焦瑾璞等（2015）将部分创新型数字金融指标纳入普惠金融指标体系，但其指标体系的维度不够全面，缺少对服务便利性和服务成本的考量。而郭峰等（2019）通过覆盖广度、使用深度以及数字化程度三个维度构建了数字普惠金融指标体系，并更新发布了《北京大学数字普惠金融指数（2011—2018）》，发现 2016—2018 年数字普惠金融的使用深度在提升，并成为推动数字普惠金融发展的重要推动力，中部地区安徽、河南、江西的数字普惠金融快速崛起，而东北和西部地区的排名在下降，与胡焕庸线现象一致。在指数应用方面，由于国外学者关于量化数字普惠金融发展水平的标准尚未达成统一（吴金旺和顾洲一，2018），故学者往往根据各自的理解构建指标体系，并应用指数进行实证研究（Sarma，2012）。反观国内，相关数据显示①，关于数字普惠金融领域的应用研究多是基于数字普惠金融指数（第一期）进行扩展延伸，主要涉及数字普惠金融空间差异研究（吴金旺等，2018；徐敏，2018；葛和平和朱卉雯，2018），数字普惠金融减贫效应研究（龚沁宜和成学真，2018；吴金旺等，2019），数字普惠金融与传统金融机构、实体经济等方面的研究（邱晗等，2018；傅秋子和黄益平，2018；谢绚丽等，2018）。随着通信技术和电子商务的快速发展，数字普惠金融也实现了快速发展，已经逐渐渗透到我们生活中的各个方面（Chen，2016），但是快速发展的背后也随之带来了新的问题和风险，例如数字技术端的问题及风险、服务提供方及合作方的问题及风险、消费者及投资方的问题及风险（吴善东，2019），这也进一步对数字普惠金融监管提出了更加严峻的挑战，如何平衡数字普惠金融在发展创新过程中产生的风险，借鉴英国"监管沙盒模式"的呼声越来越高，监管科技的引入工作也在快速推进。

当前，根据国内外已有研究，大多数学者在数字普惠金融的定量分析过程中，往往是基于面板数据构建计量模型（郭峰等，2019；吴金旺等，2018），其在解决数据样本量不足、估计难以度量的因素对经济指标的影响，以及区分经济变量的作用等方面具有突出贡献。但是，该方法过于依赖模型的线性结构和假设条件等，存在一定程度的局限性（严明义，2007）。考虑到数字普惠金融指数的实时动态性和可持续监测性，同时为了弥补基于面板数据的计量模型分析方法的缺陷，本书在长三角地区一体化发展整体战略背景下，参照现有的文献资料，克服散点型数据的缺陷，创新性地从函数视角对数字普惠金融进行分析，即将函数型数据分析方法（Functional Data Analysis，FDA）引入数字普惠金融定量研究中，准确模拟数字普惠金融发展历史及发展趋势，进一步用主成分分析法展开数字普惠金融影响因素实证分析，服务打造数字普惠金融区域一体化发展的示范区。

---

① 资料来源于《北京大学数字普惠金融指数（2011—2018）》中使用数字普惠金融指数（第一期）的部分学术成果。

4.3 数据来源与样本分析

本书选取了长三角地区的 25 个城市作为研究对象，包括江苏省 13 个城市、浙江省 11 个城市以及上海市。所用数据均来自 2011 年至 2018 年北京大学数字普惠金融指数。数据集显示，中国的数字普惠金融业务在 2011—2018 年实现了跨越式发展，尤其是在长三角地区。2011 年，长三角地区 25 个城市级数字普惠金融指数中位值为 77.1；到 2015 年增长到 201.5；2018 年进一步增长到 264.5。2018 年，长三角地区 25 个城市级数字普惠金融指数中位值是 2011 年的 3.43 倍，其中使用深度分指标成为推动总指标趋同的重要因素。

当然，在数字普惠金融快速发展的大背景下，与中国大多数经济特征一样，中国的数字普惠金融发展程度在地区间仍然存在一定的区域差异，长三角地区也不例外。长三角地区数字普惠金融在稳步发展的同时，呈现出明显的地区差异，其中长三角地区数字普惠金融发展程度较高的地区主要集中在杭州、上海以及南京一带；发展程度较低的地区主要集中在江苏省的宿迁市、连云港市以及淮安市。虽然长三角地区数字普惠金融的发展存在着区域差异，但是这种差异正在逐年缩小，例如，2011 年长三角地区得分最高的嘉兴市的指数是得分最低的宿迁市指数的 1.72 倍；2015 年长三角地区得分最高的杭州市的指数是得分最低的宿迁市指数的 1.36 倍；2018 年长三角地区得分最高的杭州市的指数是得分最低的宿迁市指数的 1.2 倍。

4.4 数字普惠金融的函数型特征与动态演变

4.4.1 函数型特征

基于不同时间截面观测长三角地区的数字普惠金融区域发展本质上是对纵向数据的信息挖掘，传统统计研究所处理的对象是刻画所研究问题的多个变量经过多次观测所呈现的数据，这种纵向型样本数据具有离散且有限的特征。随着数据收集方式的多样化和采集技术的进步，收集到的数据结构越来越复杂，当数据采集频率提升时，离散的数据可以被拟合成一条曲线，这种具有函数形式的过程所产生的数据被称为函数型数据（严明义，2007），例如，上证指数的实时动态数据、PM2.5 的动态监测数据以及智能穿戴设备中监测的活动计数轨迹等。相较于传统截面数据、纵向数据等，函数型数据在捕捉动态信息的同时也带来了维数灾祸的问题，因此，学者们也提出了用函数型数据分析方法来探究曲线型高维数据。

数字普惠金融发展本质上是一个连续变化的过程，业务随时随地都在变化，理论上每个地区的发展指数散点都可以拟合成一条光滑的曲线或函数，可将其视为函数型数据。将实际测算得到的长三角地区 25 个城市 2011—2018 年来的数字普惠金融指数记为 $\{y_1, y_2, \cdots, y_{25}\}$，其中向量 $y_i = [y_{i1}, y_{i2}, \cdots, y_{i8}]$ 为第 i 个地区 2011 年至 2018 年的数字普惠金融测算离散点，函数型数据分析是将 y_i 看成一个动态变化的整体而非离散观测点的序列，理论上每个观测对象对应着一条曲线 $x(t)$，模型如下：

$$y_{ij} = x_i(t_j) + \varepsilon_{ij} \tag{4.1}$$

其中，y_{ij} 为原始离散观测点；$x_i(t_j)$ 为拟合的函数曲线；ε_{ij} 为扰动项。代表噪音和不可避免的误差。

函数型数据分析的第一步就是将离散的数据"函数化"，拟合得到平滑曲线 $x_i(t)$，常用的处理方式有基函数线性展开、局部加权函数等数据平滑技术，本书采用最常用的基函数展开方式，具体表示如下。

$$x_i(t) = \sum_{k=1}^{K} c_{ik} \phi_k(t) \tag{4.2}$$

其中，$x_i(t)$ 为第 i 个地区的数字普惠金融曲线拟合值；$\phi_k(t)$ 为第 k 个基函数；c_{ik} 为相应的系数；拟合的效果与选择的基函数类型、个数相关。目前，常用的基函数类型有样条基、傅里叶基、小波基等，样条基对观测维数不是特别高的函数进行修匀有较好的效果，傅里叶基适用于周期性数据，因此，本书选择样条基这类基函数。图 4 - 1 的左上图为长三角地区 25 个城市 2011—2018 年来数字普惠金融指数的发展折线图，能看出长三角地区的发展水平较为集中，且发展趋势具有高度的相似性，呈逐年增长趋势。综合考虑观测时间维度和地区个数，文中采用 8 个三阶 B 样条基拟合函数曲线，得到较优的拟合效果，即 $K=8$。图 4 - 1 中右上图为经过函数型样条平滑处理后的结果，该图中的 25 条曲线分别代表长三角地区 25 个城市，该图表明，近年来，长三角地区 25 个城市级数字普惠金融水平一直处于持续增长的态势，但整体发展速度是存在一定波动的，且各城市数字普惠金融发展水平存在一定程度的差异。

本书从省际的划分分析，得到图 4 - 1 中的左下图和右下图，左下图为 2011—2018 年数字普惠金融指数折线图，对一系列散点进行同样的样条平滑处理，得到右下图中函数型曲线。从函数型视角出发，长三角数字普惠金融发展水平最领先的是上海市，其次是浙江省，江苏省的指数居于第三。整体上，三地的发展趋势是一致的，呈现跨越式发展，自 2011 年开始进入高速发展阶段，2013 年后三地的发展势头有所减缓。从宏观角度而言，三地存在一定程度的区域差异，但是随着时间的推移和业务的发展，三地的数字普惠金融差异有显著缩小，一体化程度在提升，原因在于互联网金融是新技术、新业务，可以从发达地区向欠发达地区蔓延，地理穿透性强，新兴区域也存在更多的新机会。

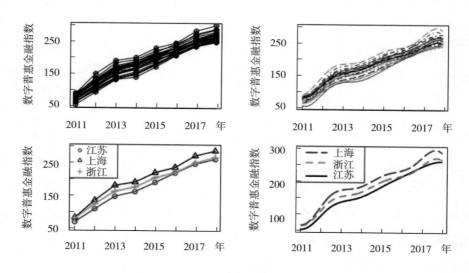

图 4 - 1　长三角地区数字普惠金融函数型

4.4.2　动态演变分析

基于函数型视角，本书对函数化后的光滑曲线 $x_i(t)$ 求解相应的一阶导数曲线和二阶导数曲线。考虑到长三角地区"两省一市"三地具有发展趋势高度相似的特征，并且存在显著的阶段性特征，因此利用一阶导数与二阶导数可以进一步探究阶段性的动态变化过程。一阶导数的物理意义是速度，与动能相关；二阶导数的物理意义是加速度，与势能相关；函数型均值水平曲线的动态变化正是由两种能量的共同作用所形成的。

图 4－2 的左侧图为 2011—2018 年来长三角地区的数字普惠金融发展函数型曲线，反映的是平均变化情况，总体处于波动上升阶段。初步来看，2011—2013 年是一个加速发展阶段；2013 年后发展速度减缓，处于缓慢波动上升期；直至 2018 年有趋于平稳的走势。

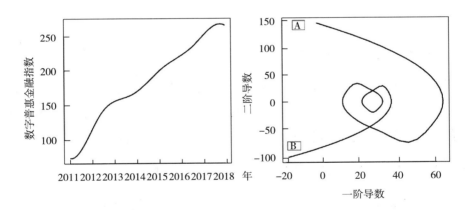

图 4－2　均值函数图与平均相平面

右侧图称为数字普惠金融的平均相平面图，是由一阶导数（横轴）与二阶导数（纵轴）构成的变化曲线，一阶导数值和二阶导数值分别代表 2011 年至 2018 年长三角地区数字普惠金融发展的速度和加速度，反映的是发展速率的动态变化特征，自左上角 A 点开始直至 B 点对应着近年来数字普惠金融发展的持续状态。结合平均相平面图与均值函数图像可以看出，2011—2018 年，数字普惠金融发展大概历经以下几个动态演变过程。

第一阶段为 2011 年至 2013 年。该期间是数字普惠金融指数不断上升的阶段，发展速率持续上升，在 2013 年前后接近能量的峰值；该期间的二阶导数，即指数的加速度始终为正，总体而言是一个爆发的上升期。

第二阶段为 2013 年至 2014 年前后。该阶段的发展较为缓慢，表现为动能不断减弱，发展速度的变化率始终为负，直至能量降至接近于零，表明在 2014 年前后的数字普惠金融发展能量较为匮乏，指数变化微弱。

第三阶段为 2014 年至 2017 年前后。该期间为平稳波动上升期，平均相平面图表现出小圆环式盘旋，此期间的动能持续上升，加速度在正负之间波动，因此，数字普惠金融指数在波动中稳步上升。

第四阶段为 2017 年至 2018 年。该期间发展动能欠缺，平均相平面图表现出拖尾动能不足，发展加速度始终为负，因此发展速度有下降的趋势。

4.5　数字普惠金融函数型主成分分析

4.5.1　函数型主成分分析

多元主成分分析法（PCA）的目的是将多维数据通过线性变换映射到一个低维子空间，从而捕捉原数据信息的主要变异。令 N 为样本观测个体数量，主成分分析法的核心点在于对每一个集合取一个线性组合：

$$f_i = \sum_{j=1}^{p} \beta_j x_{ij} \quad (i = 1, 2, \cdots, N) \tag{4.3}$$

其中，β_j 是观测值 x_{ij} 的第 j 个变量的权重系数，通过确定归一化的权重系数，使得主成分 f_i 的方差最大。其中最大的方差即为第一主成分，解释原信息能力最强；方差第二大的为第二主成分，依此类推。其中，构造的各个主成分之间是正交的关系。

函数型主成分分析法（FPCA）则是多元主成分分析的延伸，适用于函数型数据这样一类高维动态数据的模型，其目的是抓取函数型数据的主要变异特征和趋势。本质上，这种方法是将观测得到的离散数据看成一个连续变化的整体，在生物、医学、经济及计算机等领域均有广泛的运用。基于对长三角地区近年来的数字普惠金融动态发展有了阶段性的特征认知，要进一步了解这种变化特征背后的规律则需要借助函数型主成分分析。在函数型主成分的分析中，与传统多元统计中求主成分的权向量对应的是求函数型主成分的权函数 $\xi(s), s \in T$（定义区间），且 $\xi(s)$ 具有平方可积性。因此，文中第 i 个地区普惠金融指数函数 $x_i(t)$ 的主成分得分定义为

$$ff_i = \int_T \xi(t) \tilde{x}_i(t)\,dt, (i = 1,2,3,\cdots,N) \tag{4.4}$$

其中，$\tilde{x}_i(t) = x_i(t) - \bar{x}_i(t)$。第一主成分权函数 $\xi_1(t)$ 通过求解如下优化问题得到

$$\begin{cases} \max N^{-1} \sum_{i=1}^{N} ff_{i1}^2 \\ \int_T \xi_1(t)^2\,dt = 1 \end{cases}$$

其中，第 i 个地区的普惠金融指数函数 $x_i(t)$ 第一主成分得分为

$$ff_{i1} = \int_T \xi_1(t) \tilde{x}_i(t)\,dt, (i = 1,2,\cdots,N) \tag{4.5}$$

同理可得第 j 个函数的主成分，其权函数 $\xi_j(t)$ 满足如下优化问题：

$$\begin{cases} \max N^{-1} \sum_{i=1}^{N} ff_{ij}^2 \\ \int_T \xi_i(t)^2\,dt = 1 \\ \int_T \xi_j(t)\xi_1(t)\,dt = \cdots = \int_T \xi_j(t)\xi_{j-1}(t)\,dt = 0 \end{cases}$$

其中，第 i 个地区的普惠金融指数函数的第 j 主成分得分为

$$ff_{ij} = \int_T \xi_j(t) \tilde{x}_i(t)\,dt, (i = 1,2,\cdots,N) \tag{4.6}$$

函数型主成分的统计推断参考了 Ramsay 和 Silverman（2005）的分析框架，由于篇幅限制，故不再作论述。

4.5.2　数字普惠金融函数型主成分实证分析

基于上述函数型主成分理论方法，在 R 语言编程环境中实现数字普惠金

融指数曲线的实证分析，结果显示如图4-3所示。左侧图为提取的第一主成分函数的扰动情况，右侧图为提取的第二主成分扰动情况，每个图中都由三条曲线构成，中间曲线代表均值函数，上下两条曲线为均值函数分别加上或减去主成分的一个适当倍数而形成的曲线（文中选择为1）。模型结果显示：第一主成分的方差贡献率高达93.9%，说明第一主成分能解释原数据93.9%的信息；第二主成分的方差贡献率为4%，即第二主成分包含的原信息占到4%的比例。显然，只提取第一主成分时，累计贡献率已经达到较高的水平，说明了长三角各地区的数字普惠金融发展推动力具有高度的相似性，一体化程度高。

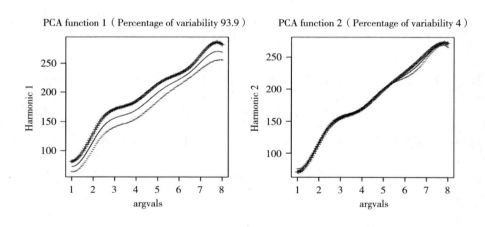

图4-3 主成分偏离均值函数的效应

从图4-3左侧提取的第一主成分显示图像来看，第一主成分的影响贯穿于整个时间轴，对均值函数始终保持一定的正效应，但是集中影响最大的阶段为2013—2015年及2017—2018年。从数字普惠金融业务来看，由于互联网金融可以服务小微，普惠是核心要素，所以数字普惠金融业务与互联网金融业务融合度较高。从数字普惠金融指标构成来看，主要数据均来源于蚂蚁金服互联网金融使用数据。所以数字普惠金融的发展与互联网金融行业的发展呈现较强的关联一致性。自2011年以来，互联网金融行业先后创新诞生了各种类型的产品和平台，例如网贷类、股权众筹类、支付结算类、保险类等。2013年，一场以"余额宝"为代表的互联网基金销售金融创新开启了互联网金融元年，继余额宝后，各类 P2P 网贷平台爆发式增长。同时，信托、券商以及基金等传统金融机构也开始布局互联网金融，为客户提供更便捷的一站式金融服务。继而在 2014 年，互联网金融的概念自 2012 年诞生后，首度写入"两会"报告；2015 年，李克强总理在《政府工作报告》中提出"互联网＋"行动计划；2015 年 7 月 4 日，《国务院关于积极推进"互联网＋"行动的指导意见》的颁布标志着"互联网＋金融"正式升级为国家重点战略。可以说，2013—2015 年是国内互联网金融高速发展的黄金期，在一定程度上对传统金融形成有益的补充，更多人享受到了更加便捷的金融服务。而 2017 年《政府工作报告》中指出警惕互联网金融积累的风险；2018 年《政府工作报告》中则提出健全对影子银行、互联网金融、金融控股公司等监管，国家对互联网金融的态度已经从鼓励发展转变为规范发展。同时伴随着 P2P 爆雷、平台恶性退出、创始人潜逃、投资者集体上访事件频发，行业开始出清，并逐渐走向规范发展持牌经营。综上所述，第一主成分反映的是互联网金融的战略效应。

图 4 - 3 右侧为提取的第二主成分图像，从图中可以看出，第二主成分在整个时间轴上与均值函数偏离最大的是 2015 年至 2017 年上半年，对均值函数存在一定的负向影响作用，由此判断，第二主成分描述的是 2015 年起至 2017 年上半年的数字普惠金融发展变异情况。事实上，2015 年是互联网金融史上发展、风险与监管并存的阶段，是互联网金融进入爆发式增长的一年，同时也是行业最不平静的一年，存在诸多不确定因素。P2P 平台累积风险爆发，其中总成交量超过 740 亿元的"e 租宝"平台涉嫌非吸自融等问题被警方调查，引发行业内震。2015 年也是互联网金融名副其实的"政策年"，互联网金融监管进入密集期，整个互联网金融行业开始大洗牌。2015 年 7 月 18 日，人民银行等十部委联合印发了《关于促进互联网金融健康发展的指导意见》，互联网金融逐渐进入规范期；2016 年，各级政府开始了互联网金融专项整治；从 2017 年开始，各项监管文件密集出台。因此，第二主成分反映的是互联网金融不确定风险效应，表现为互联网金融风险产生的损失对上海、浙江、江苏的影响存在差异，各类业务种类、规模受到的影响在三个地区表现出不一致性。

综上所述，对数字普惠金融曲线进行函数型主成分分析，能够精准地捕捉其发展的波动特征，进一步可以从复杂的动态波动中提取影响数字普惠金融发展的主要因素，发掘长三角地区数字普惠金融一体化程度及偏离均值原因，从而为促进数字普惠金融一体化发展提供客观的评价与影响依据。

4.6 结论与建议

改革开放以来，长三角地区一直是我国经济发展的试验田、先行区和示范区，其所包括的省份都是经济强省（市）。当前，长三角各省市大力支持人工智能、物联网、虚拟现实、云计算、5G 等现代信息技术的发展，促进传统产业向数字化转型升级，数字经济的比重均已经达到 30% 以上。随着我国经济发展空间结构的深刻变化，中心城市和城市群正在成为承载发展要素的最主要空间形式，数字普惠金融城市群的发展、一体化发展是必然趋势。数字普惠金融的发展离不开传统金融，是传统金融的继承和创新发展。上海是中国的金融中心和改革的窗口，依托近百年的历史优势、港口优势、资本优势和政策优势，对接纽约、伦敦、法兰克福等城市，打造国际金融中心。浙江是我国中小制造业的中心，中小企业创新基因浓厚，杭州已经跻身准一线城市，成为中国最具影响力的"互联网＋"创新创业中心，依靠软件信息产业先发优势，发挥阿里巴巴、蚂蚁金服、恒生电子等总部优势，打造全球金融科技中心。江苏南京致力于建设我国东部地区的信息数据中心、现代金融中心、人才集聚中心，推动人流、资金流、信息流三流汇聚，形成泛长三角区域金融中心。长三角区域一体化是新时代党和国家支持区域经济率先发展的重要战略部署，做好布局是核心问题，一体化合作正升级为示范区主体、两省一市主体和长三角区域三省一市主体，外延不断延伸。北京大学数字普惠金融指数（2011—2018 年）显示，上海、浙江、江苏始终保持在第 1 位、第 3 位和第 5 位，安徽 2018 年排在第 10 位，比 2015 年上升 7 位，后续安徽必将加速融入长三角一体化，开展政府、企业和社会的全方位合作。通过研究，本书主要获得以下结论。

第一，长三角地区数字普惠金融呈现跨越式发展，地区差异逐步缩小。

作为中国经济典型的代表区域，长三角地区的数字普惠金融发展拥有"高起跑线"的先天优势，即拥有较强的经济发展水平和软性基础设施。在 2011 年至 2018 年，无论是省级层面的数据还是城市级数据，长三角地区的数字普惠金融发展均实现了跨越式增长，这与国内移动互联网的普及、互联网金融的快速发展有着密不可分的联系。长三角地区数字普惠金融在快速发展的同时，也存在一定的地区差异，最近几年杭州均稳居首位，成为长三角数字普惠金融的示范区，而江苏宿迁一直处于末位。当然，该差异正随着数字普惠金融的发展而逐渐减少。这一点正是图 4－1 和图 4－2 的可视化分析中的主要结论之一。

第二，长三角地区数字普惠金融发展正遭遇瓶颈期，出现动能不足现象。2011—2013 年，伴随着移动互联网、信息技术等的发展，以支付宝、余额宝、互联网银行、互联网消费金融等为代表的新兴互联网金融业务对整个金融体系产生了"鲇鱼效应"，极大地促进了金融体系的变革和效率提升，从而促使数字普惠金融迅速发展，发展速率持续上升，属于典型的爆发上升期；2013—2014 年，长三角地区数字普惠金融发展缓慢；2014—2017 年前后为平稳波动上升期，即数字普惠金融指数在波动中稳步上升；2017—2018 年，P2P爆雷等事件频发、政府监管力度加码等直接影响着数字普惠金融的发展，导致其发展动能欠缺，发展速度呈现下降趋势。

第三，互联网金融战略效应对数字普惠金融发展产生正向促进作用。随着时间的推移和业务的发展，长三角地区数字普惠金融在快速发展的同时，不是先进地区挤出弱后地区，而是呈现出了一种趋同特征，尤其是在某些阶段性的波动上，长三角地区数字普惠金融的发展具有高度的相似性。本书的函数型主成分分析结果表明，第一主成分的方差贡献率高达 93.9%，能解释原数据 93.9% 的信息，第一主成分的影响贯穿于 2011—2018 年整个时间轴，对均值函数始终保持一个正向效应，其中影响最大的阶段为 2013—2015 年和2017—2018 年两个时间段，体现了长三角地区数字普惠金融水平的高度相似性和发展趋势，一体化程度较高。同时，北京大学数字普惠金融指数在构建过程中强调依托互联网技术，突出通过互联网金融创新达到普惠特性，而这与国内互联网金融宏观战略存在着紧密联系。

第四，互联网金融不确定风险效应对数字普惠金融发展产生一定负向影响。实证发现，第二主成分在整个时间轴上与均值函数偏离最大的是2015年至2017年上半年，对均值函数存在一定的负向影响作用，方差贡献度为4%，表明互联网金融风险的爆发对数字普惠金融的发展存在一定的负向效应。建议政府部门在促进数字普惠金融一体化发展时，优先做好长三角地区一体化规划设计，致力于将长三角地区打造成全球数字普惠金融的创新高地，树立起全球标杆。在市场运作时，高度重视对互联网金融乃至金融科技等业务的整体部署，加强基础设施建设，发挥阿里云的先发优势和市场规模优势，搭建云计算、边缘计算等计算设施，率先打造长三角地区数字普惠金融业务大数据中心，形成超大规模的市场优势。在业务步调上统一行动，在业务技术上错位发展，相互支持，同频共振，共同打造数字普惠金融一体化体制机制的试验田，提升更全面金融服务的可得性、更广泛金融服务的覆盖面，进一步提高金融使用深度，金融服务优先为高质量经济发展提供支撑，协调发挥资本、劳动力、科技等全要素作用，促进经济发展的公平和效率。

本章还存在一些可拓展之处。第一，现有数字普惠金融的数据收集、整理和公布还是以年为基础，且以蚂蚁金服为唯一数据来源，但它不是每年发布数据。随着长三角一体化的推进，可以由政府部门或者行业协会按季度、月度乃至实时发布动态数据，这样构建拟合函数时效果会更好，更能及时发现规律和问题。第二，本章集中于"两省一市"的研究，随着长三角一体化的推进，后续可以进一步增加安徽的样本研究，并进一步发掘示范带动效应。第三，在主成分分析时，由于数字普惠金融兼具政策性和商业性，当前更多的是以互联网技术推进的互联网金融在发挥作用，所以在对数字普惠金融进行解释时没有考虑"两省一市"的政策性因素影响，比如信息技术水平的差异、数字化成本的差异，后续在数据可得的前提下，可以进一步拓展纳入相关要素的分析，综合观察长三角地区数字普惠金融一体化程度。

参考文献

[1] 吴金旺，顾洲一. 长三角地区数字普惠金融一体化实证分析——基于函数型主成

分分析方法［J］．武汉金融，2019（11）．

［2］曾省晖，吴霞，李伟，廖燕平，刘茜．我国包容性金融统计指标体系研究［R］．中国人民银行工作论文，2014．

［3］焦瑾璞，黄亭亭，汪天都，张韶华，王瑨．中国普惠金融发展进程及实证研究［J］．上海金融，2015（4）．

［4］郭峰，王靖一，王芳，孔涛，张勋，程志云．测度中国数字普惠金融发展：指数编制与空间特征［R］．北京大学数字金融研究中心工作论文，2019.

［5］吴金旺，顾洲一．数字普惠金融文献综述［J］．财会月刊，2018（19）．

［6］吴金旺，郭福春，顾洲一．数字普惠金融发展影响因素的实证分析：基于空间面板模型的检验［J］．浙江学刊，2018（3）．

［7］徐敏．数字普惠金融的发展现状及空间差异分析［J］．西部金融，2018（9）．

［8］葛和平，朱卉雯．中国数字普惠金融的省域差异及影响因素研究［J］．新金融，2018（9）．

［9］龚沁宜，成学真．数字普惠金融、农村贫困与经济增长［J］．甘肃社会科学，2018（6）．

［10］吴金旺，郭福春，顾洲一．数字普惠金融能否显著减缓贫困？——来自浙江嘉兴调研的行为数据［J］．浙江学刊，2019（4）．

［11］邱晗，黄益平，纪洋．金融科技对传统银行行为的影响：基于互联网理财的视角［J］．金融研究，2018（11）．

［12］傅秋子，黄益平．数字金融对农村金融需求的异质性影响：来自中国家庭金融调查与北京大学数字普惠金融指数的证据［J］．金融研究，2018（11）．

［13］谢绚丽，沈艳，张浩星，郭峰．数字金融能促进创业吗：来自中国的证据［J］．经济学（季刊），2018（4）．

［14］吴善东．数字普惠金融的风险问题、监管挑战及发展建议［J］．技术经济与管理研究，2019（1）．

［15］黄文礼，杨可桢．数字普惠金融：创新发展与风险防范［J］．银行家，2017（7）．

［16］严明义．经济数据分析：一种基于数据的函数性视角的分析方法［J］．当代经济科学，2007（1）．

［17］世界银行，中国人民银行．全球视野下的中国普惠金融：实践、经验与挑战［R］．2018.

［18］ Demirgüç – Kunt, A. and Klapper, L. , 2012, "Measuring Financial Inclusion: The Global Findex Database", Policy Research Working Paper Series, No. 6025.

［19］ Sarma, M. , 2012, "Index of Financial Inclusion – A measure of financial sector inclusiveness", Berlin Working Papers on Money, Finance, Trade and Development No. 07/2012.

［20］ Chen, L. . From Fintech to Finlife ［J］. China Economic Journal, 2016, 9 (3) .

［21］ Ramsay J O, Dalzell C J. Some tools for functional data analysis ［J］. J Roy Statist Soc Ser B, 1991, 53 (3): 539 – 572.

［22］ Barra V. Analysis of gene expression data using functional principal components ［J］. Comput Meth Prog Bio, 2004, 75 (1): 1 – 9.

［23］ Ramsay J O, Silverman B W. Functional Data Analysis ［M］. New York: Springer, 2005.

［24］ Ramsay J O. When the data are functions ［J］. Psychometrika, 1982, 47 (4): 379 – 396.

5 区块链在数字普惠金融创新中的应用案例：比特币价格波动及我国主权数字货币的发行机制研究

5.1 引言

2008 年 11 月，*Bitcoin: A Peer – to – Peer Electronic Cash System*[①] 一文中提到了一种被称为"比特币"（一种点对点的电子现金支付系统）的电子货币及哈希算法，自此比特币所采用的区块链底层技术开始受到国内外学者、业界以及政府部门的高度重视。2009 年 1 月，首个比特币软件发布，同时市场上出现了开源的比特币客户端 1.0，创世纪区块诞生。2016 年 10 月，《中国区块链技术和应用发展白皮书（2016）》由工业和信息化部正式发布，区块链技术逻辑和底层理论价值逐渐被国人了解。同年 12 月，国务院发布了《"十三五"国家信息化规划》，第一次将区块链纳入了国家战略布局下的新技术范畴，标志着我国开始在政策层面推动区块链技术的应用和发展。2019 年 10 月，中共中央政治局第十八次集体学习中，习近平总书记强调要把区块链作为核心技术，通过自主创新寻找重要突破口（即技术、应用等），为加快推动区块链技术和产业创新发展，积极推进区块链和经济社会融合发展而服务。

从全球来看，近年来各大巨头争相布局区块链，比如亚马逊、脸书、阿里巴巴等，推进区块链技术应用时代的到来，特别是在跨境金融、跨境贸易、电子票据等领域的探索应用，通过算法信任的方式有效解决了信息不对称下

[①] 论文作者中本聪（Satoshi Nakamoto）是比特币协议及其相关软件 Bitcoin – Qt 的创造者。

的传统信任问题。数字货币是区块链发挥作用的进行价值传输的主要工具（既是一种呈现方式，也是一种应用）。

现阶段，投资人参与区块链的主要方式是数字货币投机交易，以比特币为代表的数字货币交易市场从 2013 年开始迅速升温，掀起了虚拟货币投资潮；而在 2017—2018 年，数字货币市场经历了较大的波动，例如作为占全球交易量 70% 以上的"币王"比特币的价格从 2017 年初的 1000 美元上涨到同年 12 月的 20000 美元，收益率高达 20 倍；而 2018 年数字货币市场进入熊市，比特币的价格于 2018 年 11 月跌破 4000 美元关口。数字货币可能带来的金融风险引起了各国政府部门的高度关注，并陆续出台相关监管政策，比如禁止首次币发行（ICO）。在这样的价格波动背景下，深刻认识数字货币的内涵及特征、研究数字货币市场风险、检验政府监管措施对市场风险的抑制效果，对于建立长期有效的数字货币市场风险监管体系，特别是对法定数字货币的发行流通具有非常重要的理论意义和实际价值。

5.2 法定数字货币与数字普惠金融

近年来，在新兴技术的支撑下，商品交易的在线化程度越来越高，电子商务蓬勃发展，在金融领域时有提出"无现金城市""无现金社会""无接触金融"的概念，背后一个显著的现象就是生活中现金的使用越来越少，现金余额占比不断下降，2008 年末我国现金余额占 GDP 的比重为 11%，而到 2019 年末，已经下降到 7.79%，纸币的使用频率确实在降低，特别是在一些大城市，无现金交易已经成为常态，对法定数字货币的需求较强。

"法定"是根本，有了法定的本质，法定数字货币才可以发挥其支付工具、政策工具的作用，拥有私人数字货币无法比拟的宏微观价值。落实普惠的包容性金融一直以来都是金融行业的一个重要社会责任，其本质意味着如果对金融服务存在有效需求，并且有能力承担财务成本的企业或者个人（包括残疾人、农户等弱势群体）都有享受金融服务的权利。当社会面临重大自然灾害或者重大疫情的时候，对于资金的精准高效调配，对于扶持中小企业、支持特定企业的资金的需求，普惠金融更能够发挥价值；与此同时，数字货

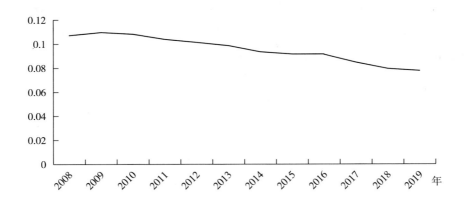

图 5 - 1　2008—2019 年度 M_0/GDP 数据

（数据来源：中国人民银行、国家统计局）

币可以在提供服务的精准计量和有效服务方面发挥重要价值。从社会功能的角度来看，世界上仍存在大量没有获得银行和金融服务的人，法定数字货币的推行将有助于这些人享受金融服务，由此提升了金融服务的可获得性。

在中国，伴随着支付宝、微信财付通的先发优势和生态体系形成，以及中国银联闪付的推广使用，第三方支付已经非常先进。但是，传统电子支付市场是一个双边市场，具有明显的网络外部效应和经济规模效应，发展的趋势就是垄断。当前的第三方支付服务实际正在形成寡头垄断，支付宝和财付通通过互联网流量和先发优势，占有 90% 以上的市场份额，会形成"大而不能倒"的局面，违背社会公平正义，可能会造成社会福利损失。由于马太效应下规模的扩张，形成事实上的国家担保，通过法定数字货币发行可以减少对互联网寡头和私人金融部门的依赖，增强本国支付体系的安全可靠性。商业机构提供的支付产品和服务不能够惠及全体人民，需要国家垄断以使最广大人民享受公平普惠的货币服务。通过法定数字货币的实施，中央银行会进一步提高支付的效率和降低支付的成本，在零售市场替代现金、支票和银行卡、网络支付等，增加在零售领域的竞争性；帮助更广泛的金融机构甚至是非银行金融机构进入支付清算系统，降低支付行业的垄断性。法定数字货币可以像现金一样，及时支付清算，并提供可控匿名性，能够在多种交易介质和支付渠道上完成交易，具有很好的普适性。法定数字货币通过对支付体系的影响，并与其他更广泛的金融基础设施相融合，有助于社会节本增效，有助于拓宽传统金融的服务对象和服务范围、改变传统信用风险管理模式，有利于精准扶贫，从总体上助推普惠金融的发展。

5.3 理论基础

在经历了农业经济和工业经济之后，以人工智能为代表的第四次工业革命带来了技术的全面创新，中国经济正面临从高速增长向中低速增长、粗放型发展向高质量发展的转型阶段，数字作为新的生产要素日益成为经济发展的动力（Ahmad 等，2016；王娟，2019）。数字经济不是空中楼阁，也不能是脱离实体经济、没有物理要素的经济活动，而应该尽可能把财富创造的每个环节实现网络化、数字化、自动化、智能化。数字货币是数字经济发展所必需的核心要素，数字货币和数字经济是相辅相成、融为一体的：数字货币，因为数字经济的发展而诞生和成长；数字经济，因为数字货币的成熟而繁荣和发展（姚前，2017；王瑞红，2019；邹平座，2019）。

在数字货币的内涵与实质方面，传统货币理论认为，货币的定义是由货币执行的价值尺度、流通手段、支付手段、储藏手段和世界货币的职能决定的。但是新货币经济学认为随着数字经济的发展，货币形态多样化，继续把经济学建立在货币概念上是不妥当的，认为在自由竞争的市场环境下，货币也是一种共识机制，货币现有职能可以分离，如果法定货币泛滥，各种补充性货币必将大量涌现，并发挥部分货币职能。当前数字货币的外延非常宽泛，一般而言代表了虚拟货币、电子货币、加密数字货币的总和。多数文献讨论的包括比特币、以太币、Libra 在内的数字货币属于加密的新型数字货币，是运用分布式记账技术生成的数字货币，使用的技术包括 P2P 网络、密码学、共识算法等，它的一个显著特征是去中心化、具有不可篡改和可追溯，可以不依赖特定中介，实现点对点的直接交易。学者对此类数字货币的货币职能产生了争论，早期有观点认为其可以被称为"货币"（Wallace，2011；Grinberg，2011）；更多观点认为，其在价值尺度、储藏手段等方面表现不足（焦瑾璞等，2015；李建军等，2017），倾向于认为此类数字货币的资产属性大于货币属性（Yermack，2013；姚前，2018；Glaser，2014）。在认为加密数字货币是金融资产的前提下，产生了对于加密数字货币内在价值和价格波动的讨论。随着各国央行对数字货币的不断深入研究和在"监管沙盒"内的持续试验，具体的数字货币形态呼之欲出。笔者认为按照发行主体划分，数字货币可分为主权数字货币和非主权数字货币；主权数字货币由中央银行发行，依然代表国家政府信用，是无限法偿；非主权数字货币包括由中心企业发行的电子货币（如QQ币等）以及基于全网公开的各种加密数字货币，但这种货币存在价格波动风险和信用风险等。

在数字货币体系中，比特币是近年来最引人关注的加密数字货币，多数对数字货币内在价值和价格波动的研究都是基于比特币展开的。有研究认为比特币没有内在价值（Bouoiyour 等，2014；Alstyne，2014；Hanley，2015），Woo 等（2013）给出了比特币的最大市值为 150 亿美元（1BTC＝1300 美元）的估值，认为比特币的高波动性是投机活动的结果，这阻碍了它作为货币发挥支付手段的职能。前美联储主席格林斯潘和诺贝经济学奖获得者席勒都认为比特币是没有内在价值的，是最典型的资产泡沫，进而有学者认为比特币存在严重的价格泡沫，严重偏离其内在价值（廖愉平，2014），原因包括比特币的设计缺陷、监管缺失和市场操控容易引起投机行为（邓伟，2017）；各国政府对比特币的负面态度（马可，2014）；正反馈作用导致资产价格超指数增长（Husler 等，2012）；等等。比特币的价格波动正成为加密数字货币研究的热点，有学者通过实证发现比特币的价格波动剧烈，具有"尖峰厚尾"特征（李靖，2016），且存在较大的政策风险，无论市场利好还是利空，都会出现暴涨暴跌（刘刚等，2015），还具有"自我增强"特征（郭文伟，2018）。

比特币的价格波动剧烈、可能存在价格泡沫的论断也引来了学术界对于其背后风险的探讨。比特币有明显的不稳定性、缺乏监管和网络外部性特征（Plassaras，2013；Jacobs，2011），其风险包括市场风险、法律风险、政策风险、交易风险、网络安全风险、信用风险和成本风险等。其中法律风险包括洗钱风险、隐藏犯罪活动的风险（雷捷，2018）；政策风险意味着当局对比特币的态度在很大程度上影响着比特币的价值（Kristoufek，2014）；信用风险是指因比特币仅依靠算法技术发行，如果技术升级，可能增加违约风险，同时比特币缺乏实体经济支撑，违约的信用风险更加明显；成本风险是指对电费、电脑运算速度、冷却计算机的外在条件等要求越来越高，成本越来越大（戴琳，2015）。结合比特币的价格波动与风险管理，也有学者开始探讨比特币的价格驱动原理。有学者认为比特币投资者的行为容易产生羊群效应，导致其价格剧烈波动（Glaser 等，2014；刘力臻等，2015；韩裕光等，2015）。各国的货币政策和财政政策与比特币价格关联不明显，而贸易需求与供给、价格水平等常规经济因素对其具有显著影响（Stark，2013；Kristoufek，2014）；同时也有学者认为，除了经济驱动，比特币的价格还有技术驱动因素（Kristoufek，2014），因为比特币的最直接表现形式就是一组代码。

　　如何准确把握数字货币的市场风险与数字货币的发展前景息息相关，借鉴衍生品定价、风险管理等金融领域的技术，收益率和波动率建模的精确性是解决问题的关键。ARIMA 模型通常用于提取序列均值非平稳和自相关特征信息，但是该模型的前提假设是序列的方差齐性，而金融领域中收益率序列往往存在异方差性，因此，国外学者 Engle（1982）提出了自回归条件异方差模型，即 ARCH 模型，结果较好地拟合了金融价格时间序列中的集群效应。考虑到高阶 ARCH 模型的特征，Bollerslev（1986）开创性地提出了广义自回归条件异方差（GARCH 族模型）。鉴于收益率序列的波动特征，这类模型在实证研究中得到了大量的应用与推广。之后，国内外学者为了扩展 GARCH 族模型的应用，提高模型的拟合效果，构造了一系列 GARCH 的衍生模型。如Nelson（1991）提出了指数 GARCH 族模型，主要刻画金融市场中价格波动的杠杆效应（即好的消息与坏的消息对金融市场价格波动的影响是不对称的）；考虑到序列波动的非对称性，国外学者 Glosten 等（1993）提出 TGARCH 模型，来提取此类非对称性波动信息。当前，鲜有学者基于波动率模型来研究数字货币市场的风险，如 Scaillet 等（2017）研究发现，以比特币为代表的数字货币价格市场跳跃频繁，具有集聚效应；而国内已有的研究中，仅学者黄哲豪等（2018）通过构建 MS - AR 模型来研究比特币收益率在不同尺度分布下的定量特征。已有的文献已经证明 GARCH 模型及其衍生模型在汇率、股指期货等市场取得了显著的效果，能够很好地解释其波动的绝大部分特征。而比特币作为虚拟资产，在价格波动方面与汇率、股指期货等类似，因此，本书拟采用 GARCH 族模型来研究比特币市场波动特征。

综上所述,虽然已经有关于加密数字货币和比特币的研究文献,但很少有将其价格波动及其风险研究与其货币属性、与央行数字货币关联起来的研究。我国从 2015 年开始研究,尚处于蓝图阶段,已经在内测并计划在深圳推出面向公众的央行数字货币 DCEP(Digital Currency Electronic Payment),虽然其发行机制、使用范围、管理机制等方面与私人加密数字货币不尽相同,但以应用范围最广的比特币为研究对象,展开货币属性、价格波动及风险研究,能够为央行法定数字货币的发行和管理提供重要启示,有利于优化数字货币的功能,进一步丰富货币金融理论体系,比如货币的本质、数字资产的定价、组织管理等。

5.4 理论模型

5.4.1 ARCH 模型

波动率作为刻画金融资产收益率条件标准差的重要因素,尽管其无法通过直接观测得到,但是资产收益率序列往往表现出"尖峰厚尾""集群效应"等特征,从而说明扰动表现出异方差性。国外学者 Engle(1982)提出了 ARCH 模型,即自回归条件异方差模型,该模型主要是通过使用自回归的方法来提取误差平方序列中所包含的相关关系,从而能够较好地拟合金融时间序列数据中的集群特征。因此,ARCH 模型涉及的均值、方差方程为

$$y_t = f(t, y_{t-1}, y_{t-2}, \cdots) + \varepsilon_t \tag{5.1}$$

$$\varepsilon_t = \sqrt{h_t} \nu_t \tag{5.2}$$

$$h_t = \omega + \sum_{j}^{q} \lambda_j \varepsilon_{t-j}^2 \tag{5.3}$$

其中:ω 和 λ_j 均大于或等于 0,从而保证方差的非负性;ν_t 是均值为 0、方差为 1 的白噪声过程,通常假定其为高斯白噪声。式(5.1)为均值方程,以提取均值的信息;式(5.2)是对残差项的异方差进行处理,使其转化成一个白噪声序列;式(5.3)为方差方程,是 ARCH 模型的核心。

5.4.2 GARCH 族模型

考虑到 ARCH 模型的滞后阶数，国外学者 Bollerslov（1986）创新性地提出了 GARCH 族模型（广义自回归条件异方差），将高阶的 ARCH 模型转化成了形式简洁的 GARCH 族模型，降低了参数的数量以及估计的难度。具体模型形式如下：

$$h_t = \omega + \sum_j^q \lambda_j \varepsilon_{t-j}^2 + \sum_i^p \eta_i h_{t-i} \tag{5.4}$$

其中：$\omega, \lambda_j, \eta_i \geq 0$，且 $\sum_j^q \lambda_j + \sum_i^p \eta_i \leq 1$，以保证 ε_{t-j}^2 序列的平稳性和非负性。

基于 GARCH 族模型，同时考虑到金融时间序列的波动率可能具有非对称性特征，国外学者 Glosten 等（1993）通过建立 TGARCH 模型来提取非对称性波动信息，模型具体设置如下：

$$h_t = \omega + \sum_j^q \lambda_j \varepsilon_{t-j}^2 + \sum_j^q \gamma_j \varepsilon_{t-j}^2 I(\varepsilon_{t-j} < 0) + \sum_i^p \eta_i h_{t-i} \tag{5.5}$$

其中，$I(\cdot)$ 为示性函数，当 $\varepsilon_{t-j} < 0$ 时，取值为 1；反之取值为 0。除此之外，模型结构可能并不是简单的线性关系，而忽略非线性特征会导致模型设定偏误，因此，学者 Engle 和 Ng（1993）进一步提出了 NAGARCH 模型，该模型在 TGARCH 模型基础上能够更灵活地确定波动率的非对称节点。

基于以上理论，本书拟验证当前数字货币波动中是否存有集群、非对称的信息以及非线性、非正态性质，从而更好地规避数字货币波动引起的风险，为央行法定数字货币的发行和管理提供参考。从当前数字货币市场采集数据样本，根据 ARCH 模型建模思路，剔除水平方面信息后，用更能反映"尖峰厚尾"的分布做分布类型假设；波动方程选择从 GARCH、TGARCH 到 NA-GRACH 等多种结构，以期望能提取出比特币更多的波动信息，从而更好地把握数字货币市场的风险趋势。

5.5 数字货币收益率波动特征及市场风险研究

5.5.1 数据来源及介绍

考虑到数字货币交易市场的特点以及数据可获得性，本书从 Wind 数据库中选取了每日比特币的观测数据（以美元计价）进行研究，样本选取时间从 2016 年 7 月 9 日至 2019 年 10 月 23 日，共计 1166 个观测值，绘制时序图，如图 5 - 2 所示。

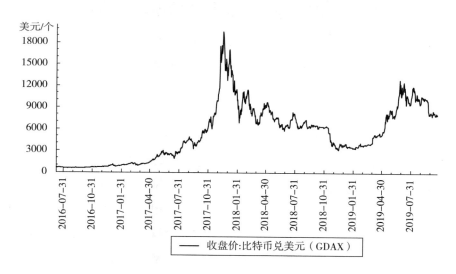

图 5 - 2 比特币每日价格走势（以美元计价）

（数据来源：Wind）

从图 5 - 2 观察可知，2016 年 7 月至 2017 年 12 月前比特币每日价格走势呈现上升趋势；但是 2017 年 12 月以后波动加剧，先有明显下降趋势，后从 2019 年 2 月开始又呈现明显的上升趋势。显然，比特币价格存在着较大幅度的波动，通过提高模型的精准度，分析该波动特征中蕴含的信息有利于规避市场风险，从而达到保护消费者利益的目标。

研究市场波动，通常采用收益率作为研究对象，即通过将指数收盘价格差（Wind 数据库提供比特币的开盘、收盘价格）对数化得到指数的收益率。本书的对数收益率计算方式如下：

$$r_t = (\log(x_t) - \log(x_{t-1})) \times 100 \qquad (5.6)$$

其中：x_t 表示比特币价格在 t 日的收盘价；x_{t-1} 表示比特币价格在 $t-1$ 日的收盘价。共得到 1165 个汇率收益率的观测值序列。从式（5.6）可见，相当于对原序列取对数并进行一阶差分，消除序列的非平稳性。

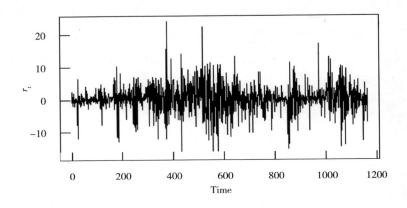

图 5 - 3　比特币收益率波动序列

从图 5 - 3 可见，对原序列计算收益率后，时序图中均值基本平稳，但波动具有异方差性，即在某些时段内收益率波动较为平稳，在某些时段内收益率波动加剧，例如 2016 年 8 月至 2017 年 8 月，比特币收益率的波动是平缓的，但是 2017 年 8 月至 2018 年 1 月，比特币收益率的波动巨大，价格由 3000 美元最高上涨至 20000 美元。考虑到这种异方差具有明显的集群效应，适合采用 ARCH 模型族进行方差信息提取。本书先用 ARCH 模型中的均值方程提取水平自相关信息，并用滞后 10 期的 Box 检验后发现收益率序列非白噪声序列存在明显的自相关性，并且分析自相关和偏自相关图后发现适合用 ARMA（1，1）模型，参数估计得到如下结果：

$$r_t = -0.172r_{t-1} + 0.153\varepsilon_{t-1} + \varepsilon_t \qquad (5.7)$$

式（5.7）中参数 - 0.172 和 0.153 对应的 t 统计量值分别为 - 3.91 和 6.73，显然是高度显著。本书主要是为了研究数字货币的波动特性，故对式（5.7）水平拟合后的残差项 ε_t 进行深入研究。由于 ARMA 模型只提取了均值方差的信息，并没有处理序列的异方差，为了更好地分析序列的波动，本书

对残差项序列 ε_t 展开基本描述分析。

表 5 - 1 显示了比特币收益率残差序列的一些基本描述性统计信息。通过 Jarque - Bera 正态性检验发现，在显著性水平 1% 的条件下，J - B 统计量为 201.23，拒绝原假设，并且该残差序列的偏度为 1.92，峰度远远大于 3，表明残差序列存在"尖峰厚尾"的特征；ADF 检验（单位根检验）用于判断序列是否存在趋势项，结果表明该序列为平稳序列；而 Box 检验用于检验序列的自相关性，显然残差项序列不存在水平上的自相关性；PQ 检验用于检验残差序列是否存在 ARCH 效应，通过滞后 5 阶的 PQ 检验后，本书发现序列平方存在自相关的 ARCH 效应。

表 5 - 1   残差序列的基本描述

残差项	均值	偏度	峰度	J - B	ADF	Box 检验	PQ 检验
	- 0.001	1.92	15.31	201.23 *	- 8.162 *	1.201 *	179.21 *

注：* 表示显著性水平为 1% 的条件下拒绝原假设。

综上所述，残差项 ε_t 序列平稳且不存在序列相关性，但是残差平方项 ε_t^2 却存在高度的自相关性，因此，本书使用 ARCH 模型来提取该序列的波动特征，同时该序列的分布具有"尖峰厚尾"特点，不适用正态分布作其分布类型的假设，用更能反映"尖峰厚尾"的 t 分布做分布类型假设会提高模型的拟合效果。

5.5.2   波动特征研究

鉴于残差项的波动特征，本书分别构建了 GARCH（1，1）、TGARCH（1，1）以及 NAGARCH（1，1）模型。首先，本书通过构建 GARCH 模型来研究序列的波动是否具有集群效应；其次，通过构建 TGARCH 模型检验波动是否具有非对称性特征，即正面和负面冲击对数字货币产生的影响程度是否有差异；最后，通过构建 NAGARCH 模型检验序列波动是否具有非线性特征。另外，为了验证序列分布的非正态性，本书分别对上述模型采用正态分布和 t 分布作分布类型的假设。将以上分析的结果总结成表 5 - 2 的内容，以便进行对比分析。

表 5 - 2　　　　　　　　　　　模型估计结果

分布假设	模型	ω	λ	η	γ	$\log L$
正态分布	GARCH	0.000 (0.03)	0.076 (0.07)	0.916 (0.03)		3091.17
	TGARCH	0.000 (0.01)	0.193 (0.09)	0.806 (0.03)	0.128 (0.08)	3189.23
	NAGARCH	0.000 (0.02)	0.097 (0.03)	0.908 (0.05)	-0.003 (0.06)	3090.68
t 分布	GARCH	0.000 (0.02)	0.054 (0.05)	0.933 (0.09)		3229.13
	TGARCH	0.000 (0.03)	0.043 (0.08)	0.943 (0.01)	0.309 (0.01)	3260.91
	NAGARCH	0.000 (0.01)	0.051 (0.02)	0.918 (0.01)	-0.429 (0.05)	3228.01

注：括号中为标准误差。

其中，ω 表示模型的截距项，从表 5 - 2 中各个模型的结果来看，截距项与 0 没有显著的差异，这与图 5 - 2 所呈现的结果相符；其次，从对数似然函数（$\log L$）来看，显然 t 分布假设下的 GARCH、TGARCH 以及 NAGARCH 模型的对数似然函数值明显高于正态分布下同类模型的对数似然函数值。由于比特币收益率波动具有显著的"尖峰厚尾"特征，通过表 5 - 1 发现并不符合正态性假设，如果采用正态分布假设会降低波动风险的衡量。另外，GARCH族、TGARCH 以及 NAGARCH 三类模型均能够有效地提取出比特币收益率波动的集群效应特征。从 GARCH（1，1）模型来看，$\lambda + \eta$ 基本接近于 1，说明在过去的波动或者冲击下，比特币收益率会呈现出持续时间较长的大幅波动，调整需要比较长的时间。表 5 - 2 中，TGARCH 模型中的 γ 用来说明序列波动的非对称性，即比特币升值带来的冲击大于贬值带来的冲击，即如果比特币升值过快，洗钱等非法行为显著增加，对整个数字货币以及金融系统的冲击明显加大；而比特币贬值意味着其受到关注的可能性会下降，所产生的影响减弱。而 NAGARCH 模型能准确把握波动的非对称点，参数 γ 用来解释序列波动的非线性，本书得到的 γ 值为 - 0.429，远远小于 0，也进一步说明了负向冲击对收益率产生的影响要大于正向冲击所产生的影响。

5.5.3 VaR 的计算和检验

VaR 是指价值风险，即将条件方差代入资产组合的 VaR 计算公式，可得：$VaR_t = -\left(\mu_t + \Phi^{-1}(\alpha)\sqrt{h_t}\right)$。其中：$\mu_t$ 表示条件均值；$\Phi^{-1}(\alpha)$ 表示 $1-\alpha$ 的置信水平对应的临界值；h_t 表示比特币收益率序列的条件方差。本书将基于上述模型来估算比特币日收益率的 VaR 值，具体结果见表 5-3。

表 5-3   VaR 的估计结果

分布假设	模型	置信水平	VaR 值
正态分布	GARCH	99%	0.334
		95%	0.287
	TGARCH	99%	0.319
		95%	0.271
	NAGARCH	99%	0.291
		95%	0.259
t 分布	GARCH	99%	0.320
		95%	0.269
	TGARCH	99%	0.311
		95%	0.258
	NAGARCH	99%	0.275
		95%	0.237

由表 5-3 可见，在 95% 和 99% 的置信水平下，用 t 分布下 GARCH 族模型计算出的 VaR 值均小于用正态分布下 GARCH 族模型计算出的 VaR 值。为了检验该模型的有效性，文中使用 Kupiec 失败检验法对 VaR 进行后验测试，以比特币收益率数据为样本计算溢出天数 N，具体理论计算如下：

$$N = \sum_{t=1}^{T} N_t, N_t = \begin{cases} 0, VaR \leqslant r_t \\ 1, VaR > r_t \end{cases} \tag{5.8}$$

Kupiec 检验法的统计量 LR 的计算公式为

$$LR = -2\ln\left[(1-p^*)^{T-N}(p^*)^N\right] + 2\ln\left[(1-p)^{T-N}(p)^N\right] \tag{5.9}$$

其中：T 表示样本的数量；N 表示失败的天数；$p^* = 1-\alpha$，α 为置信水平；$p = N/T$。本书选择置信水平为 95%，将实际失败率 p 与期望失败率 p^* 进行比较，若 $p^* > p$，则认为模型低估了数字货币市场的风险；反之，则说明模型高估了风险。具体结果见表 5 - 4。

表 5 - 4   失败检验结果

模型	正态分布			t 分布		
	期望失败率	实际失败率	LR 统计量	期望失败率	实际失败率	LR 统计量
GARCH	5%	3.67%	7.12	5%	4.09%	2.49
TGARCH	5%	3.51%	6.31	5%	4.31%	1.47
NAGARCH	5%	3.08%	3.29	5%	4.87%	0.03

由表 5 - 4 结果可知，在正态分布下比特币收益率序列的实际失败率均明显低于期望失败率（即 p 为 5%），这说明正态分布下 GARCH 族模型对 VaR 值的估计过于保守；而在 t 分布下，比特币收益率序列的实际失败率均低于期望失败率，但是总体上与期望失败率呈现持平的状态。另外，LR 统计量的值越小，表明模型的预测准确性越高，t 分布下 GARCH 族模型的 LR 统计量明显小于正态分布下 GARCH 族模型的统计量，由此可知，t 分布下的 GARCH 族模型可以更准确、客观地描述当前数字货币市场的状况，其中 t 分布下 NA-GARCH 模型对风险预测的精度相对较高，更适合用于计算数字货币市场的风险值，这对于建立长期有效的数字货币市场风险监管体系，特别是主权数字货币的发行流通具有非常重要的理论意义和实际价值。

5.6 关于比特币风险与监管的认识

2019 年 10 月 24 日，中共中央政治局就区块链技术发展现状和趋势进行第十八次集体学习时，习近平总书记指出，要利用区块链技术探索数字经济模式创新，为打造便捷高效、公平竞争、稳定透明的营商环境提供动力，为推进供给侧结构性改革、实现各行业供需有效对接提供服务，为加快新旧动能接续转换、推动经济高质量发展提供支撑。一个用途是在国家政治层面，以区块链赋能社会，涉及社会制度变革，改变社会生产关系。另外，重点强调了区域链与实体经济的融合，从区块链的六层架构来看，下三层是区块链的必选技术，包括共识层、网络层和数据层；上三层是可选技术，包括应用层、合约层和激励层，可见与实体经济的融合是当前区块链技术发展的关键，做好底层的去中心化，具体来说就是分布式账本技术。

比特币区块链本身并不是一个单一技术，而是由多种技术组成的一个集合体，在 2008 年诞生，是针对国际金融危机下中心化的美元超发对民间财富带来的社会不公而提出的。比特币区块链只允许比特币这种唯一的数字资产，脱离了现实世界，能够给人们无限美好的遐想，但实际上却无法解决现实世界的实际问题。比特币主张去中心化，包括去政府、去权力、去监管，比特币的理想是人人自组织、人人可发币、人人自金融，这些都是脱离现实的想法。2018 年，在美国参议院能源和自然资源委员会会议上，普林斯顿大学计算机科学教授阿尔温德·纳拉亚南（Arvind Narayanan）指出：目前比特币挖矿的电力消耗，已经接近全球电力总消耗的 1%，数值大约是 5000 兆瓦。剑桥大学（University of Cambridge）2019 年 10 月的数据显示，比特币网络每年耗电约 79.79 亿千瓦时，与很多国家的年用电量相当，用电的同时排放二氧化碳近 1800 吨。比特币区块链的记账耗电量惊人，很明显与绿色环保理念相冲突。

中国人民银行等五部委联合发布的《关于防范比特币风险的通知》（2013 年 12 月 3 日）中指出，近期，一种通过特定计算机程序计算出来的所谓"比特币"（Bitcoin）在国际上引起了广泛关注，国内也有一些机构和个人借机炒作比特币及与比特币相关的产品。为保护社会公众的财产权益，保障人民币的法定货币地位，防范洗钱风险，维护金融稳定，依据《中华人民共和国中国人民银行法》《中华人民共和国反洗钱法》《中华人民共和国商业银行法》《中华人民共和国电信条例》等有关法律法规，明确指出比特币具有没有集中发行方、总量有限、使用不受地域限制和匿名性四个主要特点。虽然比特币被称为"货币"，但由于其不是由货币当局发行，不具有法偿性与强制性等货币属性，并不是真正意义的货币。从性质上看，比特币应当是一种特定的虚拟商品，不具有与货币等同的法律地位，不能且不应作为货币在市场上流通使用。各金融机构和支付机构不得开展与比特币相关的业务。

2017 年 9 月 4 日，中国人民银行等七部委联合发布《关于防范代币发行融资风险的公告》，明确指出"代币发行融资是指融资主体通过代币的违规发售、流通，向投资者筹集比特币、以太币等所谓'虚拟货币'，本质上是一种未经批准非法公开融资的行为，涉嫌非法发售代币票券、非法发行证券以及非法集资、金融诈骗、传销等违法犯罪活动"之后，人民银行、银保监会、中央网信办、公安部、市场监管总局、中国互联网金融协会及北京市地方金融监督管理局等也多次发布相关风险提示称：近期，我们发现仍有部分机构或个人以 STO（Security Token Offering，即证券化代币发行）名义继续从事宣传培训、项目推介、融资交易等相关活动。在此，我们郑重提醒本市各相关机构和个人：所有金融业务都要纳入监管。STO 涉嫌非法金融活动，应严格遵守国家法律和监管规定，立即停止关于 STO 的各类宣传培训、项目推介、融资交易等活动。涉嫌违法违规的机构和个人将会受到驱离、关闭网站平台及移动 App、吊销营业执照等严厉惩处。同时，提醒广大投资者应保持理性，增强风险防范意识，主动抵制违法违规金融活动，谨防上当受骗。对于发现的违法犯罪线索，可积极向有关部门举报。

2019 年 1 月，国家网信办发布《区块链信息服务管理规定》，指出区块链信息服务提供者应当按照《中华人民共和国网络安全法》的规定，对区块链信息服务使用者进行基于组织机构代码、身份证件号码或者移动电话号码等方式的真实身份信息认证。用户不进行真实身份信息认证的，区块链信息服务提供者不得为其提供相关服务。区块链不是法外之地，身份认证是前提，所谓的匿名机制是不被允许的，这也决定了目前在我国区块链的应用方面公链是难以实施的，使用更多的是联盟链和私有链。

5.7　研究结论以及对主权数字货币的启示

5.7.1　研究结论

本书以私人数字货币的代表比特币为研究对象，展开货币属性、价格波动及风险方面的研究，主要获得以下结论。

首先，数字货币的出现，是货币形态演化的自然结果，是数字化、信息化、智能化的产物。依托区块链技术的比特币不具有内在价值，作为私人数字货币的一种形式，仅仅是一种数字资产，还不能执行货币的价值尺度和流通手段的基本职能，更不能完全执行支付手段、价值储藏和世界货币的职能。当前世界主要国家现金的使用率越来越少，货币实现数字化的必要性日益增加，但是比特币、Libra 等非主权数字货币均难以满足信用货币的要求，各国央行发行法定数字货币被提上议程，全球数字经济大发展呼唤基于区块链、分布式账本技术的具有国家信用的法定数字货币。

其次，样本期间比特币价格波动的异方差性明显，收益率波动较大。很明显，比特币作为一种投机金融商品，由于没有实际价值，受投资者情绪影响较大。2016 年 7 月至 2017 年 12 月前比特币每日价格走势呈上升趋势，但是 2017 年 12 月以后波动加剧，先明显下降，后从 2019 年 2 月开始又呈现明显的上升趋势。2018 年的暴跌在很大程度上跟监管的层层加码有关系，比如美国适用功能监管，将 ICO 代币视为未注册的证券。

最后，比特币收益率序列波动较大，存在显著的异方差性，具有"尖峰厚尾"特征，不符合正态分布假设，更加符合 t 分布假设。比特币价格受前期价格影响较大，在过去的波动或者冲击下，比特币收益率会呈现持续时间较长的大幅波动，而调整恢复则需要相对长的时间。笔者认为，由于比特币没有内在价值，或者价值仅仅是由挖矿、系统安全的成本决定的，而当前的价格已经远远超出成本，在价格规律的作用下比特币的价格也会逐步回归价值。同时，NAGARCH 模型显示比特币序列波动具有非对称线性特征，负向冲击对收益率产生的影响要明显大于正向冲击所产生的影响，这在一定程度上为投机、阴谋提供了可能性，风险偏好不高的投资者并不适宜投资比特币，相关部门需要及时做好风险警示和投资者教育。

5.7.2　政策启示

数字货币的发展契合数字社会发展的需求，对于数字货币可能产生的风险更应该高度关注，依据上述结论，可得到如下政策启示。

首先，传统货币金融理论更多研究金融业务模式、信贷风险以及投资套利等，货币金属论、货币名目论、货币法定论等经典货币学说也需要及时扩展，整体理论研究方面对技术进步驱动的金融创新有所忽视。在实践中，往往一个新技术概念产生后，引起市场风险投资追捧，迅速造成行业虚假繁荣，表现为价格领域泡沫化严重，从事相关业务的人员也对新技术概念一知半解。私人数字货币数量众多，形式多样，如比特币、亚马逊币、瑞波币、以太币、花旗币、莱特币等，适用的场景各不相同，也没有统一的技术标准，市场乱象丛生。比特币是基于互联网而产生，依托区块链技术，运行时间较长，系统也较为稳定，作为主权数字货币的先行者，技术上已经取得初步成效，论证了区块链技术，为金融业务基础架构提供了条件，推动了交易机制的改革创新，更检验了分布式账本在数字货币发行、流通、管理技术方面是可行的、可信的。

其次，比特币的价格受投资者情绪影响较大，这对未来法定数字货币的实施时机提出了警示。纸币存在通货膨胀的可能性和必然性，自身购买力水平也受到大众群体情绪的影响，对信用货币丧失信心的民众同样会对主权数字货币丧失信心，采用"用脚投票"。对于大国来说，发行数字货币的关键还在于居民对主权货币有信心，对从主体信用到算法信用的中心机构有信心。对于大部分小国家来说，当前数字货币还不宜实施，一方面存在技术壁垒、数据安全风险及相关法律法规滞后问题，另一方面是货币币值的相对稳定更加重要，数字货币的实施会使货币政策的传导速度加速，货币实际购买力更加频繁波动。发行主权数字货币要充分考虑实际购买力，控制发行和回收的智能合约要素要及时更新。由于波动具有集群效应，且负向冲击影响较远，在实施时要提前做好监管应对准备，避免引起价格剧烈波动。当然，数字货币的实施需要一个相当长的渐进过程，不会一步到位，现行法律法规也不支持全部替代现金。实际上，我国幅员辽阔、地区差异较大，需要审慎探索，比如从 M_0 开始，与纸币并存流通，激发商业银行等金融机构参与的积极性，从依托账户支付过渡到钱包直接支付，逐步减少中间环节和运行成本，同时保持现钞的"可控匿名性、保护用户隐私及不需要第三方验证"三个特点。以上均要求法定数字货币要在"沙盒监管"的框架内不断测试，谨慎推出试点。

最后，央行在规划数字货币时，需要对现有的货币调控政策、货币的供给和创造机制、货币的发行与回收机制、货币政策传导途径、数字货币法律法规等全部进行重新架构与设计，充分考虑到反漏税逃税、反洗钱和反恐怖活动等实际监管要求，比如通过智能合约构建货币供应量和利率中介目标的调节机制、通过区块链搭建科技监管手段，确保数字货币实施过程中各种性能的安全可靠，确保数字货币实施效果安全可控，确保数字货币的参与主体积极参与建立风险防控底线。在实践摸索的过程中，将"自上而下"的中心化思想和"自下而上"的分布式思维有机结合，研究信息技术红利下的货币金融理论体系，探索出一条新时代中国特色社会主义的金融业务创新领域和研究方向。

5.8 我国法定数字货币的发行环境

早在 2016 年 1 月 20 日，中国人民银行就召开数字货币研讨会，正式启动了对我国法定数字货币的研究；2017 年，经国务院批准，中国人民银行成立了数字货币与电子支付的研究项目；2019 年 8 月 2 日，中国人民银行在下半年工作电视会议上指出，下半年的一项重点工作就是加快推进法定数字货币的研发步伐，跟踪研究国外虚拟货币发展趋势；2019 年 8 月 18 日，中共中央、国务院发布的《关于支持深圳建设中国特色社会主义先行示范区的意见》中提出，打造数字经济创新发展试验区，支持在深圳开展数字货币研究等创新应用，为数字人民币的发行和落地实验提供了良好的实验场所和发展机遇；2020 年中国人民银行工作会议指出继续稳步推进法定数字货币研发；2020 年 2 月，《金融分布式账本技术安全规范》（JR/T 0184—2020）金融行业标准由中国人民银行正式发布，规定了金融分布式账本技术的安全体系，标准适用于在金融领域从事分布式账本系统建设或服务运营的机构，为法定数字货币发行流通打下技术基础。中国人民银行数字货币研究所相关负责人于 2020 年 4 月 17 日表示，目前数字人民币研发工作正在稳妥推进，先行在深圳、苏州、雄安新区、成都及未来的冬奥场景进行内部封闭试点测试，以不断优化和完善功能。

2019 年，Facebook 发布 Libra 1.0 白皮书，致力于为全球提供金融服务，打破地理区域限制，称可以像发送短信或者邮件一样轻松地在全球范围内转移资金，这比利用 SWIFT 跨国转账效率高很多，成本也更低，形式上是基于一篮子货币的合成货币单位。Libra 的价格与这一篮子货币的加权平均汇率挂钩，号称 100% 的储备资产锚定的一篮子货币构成如下：美元（USD）50%、欧元（EUR）18%、日元（JPY）14%、英镑（GBP）11%、新加坡元（SGD）7%，很明显，这种构成方式会强化数字经济时代的美元地位，通过量化宽松政策，向全球输出数字美元。但是这个储备资产并不存储于某一中央银行，而是储存在第三方机构，这引起了美国国会的关注，并举行听证会。2020 年 4 月 16 日，Libra 第二版白皮书（Libra 2.0）提出重大修订，增加了单一货币稳定币，比如 LibraUSD、LibraEUR、LibraGBP 和 LibraSGD 等。对货币当局而言，合法合规的单一货币稳定币主要是一个支付工具，不会有货币创造，不影响货币主权，金融风险可控。单一货币稳定币会强化强势货币的地位，侵蚀弱势货币的地位。Libra 第二版白皮书作出的重大修订，将极大缓解 Libra 项目面临的监管和商业阻力，Libra 项目将加速推进。

自从 2019 年 Libra 1.0 白皮书发布后，各国中央银行高度警惕，明显增强了紧迫感，主要国家如加拿大、瑞典、新加坡等都在谋划进入第一梯队，比如 2018 年委内瑞拉的法定数字货币石油币、瑞典电子克朗 e－krona 的发行，意在积累经验，形成先发优势，推动本国货币的国际化和最终去美元化。对于中国来说，在 Libra 白皮书中，储备金类型不包含人民币，如 Libra 运行肯定会挤压人民币在数字经济领域的国际化地位。发行具有央行信用背书的数字货币，也有利于抑制公众对私有加密数字货币的需求，巩固人民币主权。

从技术层面看，货币的历次形态演化和内涵拓展均受到科技进步和经济活动发展的深刻影响，现有货币的缺陷在于发行、流通、贮藏、回笼至销毁的每一个环节都耗费巨大，流通体系层级多，携带不方便，无法进行远程支付结算，不适合大额支付，容易被伪造，匿名不可控。从马克思主义政治经济学中货币理论的视角出发，有关货币形态的发展和演进，是社会和经济大环境变化使然，都是正常的货币演化和迭代过程，是货币的自身建构。"数字"是一种形态，法定数字货币也不是一种新的货币，而是货币在支付工具和结算方式变化后所呈现出来的新的形态和运行方式。法定数字货币由于是中央银行发行的，具有国家信用支撑，无限法偿，公众不能拒收，能够承担货币五大职能,不仅运行速度快,还具有可控匿名、不可伪造、不可篡改、不可重复交易和不可抵赖等特征,相比以往主权货币,法定数字货币的支付功能也彻底得到优化,支付更加方便和快速。从私人数字货币的产生到法定数字货币对传统数字货币的替代,都是货币形态演变的必然结果,也是信息技术驱动货币的变革之路。

从监管层面看,从央行的存款准备金账户,银行Ⅰ类、Ⅱ类、Ⅲ类账户到各种各样的第三方支付账户,实际上支付的链条在加长,只是被信息的快捷性掩盖,但这增加了金融基础设施的建设、运营成本,容易产生数据鸿沟和信息孤岛,表现为中央银行无法掌握资金流动的方向信息,穿透式、跨机构监管难以实施,宏观审慎监管难度越来越大,跟踪审计需要花费更多人力、物力、财力。如果流通中的纸币被法定数字货币替代,可以提高存款准备金率、利率、公开市场操作等政策的及时性、有效性,由于法定数字货币具有可追溯性,货币的持有方、资金流动和交易的全部信息,央行均可实时、准确掌握,并可借此分析货币流通动态速度、检测货币政策工具的运行效果并及时进行微调,也为后续政策制定提供更加全面、更加准确的参考,由于传导变快,预计后续的货币政策也会更加依赖公开市场业务操作。为了避免对存款产生挤出效应,央行可以重点支持小额、低频的法定数字货币兑换,可设置每日、每季度及每年限额交易,对于大额、高频兑换,可以有两种限额管理方法,一种是超出限额必须使用基于账户的数字货币支付,低于限额可以使用电子钱包支付,这样可以提高对大额交易的管理水平;另一种是通过提高相应的服务费来增加兑换成本和制度摩擦,在利率零下界的情况下,这种安排还可以为央行实施负利率政策创造条件,破解流动性陷阱,通过利率的调整提高消费和投资,畅通经济内循环。

5.9 我国法定数字货币的发行架构设想

当前国际上法定数字货币发行形式分为两种:第一,中央银行—商业银行—居民(双层运用体系),比如我国央行的 DC/EP;第二,中央银行—居民(单层运营体系)。瑞典数字克朗(e-krona)的数字货币试验平台主要目标是扩大银行对电子瑞典克朗技术可能性的理解。其采用单层运营体系，由中央银行直接向公众发放数字货币，去中介化特征明显，这种架构对现有金融体系颠覆较大。

如果实行双层架构，即中央银行不直接面向公众，代理央行投放数字货币的金融机构必须按照100%的比例全额缴纳存款准备金，以保持整个金融体系运行和流通的架构基本不变。数字货币由银行或者代理机构兑换给社会公众，此时法定数字货币相当于电子钱包，由于不支付利息，也不会挤出银行账户存款，相当于数字货币经过中央银行发行库到商业银行业务库再到公众的电子钱包，用户可以通过客户端查看自己的数字货币。这种模式不会颠覆现有货币发行流通体系，不会引起"金融脱媒"，不会对商业银行的存款产生挤出效应，不会出现"存款搬家"，不会引起商业银行对同业存款的依赖，不会影响商业银行的放贷能力，不改变流通中的货币的债权债务关系和货币政策传导机制，不会对实体经济运行方式产生负面影响，有利于激发商业银行参与数字货币的发行流通。中国金融学会会长、中国人民银行前行长周小川认为央行数字货币更多是聚焦于本国，可能更加注重于批发，在央行之间和第三方支付者之间批发、清算环节提供数字货币，理论上央行数字货币也可以为零售服务，但会对现有金融体系带来很大冲击。目前各国开展的央行数字货币试验，比如加拿大央行的 Jasper 项目、新加坡金管局的 Ubin 项目、欧洲中央银行和日本中央银行的 Stella 项目等，正在试验加密货币技术，但还停留在 B 端（机构端）应用场景。

在技术层面，采用双层架构可以实现多中心化，这是针对"区块链不可能三角"（可扩展性、去中心化、安全性）的一个相对较好的平衡，能够真正促进法定数字货币的应用落地。从理论上看，中心化模式有助于提高运营效率，维护币值稳定，强化金融监管；"去中心化"是区块链、智能合约的精髓，此模式更有助于交易的便利性和匿名性，更易于被市场和投资者接受和使用。数字货币最直接受益的就是支付，货币数字化的目的就是支付更加便捷，但是从现有技术应用来看，比特币这种私人加密数字货币由于具有去中心化的特征，在确权时十几分钟才能确认一笔交易，根本不能满足零售市场的高并发要求，效率明显不足。法定数字货币要坚持中心化思想，而且在数字货币运行过程中，中央银行需要积极承担数字货币发行、流通、系统维护及管理的相关费用，维护数字货币币值的相对稳定。

在发行载体层面，法定数字货币可以基于账户也可以不基于账户，具体表现形式可以是实体账户里的数字，也可以是一串由特定密码学与共识算法验证的数字符号，这两种形式功能和应用场景不同，可以优势互补。由于流通中的纸币是完全匿名的，央行的数字货币可以采取基于账户松耦合形式，一定要降低交易环节对账户的依赖性，保证数字货币能够像现金一样匿名自由流通。在分布式环境中，存在多个代理投放的主体，各自业务组织方式不一样，如果高度依赖账户，会增加无形成本，对于中央银行的清算系统也会有较大冲击。同时，由于数字货币的多中心化，数字货币自身也有独特的数据结构，已经能够表达出原来很多需要单方验证和交叉验证的信息，可以在商业银行传统账户的基础上，引入电子钱包这一功能，增加数字货币钱包的ID字段，钱包并不参与日终计提等业务，这样不会增加银行业务系统的压力。如此，一个账户可以管理电子货币比如各类存款，也可以管理数字货币，两者有共同要素，又各有差异。数字货币有专门的技术标准，需要银行和客户的双钥匙才能打开约定，商业银行还是实质性保管数字货币，避免被通道化和边缘化，在交易的时候，数字货币又可以不依赖账户，直接进行确权，哪怕没有网络，也可以通过App进行点对点的交易。对于社会公众来说，还是存在账户余额这一概念，与比特币UTXO交易模型中所体现出来的账户余额内涵是完全不一样的。电子钱包的使用会成为法定数字货币的重要载体，支持数字货币的可控匿名，延续纸币的匿名特点，不会增加银行业务系统的运营压力。

在智能化方面，数字货币实质上是"算法＋数据"的体现，智能合约是区块链2.0的明显特征，即"一套以数字形式定义的承诺，包括合约参与方可以在上面执行这些承诺的协议"。智能合约在数字货币的流通过程中是一个优势，合约在一开始就被写入计算机可读的代码中，一旦达到设定好的条件，就可以自动执行。如在联盟链的跨境汇款中，通过自动执行智能合约，可以降低金融机构对账成本，让资金运营效率得到提高，带来成本降低的优势。法定数字货币通过叠加智能合约形成金融产品、风险对冲策略，与现实经济活动之间就不存在货币错配问题，可以锁定金融风险。当然基于智能合约的金融产品、风险对冲策略的触发条件如果部分取决于区块链外的信息，如通货膨胀率、利率、股价和汇率等，这些信息必须通过预言机写入区块链内。预言机有两类：一是中心化的，依赖某一中心化信息源，比如官方媒体、彭博和路透等重要媒体；二是去中心化的共识信息。从现实中普遍使用的预言机可以看出，预言机应该在去中心化和中心化之间做好平衡。比如，使用去中心化的数据源和预言机节点，配以可信硬件保护，并对数据源数据签名盖时间戳，另外使用验证系统、声誉系统和认证服务等带有中心化色彩的机制，避免单一的数据来源导致结果的偏差，减少重大金融风险发生的可能性。以目前的技术水平看，法定数字货币的智能合约可以是一套精致的、基于机器学习、深度学习算法的人工智能模型。该模型已经掌握法定数字货币发行、流通、储藏等运营规律，运用大数据技术深入分析并可视化，可以为宏观审慎监管和金融稳定分析等提供支撑。未来，通过预设可靠的智能算法与规则，在保持币值稳定的前提下，可以内生地、自发性地决策和调整货币发行与货币回收，当然这是一个理想化的智能状态，从现行的《中华人民共和国人民币管理条例》来看，人民币只包括硬币和纸币，如果法定数字货币实行智能合约，也就是赋予货币新的社会和行政职能，需要条件成熟时才能实施。

在风险方面，习近平总书记指出："防止发生系统性金融风险是金融工作的根本任务。"数字货币安全技术包括基础安全技术、数据安全技术和交易安全技术。法定数字货币最大的安全隐患在于非常依赖顶层的网络系统平台，法定数字货币可能会成为全球性的网络攻击目标。不同的法定数字货币也会造成国家之间货币兑换困难，不利于开展跨境商务和国际贸易。实施时也可能会扼杀私人机构的支付创新，同时使商业银行的挤兑变得更加容易。由于涉及的单位和个人的数量非常大，数字钱包的安全性非常重要，个人隐私和数据保护迫在眉睫。数字货币的优点在于其一大核心技术就是密码学，相比于比特币这种纯粹加密数字货币的完全匿名，法定数字货币在设定时要充分考虑财产遗失的风险，在做好用户隐私保护的基础上，后台交易要确保实名，通过大数据技术追溯各类交易行为。但是也存在另外一个问题，私人数字货币比特币现在运用的椭圆形非对称加密技术比较简单，是一种数据的结构，而没有用硬件的结构。如果用于央行的法定货币，其安全性是完全不够的，一定要通过硬件的方式加密，才能保证整体安全性。法定数字货币等金融创新肯定会带来衍生风险，中央银行需要寻求监管与创新的平衡点。在监管过程中，如果继续拘泥于采用"自上向下"的思路，会增加中央银行中心化的压力和单点风险问题，增大中央银行系统压力和复杂性。基于分布式账本，其并不一定指去中心化，可以是多中心化，分布式时采用"自下而上"的思路，从社会居民的角度出发探索数字货币的需求，有节奏地管理好各类风险，避免风险放大和扩散。

在前述分析的基础上，本书绘制了我国法定数字货币发行路径（见图5-4），体现法定数字货币发行设计要义。

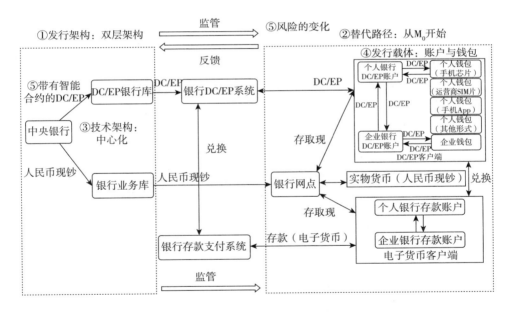

图5-4　我国法定数字货币（DC/EP）发行路径

首先，路径体现了法定数字货币与人民币现钞并行发行状态下的发行设计，这符合当下的社会经济现状。而商业银行可以分为拥有数字货币发行代理权的银行（称为发币行、代理行）和需要通过同业账户参与数字货币兑换的参与行。

其次，法定数字货币进入银行数字货币系统后，由代理行向社会公众提供数字货币服务，参与行则通过代理行参与服务。商业银行为社会公众提供的数字货币应用服务分为账户载体和钱包载体，账户载体即公众和企业在商业银行开设法定数字货币账户，可以通过存取现的方式直接将存款兑换为法定数字货币，操作上接近借记卡的功能；另一种是钱包载体，操作上接近现金，能够实现可控匿名，顺畅地在经济体中流通，还可以减轻商业银行记账方面的压力。这里也体现了法定数字货币发行的部分替代 M_0 的阶段，主要表现为数字货币账户可以通过银行网点、网上银行等途径无缝兑换实物货币或是电子货币，钱包里的数字货币也可以经由账户实现无缝对接。银行数字货币系统与银行存款支付系统的逐步对接，可为法定数字货币未来逐步模糊 M_1 和 M_2 的边界做好准备。

最后，将来法定数字货币发行的全过程有赖于对数字货币的智能合约设计。法定数字货币的智能化设计更重要的是实现稳定币值、降低对现有系统的影响，然后考虑实现更有效的货币政策、进行国际化推广等。

综上所述，我国法定数字货币在发行管理、特征属性、支付流通、会计处理等方面的特点如表 5－5 所示，法定数字货币兼具技术优势和纸币属性，能够实现对现有货币方式的补充、改革和创新。

表 5－5　　　　　　　　我国法定数字货币的主要特点

1. 发行		2. 价值		3. 法律		4. 流通		5. 支付				6. 范围		7. 账户			8. 记账		
发行主体	管理方式	价值背书	价值特点	法律约束	利率影响	流通方式	流通费用	离线支付	支付方式	跨境支付	智能支付	优先适用范围	替代对象	技术构架	交易模型	钱包开设	记账特点	记账方式	会计影响
人民银行发行，银行存款等额兑换	中心化，货币主权有监管	国家信用背书	市场价值相对稳定，不能投机炒作	法定货币，不能拒收	可以负利率	可控匿名	无手续费	可"双离线"支付	本质上是使用者实名	助力人民币国际化	未来可加载智能合约，实现自动支付	小额低频兑换	从M_0开始	分布式	有账户余额概念	DC/EP钱包，通过银行/代理机构开立	以央行数据库为准	央行/银行/商户/个人，中心化记账	合法人民币记账

现金是国家强制使用的货币符号。当前中央银行主导货币发行，在保持

发行实物现金的同时，发行以加密算法为基础的中央银行法定数字货币，纸币与法定数字货币同时流通。由于我国幅员辽阔，各地经济发展差异很大，对于居民来说，持有纸币无须付出额外的保管成本，且现金具有很好的匿名性。从经济伦理的角度来看，中央银行还无法现在就禁止用户使用纸币，需要为客户保留纸币支付的权利。所以会呈现央行数字货币、流通中的纸币以及银行存款三者无条件等额兑换的现象。现阶段央行数字货币主要是部分替代 M_0，获取更多经验，后续需要吸收现金优势融入更多的新特征。

货币变化的重点在于促进我国支付技术变革、参与全球货币主导权、提升金融安全稳定性。但是改革不会一蹴而就，需要渐进式、稳健的改革。不能照搬西方国家建立在私有制基础上的货币体系，要坚持以马克思主义政治经济学中以人民为中心的理念，构建全面共建共享共用的生产关系，让更多的人享受到更好的金融服务，反过来促进区块链与实体产业的融合，提升区块链的生产力。数字货币可以按照标准先行、功能研发、政策引导和服务支持的顺序开展，在设计时可以先考虑某一方面的特征，以实现一项或者几项货币政策目标和经济金融目标，这样在刚开始实施时会有一个积极推动作用和可以量化的成果。区块链等高新技术的广泛应用，使传统金融风险的表现形式发生改变、传染路径多元化，更带来数据安全等风险，需要先行先试，同时将法定数字货币纳入"监管沙盒"，建立容错纠错机制。要尽快制定出台配套的数字货币相关法律法规，保障法定数字货币与纸币和硬币享有同等中心和主权地位，守牢不发生系统性金融风险的底线，让更多的人、更多企业能享受到数字货币的雨露，共同迎接数字普惠金融的新一轮发展。

参考文献

［1］吴金旺，顾洲一，申睿．比特币价格波动实证分析及对主权数字货币的启示［J］．浙江金融，2020（9）．

［2］吴金旺，申睿，马利华．中国发行法定数字货币的价值及路径探析［J］．浙江学刊，2021（2）．

［3］王瑞红．央行这样为法定数字货币"画像"［J］．现代商业银行，2019（17）．

［4］邹平座．要高度重视 Libra 大力发展数字货币［J］．经济，2019（9）．

［5］谢平，石午光．数字货币新论［M］．北京：中国人民大学出版社，2019.

［6］李建军，朱烨辰．数字货币理论与实践研究进展［J］．经济学动态，2017（10）．

［7］焦瑾璞，孙天琦，黄亭亭，汪天都．数字货币与普惠金融发展——理论框架、国际实践与监管体系［J］．金融监管研究，2015（7）．

［8］姚前．数字货币的前世与今生［J］．中国法律评论，2018（6）．

［9］廖愉平．比特币市场发展阶段分析与反思［J］．西部论坛，2014（3）．

［10］邓伟．比特币价格泡沫：证据、原因与启示［J］．上海财经大学学报，2017（2）．

［11］刘刚，刘娟，唐婉容．比特币价格波动与虚拟货币风险防范——基于中美政策信息的事件研究法［J］．广东财经大学学报，2015（3）．

［12］郭文伟，刘英迪，袁媛，张思敏．比特币价格波动极端风险、演化模式与监管政策响应——基于结构突变点 CAViaR‐EVT 模型的实证研究［J］．南方金融，2018（10）．

［13］李靖，徐黎明．比特币市场风险测度的实证研究［J］．统计与决策，2016（5）．

［14］姚前．理解央行数字货币：一个系统性框架［J］．中国科学：信息科学，2017（11）．

［15］姚前．法定数字货币对现行货币体制的优化及其发行设计［J］．国际金融研究，2018（4）．

［16］曾繁荣．央行发行法定数字货币的动机及影响研究［J］．金融发展评论，2018（5）．

［17］王永利．从信用货币角度理解数字货币［J］．金融博览（财富），2020（1）．

［18］蔡维德，赵梓皓，张弛，郁莲．英国央行数字货币 RSCoin 探讨［J］．金融电子化，2016（10）．

［19］韩志雄，颜瑶．英国央行数字货币的设计框架及其启示［J］．时代金融，2016（29）．

［20］魏俊．马克思主义货币理论视角下数字货币演化路径研究［J］．学术探索，2019（7）．

［21］于品显．中央银行数字货币法律问题探析［J］．上海对外经贸大学学报，2020

（2）.

[22] 陈文，张磊，杨涛．数据治理视角下央行数字货币的发行设计创新 [J]．改革，2020（9）.

[23] 王建．区块链、数字货币与金融安全 [N]．第一财经日报，2020 - 01 - 22.

[24] 邹平座．2020：加快建立现代货币政策治理体系 [N]．中国经济时报，2020 - 02 - 04.

[25] 杜金富．数字货币发行理论与路径选择 [J]．中国金融，2018（13）.

[26] 菲利普·科特勒．营销管理：分析、计划、执行与控制 [M]．上海：上海人民出版社，1999.

[27] 何勉．精益产品开发 [M]．北京：清华大学出版社，2017.

[28] 孔繁晔．人民币发行机制改革的路径依赖和政策建议 [J]．宏观经济研究，2017（5）.

[29] Ahmad，N. & P. Schreyer．Are GDP and Productivity Measures Up to the Challenges of the Digital Economy [J]．International Productivity Monitor，2016，24（30）：20 - 31.

[30] Grinberg，R．Bitcoin：An innovative alternative digital currency [J]．Hastings Science & Technology Law Journal，2011（4）：160 - 181.

[31] Hüsler，A. & D. Sornette & C. Hommes．Super - exponential bubbles in lab experiments：Evidence for anchoring over - optimistic expectations on price [J]．Journal of Economic Behavior & Organization，2012，92：304 - 316.

6 大数据在数字普惠金融创新中的应用案例1：商业银行区域性风险影响因素度量研究

6.1 引言

普惠金融是指立足机会平等要求和商业可持续原则，通过加大政策引导扶持、加强金融体系建设、健全金融基础设施，以可负担的成本为有金融服务需求的社会各阶层和群体提供适当的、有效的金融服务。纵观普惠金融的发展史，无论是在国际上还是在中国国内，普惠金融的概念、理论和实践都经历了一个逐步深化的过程：从最初重点关注银行物理网点和信贷服务的可获得性，到广泛覆盖支付、存款、贷款、保险、信用服务和证券等多种业务领域。在我国金融机构中，银行业总资产占我国金融行业总资产的90%以上，也成为普惠金融服务最重要的提供方，银行业在普惠金融的发展过程中占据着举足轻重的地位。

当前，中国普惠金融的实践与创新型数字金融显示出很强的关联性。银行业也开始发展新型数字金融业务，通过信息化技术及产品创新，降低金融服务产品的成本，扩大金融服务的覆盖范围，尽显数字普惠金融的应有之义。从覆盖的区域来看，由于传统金融业务需要通过设置机构网点来提高覆盖面，但机构网点的高成本导致传统金融业务难以渗透到经济相对落后地区。而数字技术与金融服务的跨界融合克服了这个弊端，一些地区即便没有银行网点、ATM等硬件设施，客户仍能通过电脑、手机等终端设备获得所需的金融服务。但是，区域性风险仍然是当前银行业在发展数字普惠金融过程中重要的关注对象，以防止区域性风险引起系统性风险，从而导致个人和小微企业受到影响。因此，要利用当前主流的机器学习算法从理论上探讨区域风险值，进一步提升数字普惠金融的中观精准性，并科学提高数字普惠金融发展的广度和深度。

6.2　理论研究

6.2.1　商业银行区域性风险

金融是国之重器，在现代经济体系中处于核心地位。伴随着我国供给侧结构性改革的全面深化，大数据、云金融、区块链、物联网等新型金融科技技术创新及应用不断深化，金融科技为经济产业供给侧结构性改革资金来源提供更加多元、精准的渠道，也推动了金融产品供给侧结构性改革，促进了我国金融市场的发展。金融产品的内涵和外延也不断丰富，尤其是第三方支付、互联网基金销售、网络小贷、众筹、互联网银行、互联网保险、互联网信托、互联网消费金融等互联网金融模式的出现以及云计算、区块链等新兴技术的出现，对国内银行业的稳定性带来了明显的冲击，传统存、贷、汇等方面的业务质量和数量下降。同时在资本约束深化、金融脱媒和利率市场化加速的市场环境下，银行利润空间受到挤压，传统银行业务面临着巨大的挑战。为了应对新时代、新金融形势下的改革，实现"去产能、去库存、去杠杆、降成本、补短板"五大任务目标，积极响应"后峰会"时期大力发展数字普惠金融的理念，在这种"鲇鱼效应"下，商业银行以互联网化变革来探索新路径，独立发展金融科技部门，或者将服务技术外包，行企合作，全面借助技术提高金融服务范围，为推进区域协同、城乡一体化发展，全面实现小康社会贡献社会责任。

银行是经营货币的企业，本质上也是经营风险的特殊企业，通过经营承担风险，获得相应盈利，是银行生存和发展的最基本模式。时代在快速变化，如何适应时代要求，包括经营环境、政府监管、国际金融秩序的要求，及时、有效、充分、准确地识别、计量、预警和防控风险是商业银行经营管理的永恒主题。

银行业面临的风险主要来自两个方面：一是宏观经济因素的冲击，二是银行体系自身的脆弱性，而这两个因素除了可能引发单个银行风险外，还可以通过风险传染性，造成区域性和系统性的风险（刘春航和朱元倩，2011）。当前的银行风险评价包括单一银行风险的微观评价分析和对一国银行整体性风险的宏观评价，在中观行政区域领域，理论很少涉及。实践中，每一家银行都有自己的风险评估模型，但对区域性风险却无能为力。我国地域广阔、经济发展不平衡，经济呈现很强的集聚性，比如长三角、珠三角，中部地区、西部地区，各行政区域内的银行风险并不是随机的，很容易受到空间外溢作用的影响，具有较强的内在关联性，同时又是国家银行金融系统性风险的基本构成部分，所以从中观视角来研究是非常有必要的（高旺东，2012）。

在我国，商业银行金融机构实行总分支行制度，存在典型的区域集中性特征。以大型国有商业银行邮储银行为例，作为银行业体系中重要的组成部分，拥有近4万个实体网点，70%以上分布在县域地区，以服务地方经济为宗旨，属于具有强区域性特征的金融机构。当风险小范围地局限于一家或者几家空间相邻的邮储银行时，其表现特征为个别银行风险。但是，由于邮储银行在总行层面，自上而下地具有明确统一的战略定位（服务社区、服务中小企业、服务"三农"），具有相对统一的风险管理体系，相邻地区的资产负债结构、主营客户群体、小微企业行业属性等方面具有较高的相似性，所以当受到宏观经济因素、技术变革等外部冲击，或者受到自身经营内控能力差、经营脆弱性的内部影响时，很容易导致相邻区域或者属性类似地区的邮储银行发生风险，从而引发区域性风险，更为严重者将产生系统性金融风险。各省（自治区、直辖市）数量众多的城市商业银行和农村商业银行业务更加集中，难以做好分散化经营，区域因素更加明显。

本书结合现有文献和大数据因素构建指标，从宏观经济的角度和微观银行自身的角度入手，通过机器学习的方法对大规模和多维度的历史数据进行建模挖掘，从理论上预测区域性风险发生的可能性，探索区域性风险的影响因素，为商业银行推动区域性风险管理提供指导，为监管部门借助大数据实现非现场监管提供借鉴，为普惠金融的实施提供可行的手段和工具。

6.2.2 商业银行区域性风险影响因素

科学地、深入地发现和挖掘商业银行区域性风险的影响因素，实现风险提前有效预警是有效预防和控制银行风险的客观方法，一直以来受到了学界和监管者的高度重视。在实际操作过程中，每家银行、各分支机构也都会形成自己特有的经验，但系统性、科学性明显不足，主要依赖主观判断。目前，国内学术界关于银行区域性风险的文献相对较少，尤其是实证研究类的文献更少。仅有钱水土等（2016）基于 Z 省 81 家农村信用社 2006—2012 年风险数据，得出可以通过增加资本充足率和生产总值增长，来规避区域性风险的结论。

6.2.2.1 风险预警模型应用的演变

自 20 世纪 80 年代以来，银行体系规模不断扩大，银行经营更加多元化，银行危机在全球范围内频繁爆发，从货币信用危机到银行危机再到金融危机，最后引发经济危机，对世界经济发展造成了严重的冲击，同时银行破产、清算或倒闭的现象也频频发生，由此大量学者对其展开实证研究（Peek 和 Rosengren，2000；Canbas 等，2005）。从已有研究文献来看，预警模型众多，如一元判别分析（SDA）、多元判别分析（MDA）、Z 评分模型等，离散选择 Probit 回归模型、Logit 回归模型已经成为判别银行早期风险的主要方法。Martin（1977）首次将 Logit 模型应用于银行破产影响模型构建之中，以 1970—1977 年美联储成员银行中 58 家困难银行为样本，从 25 个财务指标中选取 8 个财务比率建立了 Logit 模型，以此对分析对象进行风险评估和决策。Demirgüç – Kunt 和 Detragiache（1999）通过建立多元 Logit 模型发现，如果实际利率、通货膨胀率较高，GDP 增长率较低，会显著提高银行危机发生概率；另外一些因素，如财政赤字、贸易冲击以及货币贬值对银行危机基本没有影响。Probit 模型与 Logit 模型在很多地方是类似的，区别在于在 Probit 模型中，假设条件之一是标准正态分布是量化积分；Logit 模型能够比较不同因素的重要性（Demirgüç – Kunt 和 Detragiache，1999；Davis 和 Karim，2008）。从综合来看，在分析银行风险影响因素时，Logit 模型具有独特优势，是当前最为主流的方法之一，而且 Logit 模型中的 Logistic 分布更为简单，现实应用更为广泛，同时也更加容易被解释（Klieštik 等，2015）。

随着大数据时代的到来，数据维度和数据体量呈现爆炸式的增长，特别是出现了很多非结构化数据，使传统统计分析模型的局限越发明显，比如，（1）处理变量间的相关性及共线性是建模之前的基本步骤，而当变量个数增加到一定程度时，处理过程就变得异常复杂；（2）统计方法一般先寻找自变量和因变量的相关性，继而拟定相应函数关系，但是当因变量和自变量之间无法用函数进行描述时，则很难进行深入研究；（3）很多情况下，传统的统计方法依赖一些前提假设，而现实应用中很多假设无法满足，导致模型准确性不高、稳定性无法保障、解释能力弱（张万军，2016）。机器学习技术由于不受变量分布假设的约束，拥有良好的鲁棒性[①]和泛化性，所以目前将机器学习与传统统计模型相结合成为学术界和互联网企业的关注点。

6.2.2.2　区域性风险的量化

区域性风险可以被理解为在某一个特定区域内，由于一些金融机构的金融活动而引发金融损失的现象。在研究商业银行区域性风险时，国外许多学者将法律意义上的银行是否破产定义为被解释变量，采用 Logit 模型，即将银行破产定义为 1，反之设定为 0（Avery 和 Hanweck，1984；Demirgüç–Kunt 和 Detragiache，2005）。然而与国外情况不同，国内政府对银行提供了隐性担保，即使出现资不抵债的情况（所有者权益小于或者等于0），依然会正常运行，因此国外采用法律上破产来定义区域性风险的模式并不适用于国内。基于此，国内学者在研究银行风险时采用了替代方法，林平等（2001）将是否被挤兑作为银行风险的衡量指标，这在我国银行从国有经济体制向市场经济体制过渡时，具有一定的科学合理性。然而，陈鑫云（2017）根据国内银行深化改革后的现状，认为挤兑事件作为虚拟变量具有很大的局限性，不能客观地量化银行破产的概念，并创新地提出了以经济破产的概念作为虚拟因变量来研究银行区域性风险和系统性风险。本书借鉴最新的研究成果，以经济破产为虚拟变量，用权益资产比率来代表发生区域性风险的概率。

---

①　"鲁棒性"是指控制系统在一定（结构、大小）的参数摄动下，维持其他某些性能的特性，即系统的健壮性，是在异常和危险情况下系统生存的关键。

6.2.2.3 区域性风险的影响因素

目前，大多数文献都以系统性风险为入手点，分别从宏观经济层面或微观内部角度来探究其风险影响因素，并没有将两者综合考虑；同时系统性风险与区域性风险联系紧密，其影响因素相似度极高（钱水土等，2016）。从宏观经济层面来看，主要有以下三大类指标：第一类是信贷存量指标，主要有信贷增长率（Bordo 和 Meissner，2012）和信贷与 GDP 之比（Davis 等，2012），这类指标通常会被滞后 i 阶，其结果也不尽相同。第二类是资产价格，由于近些年房产在投资中的比例很高，直接影响了社会经济方方面面的运行，研究过程中运用最多的是房地产价格波动数据（王春丽等，2014）；其次是股票数据（股市收益率、价格波动率），虽然此类数据可获得性相对容易，但是实际效果并不好（Schularick 等，2009）。第三类是 GDP 指标，该指标由于容易获得，且相对准确，因此被广泛应用，但是各类研究结果却又呈现完全相反的两个方面。一方面经济增速突然放慢，银行坏账增加，紧跟着发生银行危机（Hagen 等，2007）；另一方面是经济增长与银行危机并没有必然的联系（Rose 等，2012）。第四类是对外经济指标，如外贸依存度（王春丽等，2014）、对外开放程度（张绍乐，2017）以及国际资本流动等（Jordà 等，2011）。此外，还有财政赤字、地方政府债务增长率、M_2 乘数、高利率等也被用来作为相关指标（王春丽等，2014；Kauko，2014）。

从银行微观内部角度来看，早期国外大多数文献构建的指标主要以银行的资产负债表和损益表为主（Martin，1977；Avery 和 Hanweck，1984）。Demirgüç – Kunt（1989）较早发现资产质量、资本充足率、收益水平是影响银行区域性风险的重点指标。在国内，仲彬等（2002）对区域性风险指标进行了理论探索，提出了兼顾流动性、盈利性、安全性等方面的指标构建原则，并从理论上构建了风险预警系统。之后大量的国内学者对区域性风险防范作出巨大的贡献（郑凯华，2014；陈强，2014；黄学军，2015；钱水土等，2016）。

随着互联网特别是移动互联网的普及，以网络信息技术为代表的科技与产业迅速发展，大量的网络信息能够被采集、筛选、利用。近年来，有相当多的文献讨论了网络信息对金融决策行为的影响。Karlan（2005）提供了网络信息影响个体信贷决策的证据。Zhang 等（2011）分析了每条 Twitter 所包含的积极情绪和消极情绪，构建一个自变量（总 Twitter 数量中包含情绪的 Twitter 数量所占的比例），发现这个自变量与芝加哥期权交易所波动率指数显著正相关，但与标普 500 指数、纳斯达克指数以及道琼斯指数均显著负相关。国内学者金雪军等（2013）利用文本挖掘技术来处理非结构化数据，探讨中小投资者在股票论坛的讨论与股票收益率与成交量之间的相关关系。杨晓兰等（2016）以新浪财经博客为数据来源，利用网络爬虫技术实时爬取网络博客数据，定量描述投资者基于博客进行社会互动的程度及其情绪倾向，进一步检验了行为金融学中社交互动对股票市场的影响。国内外学者已有的研究充分表明了网络信息对金融行为的重要性，同时随着党的十九大行动纲领和发展蓝图的出台，明确提出要建设"网络强国、数字中国和智慧社会"，推动数字化和实体经济深度融合，认识到数据的价值并深入挖掘，有效利用网络信息必将成为未来金融研究的热点。对于区域性风险来说，传统的风险指标构建中缺乏具有网络信息的代表性影响因素，目前尚未有学者对其展开深入研究。本书将对传统风险指标进行优化，并加入网络信息指标（如互联网舆情数据、微信、微博、博客以及交易类、社交类 App 的行为数据）来刻画区域性风险的影响因素。

虽然对银行区域性风险研究的系统性还不够，但学术界对区域性金融风险的研究由来已久，并提出了很多科学客观的规避风险的方法。本书在学习借鉴现有文献资料的基础上，通过选取科学、合理、适时的区域经济金融发展评价指标，构建相对完整、多元化的银行区域风险评价指标体系，为做好银行区域风险识别、计量和控制打好基础。

6.3　商业银行区域性风险指标体系构建

本书参照国内外文献，将区域性风险影响指标分为宏观经济指标和商业银行内部指标两大类，同时利用爬虫等现代信息技术，在传统金融指标的基础上引入最新的网络信息因素。

6.3.1 宏观经济指标

从宏观经济指标来看，本书主要考虑外部发展环境对区域性风险的影响，并以月度为时间单位，以省或者市为样本区域分界，从以下 4 个角度来刻画。

第一，经济总量。金融风险是否会发生跟经济环境密切相关，本书采用地区生产总值增长率代表经济发展环境，预期该指标与商业银行区域性风险具有负相关关系。不同银行在业务发展过程中，均有侧重点，一、二、三产业分布呈现一定的特征。以邮储银行为例，致力于服务"三农"，而随着现代化的进步，农业在整个经济体系中的比重有所下降，这也使邮储银行服务"三农"的潜在风险可能也会相应增加。基于邮储银行扎根"三农"、服务"三农"的特点，可以将第一产业在生产总值中的比重纳入指数模型，预期该指标与邮储银行的区域性风险具有正相关关系。如果是其他类型的银行，可以依据该银行业务重点领域，选择相应的产业比重，纳入该银行的区域性风险指数。

第二，经济动力。经济发展离不开政府，政府财政支出的增加有助于改善金融市场的环境，促进经济健康发展。本书将财政支出增长率作为指标之一，预期其与商业银行区域性风险呈负相关关系。固定资产投资是经济发展的重要引擎，同时由于现在我国融资结构偏向于以银行为主的间接融资，直接融资所占总融资比例较小，固定资产投资的增长大多数表现为日益增长的银行贷款需求，故本书以固定资产投资增长率作为指标之一，预期其与商业银行区域性风险呈正相关关系。随着国际化进程的不断深化，特别是东部沿海地区对外贸出口依存度较大，容易受到来自外部经济的影响，故本书考虑将外贸依存度纳入指标体系，预期该指标与商业银行区域性风险呈正相关关系。

第三，区域性金融总量。商业银行的物理网点的建立和核心业务发展，受该地区金融环境影响很大。假如此区域贷款占生产总值的比重过大，那么贷款支持实体经济的效率将会下滑，贷款风险也会增加；同时，过高的比重意味着后续贷款业务继续增长的可能性也在降低。本书采用该区域所有贷款占生产总值比重这一指标，预期该指标与商业银行区域性风险呈正相关关系。存款是商业银行最主要的负债来源，随着互联网金融业务的发展，当前银行存款流失现象比较明显，而存款可以为贷款等资产业务提供资金来源，存款的增加可以提高银行存贷款比例，降低银行流动性风险，本书采用该地区的存款增长率作为指标，预期该指标与银行区域性风险呈负相关关系。当然，从另一个角度来看，贷款的增加有助于银行增加收入，从而提高银行风险覆盖力，故本书采用该地区的贷款增长率作为指标，预期该指标与银行区域性风险呈负相关关系。此外，银行理财业务的发展也会对区域性金融产生影响，故本书将银行理财杠杆率作为指标，预期该指标与商业银行区域性风险呈正相关关系。不同区域经济有着不同的行业特色，某地区的失业率增加，可能意味着这个地区相应行业的衰退，借贷中的实际还款能力变弱，增加了区域性风险，故本书采用失业率指标，预期该指标与银行区域性风险呈正相关关系。同时，由于近年来房地产市场持续火爆，其价格指数影响着银行房贷业务，而房贷业务的风控也是银行资产业务的主要关注点，故本书采用该地区房地产价格指数作为指标，预期该指标与银行区域性风险呈正相关关系。

第四，互联网情绪。从网络信息来看，随着网络爬虫等领域的快速发展，网络数据的采集越来越方便，谷歌利用网络流感类的搜索量来探究美国的流感与看诊量之间的关系，阿里利用淘宝数据分析平台来挖掘潜在消费力，可见互联网数据的价值越来越重要。

互联网情绪指标需要基于互联网的真实行为数据，将包括官方评论、各大论坛（如19楼）、百度贴吧、微博等在内的文本数据作为研究对象，利用情绪倾向分析进行文本挖掘以构造互联网情绪指标。

（1）媒体导向。利用爬虫技术对各大权威性财经类官网（如21经济网、网易财经、人民网等）爬取网络信息，并利用人工和计算机算法（如KNN）对爬取数据进行分类，例如：

表 6 – 1　　　　　　　　　具有代表性的媒体标题分类

类别	样例
积极	经济企稳，企业效益提升，盈利增加，银行不良贷款形势明显改善
	银行理财产品发行回暖，发行数量、收益率同时上升
	银行业金融机构资产同比增长6%
中立	货币政策框架加速转型
	数字货币愈加普及，给金融监管部门带来了怎样的挑战

类别	样例
消极	银行坏账率被低估，出现通胀风险；货币超发太多，后果严重
	多家上市银行股东持股比例超越"拟定警戒"，接盘门槛高
	金融风险尚处易发高发期

本书将 t 日媒体报道中情绪倾向为"积极"的新闻数量记为 $M \cdot pos_t$，"消极"的新闻数量记为 $M \cdot neg_t$，情绪指数变量 sentiment 的构造规则如下（Antweiler 和 Frank，2004）：

$$sentiment_t = \ln[(1 + M \cdot pos_t)/(1 + M \cdot neg_t)] \qquad (6.1)$$

当一天内积极情绪的媒体报道累计数量等于消极情绪报道的数量时，情绪指标为零；当积极情绪的媒体报道数量大于消极情绪报道数量时，情绪指标值大于零；反之，则小于零。由于本书考虑的对象以月度数据为最小时间单位，即可对每日的情绪指数进行求和。本书采用媒体导向的情绪指数作为指标，预期该指标与银行区域性风险呈负相关关系。

（2）网民情绪。宽带的基础设施已经完善，移动互联网在智能手机的普及下迅速进入全面化阶段，互联网已经与人们的生活有机融合。中国众多的网民是一个巨大的基数，也是我国金融发展过程中难得的人口红利。而随着博客、微博、论坛以及贴吧等互联网产品的落地，网民们有更加多元的途径对周边事物或者一些热点话题进行评论。本书利用爬虫技术爬取网民评论的文本信息，并利用计算机方法或人为方法对其进行分类（见表6-2），从而间接地反映网民的情绪（方法同媒体导向的情绪指数确定方法）。本书采用网民情绪作为指标，预期该指标与银行区域性风险呈负相关关系。

表6-2　　　　　　　　　　具有代表性的帖子分类

类别	样例帖子
积极	现在银行的非保本理财产品年化收益率都挺高的
	我买了10万元的理财，产品的风险很小
	这个产品很抢手，大家赶紧跟进吧
中立	新手买理财，请高手推荐
	哪位朋友给推荐个理财产品呢

续表

类别	样例帖子
消极	哈哈，你又被套牢了
	发帖明誓，以后绝对不做风险交易了
	这个产品的时长太久了

6.3.2 银行内部层面指标

从商业银行内部层面来看，指标的选取具体从以下 5 个角度来分析。

第一，业务发展。对于单一银行来说，贷款业务的增加意味着盈利能力在提升，化解风险的能力在增强。本书选取贷款增长率指标衡量银行业务发展状况，预期该指标与银行区域性风险呈负相关关系。贷款能否收回、贷款的质量如何直接关系到银行信贷风险，本书考虑逾期率指标，预期该指标与商业银行区域性风险呈正相关关系。

第二，业务结构。业务结构指不同类型业务所占的比重，能否形成合理的业务结构会影响银行风险。在我国，中间业务的发展比例还不够高，贷款仍然是各家银行的主要业务，所以存贷差产生的利息收入是银行最主要的收入。本书选择非利息收入比重和贷款资产比两个指标，预期两者与银行区域性风险均呈正相关关系。而随着普惠金融的落地以及 P2P 行业发展带来的影响，传统商业银行也逐渐放宽了小微贷的标准，本书将小微经营贷款用户数纳入指标体系，预期该指标与商业银行区域性风险呈正相关关系。同时，部分地区推出了符合区域特色的理财产品，故本书将区域性理财产品销售量在总销售量中的比例纳入指标体系，预期该指标与银行区域性风险呈负相关关系。

第三，风险抵补。发生风险后，银行自身的抵补能力是化解风险的有效保障，银行核心资本和附属资本、损失准备金是弥补损失的天然屏障。本书选择银行资本充足率、不良贷款拨备覆盖率两个指标，预期这两个指标与商业银行区域性风险均呈负相关关系。

第四，收入盈利。盈利能力除了与收入有关，还取决于成本，通过控制成本能提升银行的盈利能力，增强银行的风险抵补能力。本书采用成本收入比和净资产收益率两个指标，预期这两个指标与银行区域性风险均呈负相关关系。

第五，App 移动端。随着移动互联网的发展与创新，商业银行将业务拓展重点推向移动端，通过 App 提供更加便捷的金融理财服务，与传统线下网点运营有很大差别，成为全新的增长点。关于 App 行为数据，通过用户的开户行对移动端后台的数据进行划分，从而凸显区域特征。首先，用户与客户还是有差别的，客户量是维持银行发展的生命线，新金融形势下购买移动理财产品的客户量，可以用用户的开户行来划分，筛选出通过移动端参与互联网投资理财的人数，预期该指标与银行区域性风险呈负相关关系。再者，利用同一个时间段内同一个开户行不同用户借贷所选择的期限，可以得到一个综合的平均期限，即移动端平均借款期限，预期该指标与商业银行区域性风险呈正相关关系。由于很多银行 App 中"客户之声"的栏目中对留言类型设置为建议、投诉、表扬以及咨询四类，其中"表扬"代表着客户积极的情绪，"投诉"代表着客户消极的情绪，故本书将构建"客户之声"情绪指数变量（具体构建方式与互联网情绪构建方式一致），预计该指标与银行区域性风险呈负相关关系。

6.3.3 指标体系

机器学习（Machine Learning，ML）是随着数据量的剧增新兴的一门多领域交叉型学科，通过计算机强大的功能来模拟或实现人类的学习行为，从而获取新的知识，重新组织已有的知识结构和技术技能，不断改善自身性能。本书基于表 6 – 3 的两大类 26 个指标，使用机器学习理论，结合随机森林模型（Random Forests，RF）[①] 和 Logistic 模型，构建 RF – L 模型，生成了一系列具有区域性风险评估能力的基分类器（子模型），然后通过 XGboost 模型对具有不同风险评估能力的子模型进行集成，最终增强模型的评估效果。

---

① 随机森林（Random Forests，RF），指的是利用多棵树对样本进行训练并预测的一种分类器；形式上是用随机的方式建立一个森林，森林里面有很多的决策树组成，随机森林的每一棵决策树之间是没有关联的；在得到森林之后，当有一个新的输入样本进入的时候，就让森林中的每一棵决策树分别进行一下判断，看看这个样本应该属于哪一类（对于分类算法），然后看看哪一类被选择最多，就预测这个样本为那一类。

表 6 - 3   商业银行区域性风险影响因素

一级指标	二级指标	预期符号
区域宏观经济指标	GDP 增长率	-
	第一产业在生产总值中的占比	+
	财政支出增长率	-
	固定资产增长率	-
	外贸依存度	+
	贷款占生产总值的比重	+
	存款增长率	-
	贷款增长率	-
	银行理财杠杆率	+
	失业率	+
	房地产价格指数	+
	媒体导向的情绪指数	-
	网民情绪	-
区域商业银行内部层面指标	贷款增长率	+
	逾期率	+
	非利息收入比重	+
	贷款资产比	+
	小微经营贷的用户数	+
	区域性理财产品销售量在总销售量中的占比	-
	成本收入比	+
	净资产收益率	-
	资本充足率	-
	不良贷款拨备覆盖率	-
	通过移动端参与互联网投资理财的人数	-
	移动端平均借款期限	+
	"客户之声"情绪指数	-

6.3.4 被解释变量的构建

随着金融机构市场化退出机制日趋健全，体制日益完善，如果银行长期处于经济破产边缘，将会逐步被法治化破产重组或者处置。本书将经济破产定义为虚拟变量，设定研究现象包括发生和不发生银行区域性风险两种情况，为进行回归分析，将 Y_{it} 设为虚拟变量，其中 i 代表着个体，t 代表着时间，当该现象发生时，Y_{it} 取 1，反之则取 0。鉴于事件发生的概率在 0~1，因此引进一个不可观测的变量 Z_{it} 来代替 Y_{it}，当 Z_{it} 大于 0 时，Y_{it} 取 1，反之则取 0。本书定义 Z_{it} 为区域性银行的权益资产比率，公式为（所有者权益 − 不良贷款）/总资产，其中钱水土（2016）将所有者权益定义为：实收资本、资本公积金、盈余公积金、一般风险准备以及未分配利润的总和与未弥补历年亏损的差值，并且将银行破产的临界值设定为 0。该指标适用于区域性中小银行，如果研究全国性的股份制银行，建议用不良贷款率与该银行全国不良贷款比率的平均值进行对比，来分析区域性风险是否发生。

6.4 基于 XGboost 集成学习的区域性风险评估模型

6.4.1 基于互联网文本的情绪指标构建

根据知识获取方式的不同，文本可以分为两种，一种是基于 KE（Knowledge Engineering）的分类系统，另一种是基于 ML（Maching Learing）的分类系统。ML 是基于统计机器学习的文本分类方法，优势体现在准确性和稳健性方面，因此本书采用基于 ML 的方式。文本情绪倾向分析的过程可分为以下几个步骤，具体见图 6 - 1。

图 6 - 1 文本分类

本书涉及的互联网文本信息可以分为三类，即媒体导向情绪、网民情绪和用户情绪，大数据指标构建方法如下。

步骤 1：数据清洗

通过数据清洗的工作可以对文本数据进行预处理，提取与研究相关的关键字段信息。网民的原始数据和媒体导向数据预估主要包含 URL、发布时间、用户昵称、导航信息等各类杂质数据，需要进一步提取其中的发布时间、新闻主标题、摘要、帖子名称等关键信息字段。

步骤 2：训练集提取

从全体样本数据集中，随机抽取 40% 的信息作为训练集，对文本信息的情感倾向基于情感词典进行分类。媒体、网民和用户的文本信息的处理方式与此相同。

步骤 3：SVM 文本分类模型训练

基于训练数据集，形成 SVM 文本分类模型。

步骤 4：应用测试集

将步骤 3 中基于训练集建立的情绪分类 SVM 算法规则，用于剩余的测试样本数据，获得媒体导向的每一条新闻报道情绪、网民的每一条文本情绪和 App 用户的情绪。

步骤 5：情绪指标构建

对媒体导向信息、网民信息和用户文本信息，基于前述式（6.1）的情绪构建规则，形成三者的每月情绪指标。

6.4.2　RF－L 基分类器

机器学习技术由于不受变量分布假设的约束，拥有良好的鲁棒性和泛化性，不足在于模型的逻辑复杂，不易于直观展示和解释变量的风险特性。在稳定性和可解释性方面，传统的风险评估模型有独特优势，在各类金融场景中已经被广泛使用。本书的基分类器建模考虑将机器学习算法和传统风险评估模型进行适当结合，构建组合评估模型，发挥两者的优点，得到适用于大数据环境下的、分类精度高、稳定性好、解释力强的风险评估模型。

基分类器机器学习算法采用随机森林模型，随机森林模型的优点是可处理的变量维度多、分类精度高，由于单棵决策树和随机森林的生成过程是一个黑箱，建模指标的可解释性和易读性不强，不利于直接说明变量的风险特性。基于此，本书采用 Logistic 回归模型，该模型相对比较稳定。本书将两者结合起来，生成风险分类评估子模型，称为 RF－L 模型。

在进行 Logistic 统计建模前，首先利用随机森林模型中的决策树对构建的

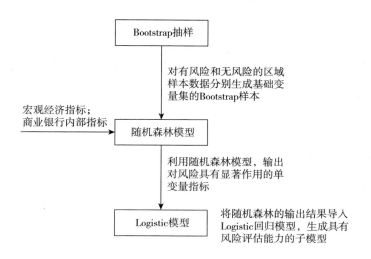

图 6 - 2　RF - L 风险评估模型流程图

26 项风险指标进行变量的选择，根据森林树修剪后的结果得到重要节点风险指标，将输出的显著量化指标导入 Logistic 回归模型中进行统计建模，从而确定显著风险因子的风险权重。RF - L 模型克服了单独使用随机森林模型或 Logistic 模型的缺点，发挥二者的优势，建立了一个适用于大数据环境下的 RF - L 风险评估模型。

6.4.3　XGboost 集成学习框架

　　集成学习是基于统计模型理论的机器学习方法，能极大地提升分类器的准确率和算法的泛化能力。如图 6 - 3 所示，其基本思想是先训练 K 个基分类器，然后根据一定的组合策略，最后形成一个强学习器，达到所有优势的集中统一。

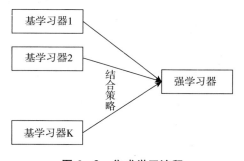

图 6 - 3　集成学习流程

Boosting、Bagging 和 Random Forest 是常见的集成学习方法，按同质基学习器依赖关系是否成立划分，集成学习算法主要包括两类：第一类是一系列的基学习器之间存在依赖关系，需要串行生成，可以使用 Boosting 系列算法；第二类是基学习器之间不存在强依赖关系，需要通过并行生成，可以使用 Bagging 和 Random Forest 系列算法。

本书拟采用 XGboost 集成学习算法，XGboost（eXtreme Gradient Boosting）是在 GBDT（Gradient Boosting Decision Tree，梯度提升决策树）的基础上对 Boosting 进行改进后的一种算法。Boosting 模型具体如式（6.2）所示

$$D = \{x_i, y_i\}(|D| = n, x_i \in R^m, y_i \in R)$$

$$\hat{y}_i = \phi(x_i) = \sum_{k=1}^{K} f_k(x_i), f_k \in F \tag{6.2}$$

其中，D 为数据集，即影响商业银行区域性风险因素的指标体系数据和风险评价结果，n 为样本量，其中每棵树都是一个树模型，可用式（6.3）表示

$$F = \{f(x) = w_{q(x)}\}(q:R^m \rightarrow T, w \rightarrow R^T) \tag{6.3}$$

其中，$q(x)$ 代表的是研究单位 x 中树模型叶子节点的映射关系；w 是树模型中用来拟合属于各自叶子节点的样本的预测值。基本逻辑思路是：首先，根据 RF-L 基学习器 1 的误差率来调整更新训练样本的权重，使弱学习器 1 中学习误差率较高的训练样本点的权重变高，在弱学习器 2 中更加重视这些误差率高的点；其次，基于调整权重后的训练集来继续训练弱学习器 2，并一直重复下去，直到弱学习器数与预先给定的数目一致；最后，将以上若干个弱学习器通过结合策略进行不断整合，得到评价商业银行区域性风险的强学习器。

与 GBDT 相比，XGBoost 的优点是速度快、效果好、支持大规模数据处理等，近年来在大数据建模竞赛和实际中得到广泛使用。由于 XGboost 能利用 CPU 多线程并行构建回归树，因此其运行速度比同类算法快 10 倍以上。XGboost 的优点还包括目标函数，为防止模型过度拟合，XGboost 的目标函数由复杂度和损失函数两部分组成，复杂度又由叶子数量和 L2 正则①组成；传统

① 机器学习中 L2 正则假设参数的先验分布是 Gaussian 分布，可以保证模型的稳定性，即参数的值不会太大或太小。

的 GBDT 对损失函数只使用一阶导数信息，而 XGboost 要进行二阶泰勒展开，使得算法更快收敛到全局最优。

6.4.4 基于 XGboost 的集成学习算法流程

本书采用 RF－L 作为 XGboost 集成学习的基分类器，构建基于 RF－L 模型的 XGboost 集成学习区域性风险评价模型，具体算法的设计流程如下：

输入：

数据集：n 个训练样本的数据集，包含银行区域性风险指标体系数据和风险评价结果。

迭代次数设置为 T；

学习效率参数为 v；

基分类器 C（RF－L），运用随机森林模型选择影响区域风险的重要指标，导入 Logistic 模型进行风险权重估计。

算法：

STEP1：利用 ACROA 算法在数据集 D 上求得 XGboost 模型的最优参数，包括 shrinkage、min_ child、wight；

STEP2：利用求得的最优参数构建 XGboost 模型；

STEP3：迭代求解 RF－L 的最优解；

STEP4：直到达到迭代上限，结束循环。

输出：强区域性风险评价分类器的组合 $\hat{F}(x)$

结果的应用：

（1）通过对模型自变量 X 的筛选，构建适应大数据时代数据生成和数据计算的自变量。

（2）通过机器学习，强化模型的学习能力，分析影响区域性风险的最关键因素，可以有针对性地开展风险管理工作。

（3）通过预测因变量，判断区域性风险的严重程度，为监管部门非现场监管提供技术支持。

（4）样本的范围可以以省或者市来划分，时间可按照月度或者更长维度来划分，以满足具体需要。

6.5 结论及数字普惠金融发展对策

本书主要基于大数据的视角，从理论上对银行区域性风险的影响因素进行了模型构建的尝试，并且为商业银行区域性风险评价和预警提供参考思路。该理论模型的构建重点兼顾适用性、科学性、前沿性和可操作性四大特点，主要表现为：（1）考虑到"互联网＋"背景下，网络信息的地位越来越重要，可以利用网络爬虫、文本挖掘等技术去发现、分析以及利用网络信息，本书提供了文本类数据的爬取、清洗及量化，丰富了原有度量模型的指标体系。（2）指标从宏观和微观两个角度，在原有传统指标优化后，结合大数据时代的特征，充分考虑区域性、时效性、精确性，构建涵盖大数据源和大数据技术应用的指标体系，并利用基于统计机器学习的文本分类方法，客观量化互联网情绪倾向等非结构化数据。（3）以大数据技术建模，尽量通过先进的信息技术手段来代替人为的主观判断，利用互联网行业内目前主流的集成算法提高模型的精确度，探索了机器学习主流的算法在风险度量中的应用，具有较强的前瞻性。

但是，在度量和评价区域性风险时，对于全国性的商业银行和区域性商业银行来说，在功能、指标设计、可采集指标方面是有差异的；用于银行自身经营还是政府监管，需求点也存在一定差异。本书提供了一种探索、一种技术层面的应用指导，尚需要在实践应用过程中，不断加强数据的获取和数据的存储，加强模型的自我学习能力，在应用的过程中逐步完善。

数字普惠金融与绿色金融、科技金融、金融科技是一脉相承、密不可分的。比如，绿色金融可以让普惠金融更加绿色、普惠金融可以让绿色金融更加普惠。数字普惠金融的提供商银行、保险、证券、期货期权也是要相互衔接的，这样才能构成良好的数字普惠金融生态体系。这也体现为数字普惠金融的风险与所有的金融机构都是息息相关的，所以从不同角度来研究金融业务的风险都体现了数字普惠金融风险控制的应有之义。随着大数据技术的应用，为银行度量区域性风险提供了更多的数据来源和更先进的分析手段，本质上也为数字普惠金融的风险度量提供了新的视角，对于促进地区数字普惠金融的发展尤其重要。

参考文献

[1] 吴金旺，顾洲一. 机器学习理论在商业银行区域性风险影响因素度量中的应用研究 [J]. 财务与金融，2018（3）.

[2] 钱水土，陈鑫云. 农村信用社区域性风险影响因素分析——基于面板数据 Logit 模型 [J]. 金融研究，2016（9）.

[3] 张万军. 基于大数据的个人信用风险评估模型研究 [D]. 对外经济贸易大学，2016.

[4] 林平，赵永伟. 农村信用社信用危机预警体系研究 [J]. 金融研究，2001（6）.

[5] 陈鑫云. 农村信用社系统性风险管理研究 [D]. 浙江工商大学，2017.

[6] 王春丽，胡玲. 基于马尔科夫区制转移模型的中国金融风险预警研究 [J]. 金融研究，2014（9）.

[7] 张绍乐. 自贸区综合发展水平影响因素评价研究 [J/OL]. 区域经济评论，2017（6）.

[8] 仲彬，刘念. 金融风险预警系统的理论与实践探讨 [J]. 金融纵横，2002（3）.

[9] 郑凯华. 基于区域性风险防范的金融生态建设研究 [D]. 湖南大学，2014.

[10] 陈强. 商业银行区域风险评级研究——基于聚类分析和多元有序 Probit 模型 [J]. 上海金融，2014（10）.

[11] 黄学军. 商业银行风险承担的度量及其关联效应研究 [D]. 湖南大学，2015.

[12] 金雪军，祝宇，杨晓兰. 网络媒体对股票市场的影响——以东方财富网股吧为例的实证研究 [J]. 新闻与传播研究，2013（12）.

[13] 杨晓兰，高媚，朱淋. 社会互动对股票市场的影响——基于新浪财经博客的实证分析 [J]. 证券市场导报，2016（7）.

[14] 刘春航，朱元倩. 银行业系统性风险度量框架的研究 [J]. 金融研究，2011（12）.

[15] Peek J, Rosengren E S. Collateral Damage: Effects of the Japanese Bank Crisis on Real Activity in the United States [J]. American Economic Review, 2000, 90 (1): 30 – 45.

[16] Canbas S, Cabuk A, Kilic S B. Prediction of commercial bank failure via multivariate statistical analysis of financial structures: The Turkish case [J]. European Journal of Operational

Research, 2005, 166 (2): 528 – 546.

[17] Martin D. Early warning of bank failure : A logit regression approach [J]. Journal of Banking & Finance, 1977, 1 (3): 249 – 276.

[18] Demirgüç – Kunt A, Detragiache E. Monitoring Banking Sector Fragility: A Multivariate Logit Approach [J]. World Bank Economic Review, 1999, 14 (2): 287 – 307.

[19] Davis E P, Karim D. Could Early Warning Systems Have Helped to Predict the Sub – Prime Crisis? [J]. National Institute Economic Review, 2008, 206 (206): 35 – 47.

[20] Klieštik T, Kočišová K, Mišanková M. Logit and Probit Model used for Prediction of Financial Health of Company [J]. Procedia Economics & Finance, 2015, 23: 850 – 855.

[21] Avery R B, Hanweck G A. A dynamic analysis of bank failures [J]. Gerald Hanweck, 1984, 40 (4): 399 – 403.

[22] Demirgüç – Kunt A, Detragiache E. Cross – Country Empirical Studies of Systemic Bank Distress: A Survey [J]. National Institute Economic Review, 2005, 192 (192): 68 – 83.

[23] Bordo M D, Meissner C M. Does inequality lead to a financial crisis? [J]. Journal of International Money & Finance, 2012, 31 (8): 2147 – 2161.

[24] Schularick M, Taylor A M. Credit Booms Gone Bust: Monetary Policy, Leverage Cycles, and Financial Crises, 1870—2008 [J]. Cepr Discussion Papers, 2009, 102 (2): 1029 – 1061.

[25] Hagen J V, Tai – Kuang H O. Money Market Pressure and the Determinants of Banking Crises [J]. Cepr Discussion Papers, 2007, 39 (5): 1037 – 1066.

[26] Rose A K, Spiegel M M. Cross – country causes and consequences of the 2008 crisis: Early warning [J]. Japan & the World Economy, 2012, 24 (1): 1 – 16.

[27] Òscar Jordà, Schularick M, Taylor A M. Financial Crises, Credit Booms, and External Imbalances: 140 Years of Lessons [J]. Imf Economic Review, 2011, 59 (2): 340 – 378.

[28] Kauko K. How to foresee banking crises? A survey of the empirical literature [J]. Economic Systems, 2014, 38 (3): 289 – 308.

[29] Demirgüç – Kunt A. Deposit – Institution Failures: A Review of Empirical Literature [J]. Economic Review, 1989, 25 (Q IV): 2 – 18.

[30] Karlan D S. Using Experimental Economics to Measure Social Capital and Predict Financial Decisions [J]. American Economic Review, 2005, 95 (5): 1688 – 1699.

[31] Zhang X, Fuehres H, Gloor P A. Predicting Stock Market Indicators Through Twitter "I hope it is not as bad as I fear" [J]. Procedia – Social and Behavioral Sciences, 2011, 26 (26): 55 – 62.

[32] Antweiler W, Frank M Z. Is All That Talk Just Noise? The Information Content of Internet Stock Message Boards [J]. Journal of Finance, 2004, 59 (3): 1259 – 1294.

7 大数据在数字普惠金融创新中的应用案例2：商业银行中小微客户信用风险评估及高风险客户识别研究

7.1 引言

"银行稳则金融稳，金融稳则经济稳"，"太大而不能倒，太关联而不能倒"，商业银行作为金融市场中重要的组成部分，属于系统性重要金融机构和风险传导的主要来源方，在整个经济发展过程中，不仅承担着吸收存款、发放贷款等基本职责，还要发挥正确引导货币流向、提高资金的使用效率以及调节社会对资金的需求量等作用，俨然已成为国民经济发展中的关键因素。一国经济的健康发展，特别数字普惠金融创新、平稳、高效的发展，离不开一个高效稳健的银行业运行系统，而维持该系统稳定运行的关键在于该领域的风险管理。

2006年初，《巴塞尔新资本协议》开始逐步实施。该协议将银行业面临的风险分为8个方面，其中信用风险是最主要的风险，占据银行总风险的近60%，自此银行业信用风险研究开始受到了各国专家、学者以及政府部门的高度关注。2019年2月，由中国银行业协会和普华永道联合发布的《中国银行家调查报告（2018）》中明确指出，"信用风险管控"仍然是银行业一个重点方向；《中国银行业发展报告（2019）》中指出，整个2018年，我国商业银行处置、核销不良资产接近2万亿元，较2017年出现大幅增加现象，该报告认为国内信用风险防控仍然面临诸多问题。因此，科学客观地评估银行业的信用风险对商业银行的管理以及发展有着举足轻重的作用。

传统的商业银行信用风险评估主要通过银行从业人员线下收集个人年龄、

职业和个人账户以及是否有法律诉讼等基本信息，并依靠自身的市场经验进行主观判断，该方式存在着效率低、周期长以及准确率难以保障等缺点。近年来，随着互联网的普及以及信息技术的发展，以大数据、人工智能（AI）、云计算为代表的互联网技术，给当前社会发展带来了巨大的变革。与此同时，面对爆炸式增长的数据量和业务量，传统的商业银行信用风险评估方式已经无法满足当下商业银行信贷业务发展的需要，大数据风控成为新的趋势。因此，如何利用海量数据，实现数据价值，让数据说真话，是当前大家关注的焦点。

随着大数据与人工智能（AI）技术的蓬勃发展，"利用AI为各行各业赋能"已不再仅仅是一句口号，机器学习、深度学习等大数据技术正迅速进入各行各业，为各行各业的发展插上了人工智能的翅膀。现阶段，大数据技术助力各行各业发展主要体现在两个方面：一方面AI为企业决策提供了更加科学的决策依据；另一方面AI为企业的生产经营提供了更有效率的方式，并大幅降低了企业的生产经营成本。因此，如何借鉴企业已有的人工智能技术，并依托商业银行现有的海量数据源，形成一套具有多元化、实时性、高价值等多特性的大数据风控体系是值得进一步深入研究的问题，从而为数字普惠金融的实践更好地护航。

7.2 理论基础

7.2.1 关于商业银行信用风险的研究

信用风险又称违约风险，主要是指借款人、证券发行人或交易对手由于各种原因，不愿意或者没有能力履行合同条件而作出了违约行为，从而迫使银行、投资者或交易对手遭受损失的可能性。《巴塞尔新资本协议》中明确提到，银行业面临的主要风险包括信用风险、市场风险、操作风险、流动性风险、利率风险、法律风险、声誉风险、国家风险和转移风险九类，其中信用风险是最关键、最复杂的风险，约占银行总体风险的60%。因此，控制信用风险本身的大小和质量决定着银行盈利水平的高低，对银行业长期稳定发展有着至关重要的影响。早期，商业银行往往将信用风险等同于信贷风险，而实际上信贷风险只是信用风险的重要组成部分。但是，随着商业银行业务的演变与发展，信用风险不仅仅出现在贷款中，也发生在担保、承兑和证券投资等表内、表外业务中。考虑到商业银行主营存贷款业务，信贷风险一直是商业银行信用风险管理的主要对象，因此，学者们通常认为狭义的信用风险就是指商业银行贷款业务所面临的信用风险，即信贷风险。本书所称的信用风险主要是指狭义信用风险。

7.2.2　关于商业银行信用风险影响因素的研究

学者们对商业银行信用风险影响因素的相关研究主要分为内因和外因两个方面。其中，内因主要是指客户的基本信息，如年龄、性别、受教育程度、月收入等；而外因包括行业发展、国家政策等宏观因素。

内因方面，国外学者 Copestake（2007）指出贷款申请者的年龄和性别将会影响客户信用；Vandell 和 Thibodeau（2010）的研究发现：客户基本信息中的职业、从业年限、是否结婚对于客户信用风险有显著的影响。国内学者在商业银行信用风险影响因素研究领域起步较晚，但也颇有成果，如王颖等（2012）认为影响商业银行客户违约概率的主要因素包括个人基本特征、还贷能力、信用记录等多个方面；方匡南等（2014）将客户内因精细化，并发现具有高中学历、年龄小于 25 岁、未婚、初级职称等特征的客户违约概率较大；吴金旺和顾洲一（2018）指出影响客户信贷风险最主要的五个因素分别为：合同期限、银行服务年数、贷前 6 个月月均贷方发生额、贷记卡最近 6 个月平均使用额度以及贷款最近 6 个月平均应还款额。

外因方面，国外学者 Salas 和 Saurina（2002）指出宏观经济政策会对商业银行信贷风险产生影响，同时 GDP 增长也会对银行贷款损失产生重要影响；Hassani 等（2019）的研究发现，流动性风险会影响到信贷风险，两者之间呈负相关关系。国内学者邱兆祥和刘远亮（2011）研究了宏观因素对商业银行信用风险的影响，结果表明：GDP 增长率、通货膨胀率以及货币供应增长率均对商业银行信用风险产生影响；周南和黎灵芝（2015）分别从存款流失、资金成本上升以及缩紧货币政策等方面来分析它们对商业银行信用配置体系所产生的影响。

7.2.3 关于商业银行信用风险防控方面的研究

国内外商业银行信用风险贷前评估技术的发展大致可以分为三个阶段：比例分析法、统计分析法以及人工智能，即从主观定性分析走向客观定量分析（侯春霞，2018）。在比例分析法阶段，信用风险评估方法将商业银行的信用风险与贷款企业"是否发生违约行为"等同起来，采用所谓的"经济主义方法论"。其基本思想是，通过研究并挖掘"违约类"企业样本和"非违约类"企业样本的特征，建立判别公式，进而对新样本进行分类。这一阶段出现的信用风险评估方法主要包括"5C""5W""5P"要素分析法、杜邦财务分析体系和沃尔比重评分法等。但是，无论上述哪一种方法，在本质上都大同小异，它们的共同之处都是对每一个要素逐一进行评分，对信用指标进行量化，从而确定每一名客户的信用等级。该信用等级则被作为是否向客户贷款、贷款的标准和贷后跟踪监测期间的政策调整依据（陈诚高，2006）。在统计分析法阶段，Altman（1968）提出 Z 计分模型，以制造业财务比率为基础来衡量信用风险，并且 Altman 和 Saunders（1997）在 Z 计分模型的基础上提出了 ZETA 信用风险模型，这两个模型是当时众多信用风险评估方法和模型中最为经典的。针对以上两类经典的信用风险模型，学者们之后也给出了很多关于数理方面的具体方法，如判别分析法、Logistic 回归分析法（陈诚高，2006）。相比于比例分析法，统计分析法克服了前者的缺陷，但是自身也存在不足，最为常见的不足是对数据分布要求严格，通常要求数据集符合某种假设，而现实生活中所收集的数据往往是多变的，无法满足特定的分布要求。

随着银行业信贷业务的快速增长以及客户信用信息爆炸式的发展，形成了复杂的数据资源，这也使得传统的信用风险评估方法需要作出改进。随着信息技术水平的发展以及数据量的飞速增加，人工智能方法被引入到了信用风险评估中。国外学者 Hashemi 等（1998）采用神经网络和粗糙集理论对银行信用风险进行预测并得到了较好改进；Ferreira 等（2019）对消费者信用风险的体系进行优化，并利用集成方法得到价值信息；国内学者杨保安和季海（2001）设计了 BP 神经网络模型决策工具，通过实验设计表明该方法的优越性。但是，随着人工智能技术的不断发展，上述方法在预测精度和准确性等方面还有待进一步提高。

本书以数字普惠金融践行代表 A 商业银行海量客户信贷数据为例，创新性地考虑了 20 个微观变量，克服了现有文献中客户信用风险评估变量少、变量缺乏实际业务性质的特点，使用非平衡类数据挖掘方法（SMOTE 算法），采用随机森林方法对变量进行重要性评分与筛选，增加变量选择的客观性，最后基于 Logistic 模型分析影响客户信贷风险的最主要因素。同时，本书还利用人工智能技术对我国 A 银行的信贷数据建立客户申请评分模型，运用该模型对新客户的违约概率进行预测，并在训练集和测试集上对模型得分进行分箱，计算在每个分数段"坏客户"的累计召回率，从而对模型的预测效果进行评价。

7.3　数据收集及处理

7.3.1　数据来源

国内商业银行一直以"吸收存款，发放贷款，获得利差"为主要盈利模式，而随着现阶段国内金融界各种违约事件的频发，如何降低贷款违约风险成为现阶段学术界的研究热点。本书的数据来源于国内 A 商业银行提供的贷款客户详情，总计 20000 条，包含年龄、A 行服务年数、是否为贵宾卡客户、是否为网银客户、是否为理财客户、介质数量、贷前 6 个月月均贷方发生额等 21 个变量（见表 7 - 1），其中变量 1 ~ 20 是客户发生违约之前的调查数据，变量 21 是客户最终的违约情况。

表 7 - 1　　　　　　　　　　　　数据基本情况

排序	变量	数据说明
1	年龄	连续型变量
2	A 行服务年数	连续型变量；即客户在 A 银行出现存贷关系的时间
3	是否为贵宾卡客户	离散型变量；0：否；1：是
4	是否为网银客户	离散型变量；0：否；1：是

排序	变量	数据说明
5	是否为理财客户	离散型变量；0：否；1：是
6	介质数量	连续型变量；即能证明、记录以及核实客户账户内容的实体物数目
7	贷前 6 个月月均贷方发生额	连续型变量
8	贷前 6 个月月均贷方发生笔数	连续型变量
9	贷前 6 个月日均存款	连续型变量
10	合同金额（人民币）	连续型变量
11	合同利率	连续型变量
12	合同期限	连续型变量；具体数值按月来计算
13	主担保方式名称	离散型变量；1：保证担保类型；2：抵押担保类型；3：信用担保类型；4：质押担保类型
14	贷记卡授信总额	连续型变量
15	贷记卡最近 6 个月平均使用额度	连续型变量
16	融资银行家数	连续型变量；客户从银行获取融资，这里指银行的数目
17	融资笔数	连续型变量；每个客户在所有银行中所发生的融资笔数
18	融资总额	连续型变量；每个客户在所有银行中所获融资的总额
19	贷款最近 6 个月平均应还款额	连续型变量
20	贷记卡额度占用率	连续型变量；即客户贷记卡额度使用情况
21	违约情况	离散型变量；0：客户未违约；1：客户违约

7.3.2　数据预处理

本书收集的客户详情数据共 20000 条，经过数据预处理，剔除部分存在严重缺失的客户信息，剩余有效数据共计 14073 条。同时，由于 20 个自变量之间数量级差别太大，本书对贷前 6 个月月均贷方发生额、贷前 6 个月月均贷方发生笔数、合同金额（人民币）、贷记卡最近 6 个月平均使用额度、融资总额以及贷款最近 6 个月平均应还款额六个变量采取取对数的办法进行规范化处理。同时，对部分变量进行衍生，变量"客户的主担保方式"包括抵押担保、保证担保、信用担保、质押担保四种类型，采用 one - hot 方式生成 4 个哑变量。

7.4　基于不平衡样本的信用风险评估实证分析

7.4.1　理论模型

7.4.1.1　SMOTE 算法

Chawla 等（2011）提出合成少数类过取样的算法（SMOTE），即通过利用少数的样本生成人造样本来平衡原本数据的非平衡状况，该方法有效地改善了由传统的过抽样方法引起的分类过拟合现象。假设数据量偏向于少数的类别 A_{min} 中的每一个样本 $X_i \in A_{min}$，搜索 k 个最近邻点，其中近邻点可以根据距离或者相似系数来进行选择。从 k 个最近邻点中，随机选择一个样本点 Z_j。计算 X_i 与 Z_j 所对应的特征向量的差值，并产生一个在区间 $(0,1)$ 之间的随机数，最后合 γ 成一个少数类的人造样本 X_{small} 为

$$X_{small} = (X_i - Z_j) \times \gamma + X_i \tag{7.1}$$

如果向上采样的倍率为 N，那么在 k 个最近邻点中随机地选择 N 个样本点，即 $j = 1, 2, \cdots, N$。重复上述的操作步骤，直到所有的少数类样本都被处理后为止。

SMOTE 算法可以通过 R 语言中的 DMwR 包实现，其中：假设原始数据中数据量偏向少数的样本数为 N，多数类的样本数为 M，向上采样的倍率为 $n = n_1\%$，向下采样的倍率则为 $m = m_1\%$。因此，最后得到的数据集中少数类的样本数为 $N + nN$，多数类的样本数则为 mNn。

7.4.1.2　随机森林

决策树的本质是解决一个 NP（Non – deterministic Polynomial）问题，由于决策树是基于启发式的贪心算法（局部最优解）建立的，贪心算法的解无法保证是全局最优，随机森林模型则能解决这个问题。随机森林模型是由若干棵决策树构成，在实现样本随机选择的同时加入了特征的随机选择，对于每个节点，选取所有属性中的 $h(h < k)$ 个属性，再对这 h 个属性选择最优划分属性。随机森林中决策树的差异性提升了该模型集成的泛化能力。此外，另一个优势是随机森林模型在进行判别分析时，能够得到属性的重要性程度，

这在特征选取的时候就显现出重要价值，学者柳向东等（2016）也证实了随机森林模型的性能要优于其他方法（如 CART 算法、人工神经网络、C4.5 算法等）。随机森林模型的变量重要性的评分方法通常有两种，一种方法是通过变量值的置换计算其重要性，另一种方法是通过基尼指数计算其重要性（张晓凤等，2016）。本书借用随机森林模型的第二个优势特点，对 A 银行的客户信息变量进行筛选。

7.4.1.3 Logistic 模型

Logistic 回归模型是对数线性模型的一种特殊形式。在解决实际问题过程中，假设事件 Z 发生的概率是 p_i，解释变量用 $x_1,x_2,\cdots,x_n$ 表示，其中概率 p_i 的值域为 $[0,1]$。假设使用 $f(p)$ 与自变量 $x_1,x_2,\cdots,x_n$ 构成线性关系，则要求 $f(p)$ 的取值范围为全体实数。在处理这类问题的过程中，大多数学者会将 Logit 模型进行变换，得到式（7.2）和式（7.3）所示的 Logistic 回归模型，即

$$Logit(p) = \ln\left(\frac{p}{1-p}\right) = \beta_0 + \sum_{n=1}^{T}\beta_n x_n \tag{7.2}$$

$$p = \frac{\exp\left(\beta_0 + \sum\limits_{n=1}^{T}\beta_n x_n\right)}{1 + \exp\left(\beta_0 + \sum\limits_{n=1}^{T}\beta_n x_n\right)} \tag{7.3}$$

Logistic 回归模型可以处理因变量（Y）为二值随机变量的特征值问题，故该模型被广泛用于研究变量为二值随机变量的问题。客户信用评估要研究的问题就是贷款人是否存在违约风险，使 Y 为 1 表示贷款人会出现违约，Y 为 0 表示贷款人会正常履约，由此即可建立 Logistic 客户信用回归模型。在建立模型时，一般会将违约概率与履约概率做商计算得到违约发生比，使函数值域为全体实数。

7.4.2 实证分析

7.4.2.1 基于 SMOTE 算法的非平衡数据处理

在本书收集的数据中，存在违约现象的客户信息为 200 个（占总体客户数据的 1.4%），非违约客户数据为 13873 个（占总体客户数据的 98.6%），属于非平衡数据。柳向东和李凤（2016）指出由于类别的分布是不均衡的，

传统方法在处理该类数据时偏向于数据量比较大的一类，对数据量偏少的类别关注比较少，并不太合适直接用来处理非平衡类数据。在银行信贷业务中，这类数据比较常见，基于 A 银行的客户样本数据，本书采用 R 语言进行非平衡数据处理，具体函数参数设置如下：少数类（违约客户数）$N = 200$，多数类（未违约客户数）$M = 13873$，向上采样的倍率取 $n = 20$，向下采样的倍率取 $m = 1.5$，用于产生新的少数类样本的最近邻数量 $k = 10$，平衡后的数据集中的少数类为 4200 个，多数类为 6000 个，基本达到平衡状态，运用于后续建立模型的效果最好。表 7 - 2 中的结果显示，虽然 SMOTE 处理组和未作处理组在整体错误率上几乎持平，但是 SMOTE 处理过后少数类的错误率显著优于未做处理的情形。这也验证了钱洪波和贺广南（2010）的发现，即虽然传统的分类方法被设计成使整体的准确率较高，但并没有考虑每类的分布情况，从而使得少数类样本被错分到多数类，造成较大损失。

表 7 - 2 不同棵树下随机森林的错误率

数据处理	ntree	选项	0	1	类别错误率	整体错误率
SMOTE	400	0	5929	71	1.20%	2.19%
		1	152	4048	3.60%	
	500	0	5932	68	1.10%	2.13%
		1	149	4051	3.50%	
	600	0	5923	77	1.30%	2.22%
		1	149	4051	3.50%	
	700	0	5927	73	1.20%	2.16%
		1	147	4053	3.50%	
未处理	400	0	13788	85	0.6%	1.98%
		1	193	7	96.50%	
	500	0	13790	83	0.59%	1.95%
		1	191	9	95.50%	
	600	0	13765	108	0.79%	2.11%
		1	190	10	95%	
	700	0	13767	106	0.76%	2.10%
		1	189	11	94.5%	

7.4.2.2 基于随机森林的变量筛选

本书以违约情况作为分类变量，使用 R 语言进行编程，用随机森林的方法对变量进行重要性评分排序，同时进行变量筛选。随机森林模型中树的棵数（ntree）和节点分支所选变量个数（mtry）是两个比较重要的可调参数，本书对这两个参数展开适用性分析。在建模过程中，笔者发现：在图 7－1 左侧，整体和各类误差率基本在 ntree 值为 400 以后趋于稳定，收敛于一个极限值。同时，为了更精确地确定选择树的棵数（ntree），本书采用 AUC 的值和正确率来判断。当 ntree 值为 400 时，AUC 值为 0.98；ntree 值为 500 时，AUC 值为 0.985；当 ntree 值为 600 时，AUC 值为 0.982；而当 ntree 值为 700 时，AUC 值为 0.977；可见当 ntree 值为 500 时，AUC 值更接近 1，明显优于生成树棵树为其他值时的模型。表 7－2 显示，当 ntree 值为 500 时，随机森林模型的错误率为最低，其中整体错误率仅为 2.13%。依据 AUC 值和整体错误率两个指标，本书最终将 ntree 值设置为 500。

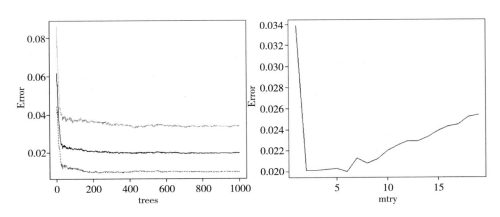

图 7－1 随机森林的参数选择

基于已有文献的参数取值方式，结合图 7－1 右侧图所示，利用 ntree 值的选择结果，笔者发现 mtry 值为 6 时，随机森林模型的误差率达到最小。故本书将 ntree 值设置为 500，mtry 值设置为 6，利用随机森林模型对变量进行重要性排序，并对其进行筛选。

根据 MDG 和 MDA 指标排序结果（见图 7－2），排名前 5 的变量中有 4 个变量是相同的，充分说明了这 4 个指标对"是否违约"具有重要的影响，分别为合同期限、贷记卡额度占用率、A 行服务年数、贷前 6 个月月均贷方发生额。为了进一步分析上述变量对"是否违约"的差异影响，本书结合描述性分析和方差分析共同进行说明，具体结果见表 7 – 3 与表 7 – 4。

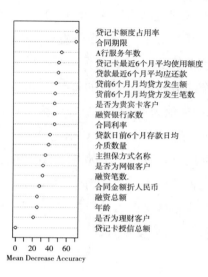

注：MDG 为 Mean Decrease Gini，通过基尼指数计算每个变量对分类树上每个节点的观测值的异质性影响，该值越大表示该变量的重要性越大。MDA 为 Mean Decrease Accuracy，描述的是当把一个变量变成随机数时，随机森林预测准确度的降低程度，该值越大表示该变量的重要性越大。

图 7 – 2　变量重要性排序

表 7 –3　　　　　　　　　　　　　重要变量描述性分析

分组情况	变量	最小值	最大值	均值	标准差
违约组	合同期限	1	120	18.91	11.53
	A 行服务年数	0	13	2.53	2.29
	贷记卡额度占用率	0	1	0.61	0.30
	贷前 6 个月月均贷方发生额	0	10^8	4.65×10^5	2.27×10^6
未违约组	合同期限	3	36	15.2	10.52
	A 行服务年数	0	10	2.79	1.87
	贷记卡额度占用率	0	1	0.32	0.28
	贷前 6 个月月均贷方发生额	0	8×10^6	9.18×10^4	6.09×10^5

续表

分组情况	变量	最小值	最大值	均值	标准差
总体	合同期限	1	120	18.86	11.53
	A 行服务年数	0	13	2.53	2.29
	贷记卡额度占用率	0	1	0.33	0.28
	贷前 6 个月月均贷方发生额	0	10^8	4.6×10^5	2.26×10^6

表 7 - 4 重要变量方差分析

变量	平方和来源	平方和	自由度	F 值	P 值
合同期限	组间	2709.29	1	20.41	0.00
	组内	1867446.13	14071	—	—
A 行服务年数	组间	13.73	1	2.62	0.11
	组内	73623.96	14071	—	—
贷记卡额度占用率	组间	16.169	1	207.2	0.00
	组内	1097.68	14071	—	—
贷前 6 个月月均贷方发生额	组间	2.74×10^{13}	1	5.39	0.02
	组内	7.16×10^{16}	14071	—	—

注：显著性水平为 0.05。

合同期限：违约组中，合同期限存在最大值为 120 个月，即时间间隔为 10 年；而在未违约组中，该变量的最大值仅为 36 个月，即合约时间为 3 年，差距明显。由表 7 - 4 方差分析的结果可以发现，违约组与未违约组关于合同期限存在显著的差异，结合表 7 - 3 的分析可知，违约行为中的平均合同期限高出非违约组 3.7 个月。这在一定程度上说明，合同期限越短的借贷行为发生违约事件的概率越低。

贷记卡额度占用率：表 7 - 4 中的方差分析结果表明违约组与未违约组关于贷记卡额度占用率存在显著的差异。违约组中，贷记卡额度占用率普遍偏高，其中最大值为 100%，平均占用率水平为 61%。反观未违约组中，客户的贷记卡额度占用率普遍偏低，平均占用率水平在 32%（见表 7 - 3）。在一定程度上，贷记卡额度占用率越低，则客户出现违约事件的概率也会越低。

A 行服务年数：从表 7 - 4 中的方差分析结果可以发现，由于 p 值为 0.11，大于显著性水平 0.05，即不能有足够的证据证明 A 行服务年数这个变量在违约组与未违约组存在显著的差异。但是由表 7-3 的数据中仍可以发现，A 行服务年数这个变量在违约组与未违约组中还是具有一定差别，违约组中最大值为 13 年，平均水平为 2.53 年；而未违约组中最大值为 10 年，平均水平为 2.79 年。

贷前 6 个月月均贷方发生额：从表 7-4 中发现，由于 p 值等于 0.02，小于显著性水平 0.05，即违约组与未违约组关于贷前 6 个月月均贷方发生额这个变量存在着显著的差异。同时，表 7-3 中贷前 6 个月月均贷方发生额变量，违约组的均值为 465000 元，而未违约组的值为 91800 元，两者相差 373200 元；其次，违约组贷前 6 个月月均贷方发生额的最大值为 10^8 元，未违约组则为 8×10^6 元。很明显，贷前 6 个月月均贷方发生额越低，客户违约的概率越低。

7.4.2.3 客户信贷风险评估的 Logistic 模型

由图 7-2 可知，MDG 和 MDA 指标中共同排名前 10 的变量还有：贷记卡近 6 个月平均使用额度、贷款最近 6 个月平均应还款以及合同利率。为了更好地挖掘影响"是否违约"的重要性变量，本书将图 7-2 中前 10 个变量中的 6 个共同变量进行了多元共线性分析（具体结果见表 7-5），发现 6 个变量间并不存在明显的多重共线性（方差膨胀因子 VIF 均显著小于 5），即笔者认为可以选用这 6 个变量作为建立 Logistic 模型中的指标。同时考虑到可能存在内生性问题，笔者将 Logistic 模型的残差与 6 个因变量之间构建多元线性回归，结果显示不存在显著的相关性，说明不存在内生性问题（由于篇幅限制，对具体检验结果感兴趣的读者可向作者索取）。这也符合本书的违约率数据采集时间滞后于其余变量的客观事实。

表 7-5　　　　　　　　　多元共线性结果

变量	容差	方差膨胀因子
合同期限	0.944	1.06
A 行服务年数	0.967	1.034
贷记卡额度占用率	0.739	1.353
贷前 6 个月月均贷方发生额	0.987	1.013
贷记卡最近 6 个月平均使用额度	0.716	1.397
贷款最近 6 个月平均应还款额	0.985	1.016
合同利率	0.903	1.108

基于此，本书引入上述 6 个重要的变量作为解释变量，并将客户违约情况作为被解释变量，从而建立 Logistic 模型。建立 Logistic 模型过程中，本书选用后退法（Backward）作为选择变量进入的方式，同时变量移除方程所采用的检验方法为根据条件参数似然比检验的结果剔除变量，最后得到 5 个自变量。由表 7 – 6 可知，5 个自变量系数的 Wald 检验均在 0.05 的显著性水平上通过检验，一定程度上说明了 5 个重要变量对模型具有一定的解释能力。

表 7 – 6 参数估计结果

变量	B	SE	Wald	自由度	P 值
合同期限	− 0.05	0.01	37.69	1	0
A 行服务年数	− 0.08	0.03	6.53	1	0.01
贷前 6 个月月均贷方发生额	0.11	0.01	68.16	1	0
贷记卡最近 6 个月平均使用额度	0.31	0.04	53.55	1	0
贷款最近 6 个月平均应还款额	0.12	0.02	32.22	1	0
常数项	− 7.43	0.51	216.23	1	0

注：显著性水平为 0.05，其中 B 是回归系数和截距项，SE 是其标准误，Wald 是对总体回归系数是否为 0 进行统计学检验的卡方。

由此可得 Logistic 模型为

$$\ln\left(\frac{P}{1-P}\right) = -7.43 - 0.05x_1 - 0.08x_2 + 0.11x_3 + 0.31x_4 + 0.12x_5$$

(7.4)

其中，x_1 为合同期限；x_2 为 A 行服务年数；x_3 为贷前 6 个月月均贷方发生额；x_4 为贷记卡最近 6 个月平均使用额度；x_5 为贷款最近 6 个月平均应还款；P 表示客户违约的概率。也可以表示为

$$P = \frac{\exp(-7.43 - 0.05x_1 - 0.08x_2 + 0.11x_3 + 0.31x_4 + 0.12x_5)}{1 + \exp(-7.43 - 0.05x_1 - 0.08x_2 + 0.11x_3 + 0.31x_4 + 0.12x_5)}$$

(7.5)

回归系数为正的时候，表示变量每增加一个单位值时，客户违约发生率会相应增加；当回归系数为负的时候，说明每增加一个单位时客户违约发生率会减少。从 Logistic 模型结果发现：（1）客户与银行签订贷款合同期限越长，则其违约概率越低，即在其他变量不变的前提下，合同期限每增加一个

单位，违约概率约降低 5.13%[①]。一般客户在考虑借贷周期时，往往会根据自己的工资、生活能力等各方面因素选择一个相对较长的还款周期，从而减少每个月的还贷压力。现实中，存在部分客户为了短期的资金流动，往往偏向于短时间的借贷合同，但是一旦出现资金断供的现象，就会出现违约风险。（2）客户在 A 银行服务年数越长，则客户的违约概率越小，即在其他变量不变的前提下，A 银行服务年数每增加一个单位，违约概率约降低 8.33%。某个客户在某家银行服务年数越长，银行对他的信用评估越准确，则出现违约事件的概率也会越低。（3）客户贷前 6 个月月均贷方发生额越大，则客户的违约概率越大，即在其他变量不变的前提下，合同期限每增加一个单位，违约概率约增加 11.63%。贷前 6 个月月均贷方发生额较大，意味着企业资金趋于紧张，很可能后续没有充足的资金来还款，进而出现违约风险。（4）客户所属贷记卡近 6 个月平均使用额度越大，则该客户违约的概率越大，即在其他变量不变的前提下，贷记卡近 6 个月平均使用额度每增加一个单位，违约概率约增加 36.34%。客户名下的贷记卡近 6 个月平均使用额度如果过高，或者与普通群体的均值有着巨大的差别，说明这个客户的开支有一定的问题或者不合理，这时候他的资金风险也在加剧，一旦某一个资金环节出现问题，则会出现无法偿还贷款的现象。（5）客户贷款最近 6 个月平均应还款额越大，则该客户的违约概率越大，即在其他变量不变的前提下，最近 6 个月平均应还款额每增加一个单位，违约概率约增加 12.75%。客户贷款最近 6 个月平均应还款额大，客户还款的资金压力就会增加，更可能发生违约现象。

7.5 基于 XGBoost 模型的银行信贷高风险客户识别模型

7.5.1 理论模型

XGBoost 由 Chen 和 He（2015）提出，是一种 Boosting 型的树类算法。该算法是在梯度提升决策树（GBDT）基础上扩展而来的，能够进行多线程并行

---

① 该值由 $e^B - 1$ 计算所得，下同。

计算，通过每一次的迭代生成新的树，即可将很多分类性能较低的弱学习器组合提升为一个准确率较高的强学习器。相比于传统 GBDT 算法只利用了一阶导数的信息，XGBoost 在优化时作出了更好的改进，通过采用二阶泰勒公式对损失函数进行展开，即在保留一阶导数信息的基础上加入了二阶导数的信息，这样可以使模型在训练集上更快地收敛，提高计算最优解的实际效率。不仅如此，XGBoost 为了平衡与控制模型的复杂程度，将正则项引入到损失函数中，从而避免模型出现过拟合的现象。综上所述，XGBoost 具有运行速度快、分类效果好、支持自定义损失函数等优点。

7.5.2 实证分析

根据已有的行业经验将整个样本数据集划分为训练集和测试集，其中，训练集为原样本数据集 80% 的体量，测试集则为原样本数据集中剩余的 20%。

7.5.2.1 基于 SMOTE 算法的非平衡数据处理

在收集的样本数据中，存在违约现象的客户信息为 200 个（约占样本数据集的 1.4%），非违约客户数据为 13873 个（约占样本数据集的 98.6%），属于典型的非平衡数据。由于该问题属于类别严重失衡的二分类问题，传统的数据挖掘算法在处理这类数据时偏向于数据量比较大的一类，对数据量偏少的类别关注比较少（柳向东和李凤，2016）。在银行信贷业务领域中，这类数据问题比较常见，需要采用 SMOTE 方法增加训练集上"坏客户"比例，本书采用采样方式提高"坏客户"的比例，使训练集上"好、坏客户"比例达到 7:3，并在后期训练 XGBoost 模型中得到了最优效果。

7.5.2.2 构建申请评分模型

在已处理的训练集上构建 XGBoost 模型，并且通过不断调整模型分类的参数，训练得到最优的 XGBoost 模型。由图 7-3 可知，该模型在训练集和测试集上 AUC 值分别高达 0.97 和 0.93，充分说明了分类效果的优越性。

对于类别失衡问题，在评价模型预测效果时往往会采用准确率、召回率或 F1 值，但是其参考意义不是很大，因为大部分样本预测出的概率通常很低，本书创新性地采用样本得分分箱的方式，观察在每个分箱区间模型的召

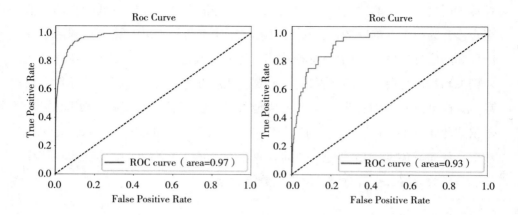

图 7 - 3　训练集和测试集上的 AUC 值

回率，表 7 - 7 和表 7 - 8 分别表示在训练集和测试集上的累积召回率统计。

表 7 - 7　　　　　　　　模型在训练集上累积召回率表现

分段	平均分	最大分	客户数	"坏客户"数	"坏客户"占比（%）	KS 值	累积召回率（%）
1	58. 04	90. 59	563	129	22. 91	74. 75	78. 66
2	19. 10	25. 48	563	22	3. 91	83. 28	92. 07
3	10. 16	12. 69	563	7	1. 24	82. 54	96. 34
4	6. 43	7. 62	563	1	0. 18	78. 09	96. 95
5	4. 60	5. 25	562	3	0. 53	74. 88	98. 78
6	3. 53	3. 94	563	1	0. 18	70. 42	99. 39
7	2. 81	3. 12	563	1	0. 18	65. 96	100
8	2. 26	2. 49	563	0	0	60. 89	100
9	1. 84	2. 02	563	0	0	55. 81	100
10	1. 52	1. 66	563	0	0	50. 74	100
11	1. 27	1. 37	563	0	0	45. 66	100
12	1. 07	1. 16	563	0	0	40. 59	100
13	0. 88	0. 97	563	0	0	35. 51	100
14	0. 72	0. 79	563	0	0	30. 44	100
15	0. 58	0. 64	563	0	0	25. 37	100
16	0. 47	0. 52	562	0	0	20. 3	100
17	0. 36	0. 41	563	0	0	15. 22	100

续表

分段	平均分	最大分	客户数	"坏客户"数	"坏客户"占比（％）	KS 值	累积召回率（％）
18	0.28	0.32	563	0	0	10.15	100
19	0.22	0.25	563	0	0	5.07	100
20	0.13	0.19	563	0	0	0	100

比较表7-7和表7-8，可以发现 XGBoost 模型在训练集上的表现要优于在测试集上的表现，在训练集上，分数最高的5%客户可以召回78.7%的"坏客户"，而在测试集上分数最高的5%客户可以召回55.6%的"坏客户"。根据模型在测试集上的表现，我们可以根据模型得分选择得分最高的10%的客户对其进行严格的资格审查，评估其违约风险大小，这部分客户需要重点审查；而对于得分最低的20%至30%的客户，信用条件较好，可以对其适当放宽条件，提高授信额度。

表7-8　　　　　　　　模型在测试集上累积召回率表现

分段	平均分	最小分	最大分	客户数	"坏客户"数	"坏客户"占比（％）	KS 值	累积召回率（％）
1	49.92	20.82	79.02	141	20	14.18	51.2	55.6
2	16.25	11.71	20.78	141	7	4.96	65.82	75
3	9.77	7.84	11.71	140	3	2.14	69.23	83.3
4	6.62	5.41	7.83	141	0	0	64.15	83.3
5	4.69	3.97	5.41	141	4	2.84	70.34	94.4
6	3.48	3.01	3.94	140	1	0.71	68.11	97.2
7	2.71	2.40	3.01	141	0	0	63.04	97.2
8	2.19	1.97	2.40	141	0	0	57.96	97.2
9	1.78	1.59	1.97	141	1	0.71	55.7	100
10	1.47	1.36	1.58	141	0	0	50.63	100
11	1.25	1.14	1.36	140	0	0	45.59	100
12	1.05	0.96	1.13	141	0	0	40.52	100
13	0.87	0.79	0.96	141	0	0	35.44	100
14	0.70	0.62	0.78	140	0	0	30.41	100

续表

分段	平均分	最小分	最大分	客户数	"坏客户"数	"坏客户"占比（%）	KS值	累积召回率（%）
15	0.56	0.50	0.62	141	0	0	25.33	100
16	0.45	0.40	0.50	141	0	0	20.26	100
17	0.36	0.32	0.40	141	0	0	15.19	100
18	0.29	0.25	0.32	141	0	0	10.11	100
19	0.22	0.20	0.25	140	0	0	5.07	100
20	0.13	0.07	0.20	141	0	0	0	100

综上所述，本书采用 XGBoost 模型对我国 A 银行信贷客户的违约风险进行建模，并利用建立的申请评分模型对新客户的违约风险进行评估，以达到提前识别违约客户、降低银行资产风险的目的。在建模的方法上，依次采用了特征工程（利用现有变量衍生新的自变量）、样本平衡化处理、网格搜索调参以及模型效果的分箱评估方法。模型的结果表明，在训练集和测试集上得分（模型预测为"坏客户"的概率）最高的 5% 客户可以分别覆盖 78.7% 和 55.6% 的"坏客户"，可以据此对不同得分的客户采取不同的风险措施。例如，对于得分最高的一批客户必须进行严格的风控审批或者降低客户授信额度，必要时可以直接拒绝客户的贷款申请；对于得分最低的一批客户，模型结果表明该类客户的违约概率几乎为 0，对于这批低风险客户可以采取放宽信贷条件或者提高授信额度的措施，以便最大限度地吸引新客户、增加客户的体验效果。

本书仍存在一些不足之处，如在训练集和测试集上的效果有明显差异，测试集上的模型结果比训练集上的模型结果差；另外，在训练集和测试集上模型得分分箱后的分数段也存在较大的差异，主要原因是样本量不够多，入模的特征也比较少，导致了模型的训练效果不是很好，这里主要是提供一种利用 AI 技术在金融风控建模中实际应用的思路。

7.6 结论及数字普惠金融应用展望

当前在宏观层面分析经济金融形势、产业政策等对银行信贷风险影响的文献较多，随着银行业务的互联网化程度越来越高，银行能接触和收集到的数据也越来越多、越来越丰富，数据的价值日益凸显。本书在微观层面，基于银行大数据基础，进一步展开微观违约模型的实证研究，并作出理论探索。例如，文中提供了一种非平衡数据处理的方法，当某一类的数据明显偏少时，借助 R 语言实现 SMOTE 算法，将少数类数据和多数类数据进行平衡处理，为建模提供更精确的数据支撑。另外，本书采用随机森林的方法对多变量进行筛选，选择参数 ntree 和 mtry 的最合适的值，降低整体错误率，并得出影响违约风险的一系列重要性指标。

基于随机森林变量筛选后的结果，本书建立了客户信贷风险评估的 Logistic 模型以开展实证分析，模型效果良好，5 个自变量系数的 Wald 检验均在 0.05 的显著性水平上通过检验。5 个变量分别为合同期限（0.0004）[①]、银行服务年数（0.002）、贷前 6 个月月均贷方发生额（0.0009）、贷记卡最近 6 个月平均使用额度（0.01）、贷款最近 6 个月平均应还款（0.002）。其中，合同期限、银行服务年数与违约风险呈负相关关系，而且银行服务年数的影响比合同期限的影响要大；贷前 6 个月月均贷方发生额、贷记卡最近 6 个月平均使用额、贷款最近 6 个月平均应还款额与违约风险呈正相关关系，其中贷记卡最近 6 个月平均使用额度影响最大，贷前 6 个月月均贷方发生额影响最小。实证研究也发现，一些传统型重要因素，比如贷款的利率、贷款的担保方式等对违约风险影响并不显著，这为银行实际授信提供了参考，银行应优先为长期合作伙伴授信，并与合作企业共同成长，重点关注客户近期 6 个月贷款使用情况和贷记卡使用额度的变化情况，及时根据相关数据的改变，做好风险预警，为银行风险管理提供参考。

---

① 括号中的数值为标准回归系数的绝对值，标准回归系数的绝对值 = | 未标准化回归系数 × 该自变量标准差/随机变量分布函数的标准差 |，其中，本书参考宋娜的"多元 Logistic 分布及其参数估计"，将随机变量分布函数的标准差设为 1.8138。

另外，针对银行信贷高风险客户识别的研究，本书提出以下四条建议：第一，严格把控得分较高的客户群体，降低该类客户授信额度。商业银行相关部门可基于客户申请评分模型的分箱结果进行客户群体的信用评级，原则上，模型结果显示得分较高的客户群体需要有关部门跟进处理，并在科学研究之后再做风控审批。同时，为了降低风险的发生率及连带效应，银行从业人员可以根据评分直接降低该类群体的授信额度，必要时采取"一人一策"的方法，直接拒绝特殊客户，从而做好风险控制工作。第二，放宽低分客户群体的信贷条件或提高授信额度。低分客户群体是当前经济环境下商业银行的潜在优质客户，商业银行有关部门应在原风控体系下，深度挖掘该类客户的特征，做好用户画像，进一步优化原有风控体系，更好地吸引该类新客户、增加客户的体验效果。第三，加强对评分居中客户的创新放贷。低得分和高得分的信用评级为银行信贷风控提供了有力的技术支持，但是，当前市场中仍然存在一部分得分居中、信用良好的客户，因此，如何在原有的客户群体中科学、客观地挖掘出此类客户是值得深入研究的。商业银行有关部门应该加快部门间数据的互联互通，建立信息共享机制，聘用更高素质的数据挖掘、数据分析、风险控制管理等专业技术人才，更好地提高机器学习、深度学习等大数据技术的应用，从而形成一套可行性强的放贷机制，为商业银行实现精准放贷、业务精细发展以及风险管理提供支撑。第四，加强信用立法，建立联合惩戒机制，加强对客户的自律教育。加强信用立法，完善信用法律体系，能够进一步约束老客户以及新客户的信用违约行为，有助于引导客户个体保持良好的信用记录。同时，需尽快发布惩罚机制，提高客户主观上对个人信用的重视程度。此外，商业银行相关部门可以在做好风险控制工作之前，开展科普性自律教育，使客户个体对自身的行为有一个清楚的认知，从而降低其违约行为。

本书使用个人数据，对个人客户的信用风险进行评估，内容与上一章对商业银行区域性风险的度量是一脉相承的。个人客户也正是数字普惠金融服务的主体客户，对个人客户的风险评估特别是高风险客户的精准识别，关系到数字普惠金融业务实施的过程，关系到数字普惠金融业务能否真正发现客户、真正发现风险。风险与金融活动相伴而生，数字普惠金融作为一种好的金融，一种以人为中心的金融，如何判断"好的客户""坏的客户"是其必须要面对的问题，本书基于大数据样本，探索了一种新的方式方法。

参考文献

［1］吴金旺，顾洲一．基于非平衡样本的商业银行客户信用风险评估——以A银行为例［J］．金融理论与实践，2018（7）．

［2］顾洲一．基于XGBoost模型的银行信贷高风险客户识别研究——以我国Y银行为例［J］．上海立信会计金融学院学报，2020（1）．

［3］王颖，聂广礼，石勇．基于信用评分模型的我国商业银行客户违约概率研究［J］．管理评论，2012（2）．

［4］方匡南，章贵军，张惠颖．基于Lasso－Logistic模型的个人信用风险预警方法［J］．数量经济技术经济研究，2014（2）．

［5］陈莹，宋建华．中国城市居民信用卡违约行为的影响因素［J］．金融论坛，2017（9）．

［6］王勐．影响我国商业银行信用风险的因素研究［D］．吉林大学，2014.

［7］胡心瀚，叶五一，缪柏其．上市公司信用风险分析模型中的变量选择［J］．数理统计与管理，2012（6）．

［8］方洪全，曾勇．银行信用风险评估方法实证研究及比较分析［J］．金融研究，2004（1）．

［9］邓晶，秦涛，黄珊．基于Logistic模型的我国上市公司信用风险预警研究［J］．金融理论与实践，2013（2）．

［10］李志辉，李萌．我国商业银行信用风险识别模型及其实证研究［J］．经济科学，2005（5）．

［11］李子奈，潘文卿．计量经济学［M］．北京：高等教育出版社，2015.

［12］徐婷婷．随机森林在P2P网贷借款信用风险评估中的应用［D］．山东大学，2017.

［13］张晓凤，侯艳，李康．基于AUC统计量的随机森林变量重要性评分的研究［J］．中国卫生统计，2016（3）．

［14］柳向东，李凤．大数据背景下网络借贷的信用风险评估——以人人贷为例［J］．统计与信息论坛，2016（5）．

［15］钱洪波，贺广南．非平衡类数据分类概述［J］．计算机工程与科学，2010（5）．

［16］张文军．L形经济走势下Z银行信贷风险管理研究［D］．河北工程大学，2017.

［17］陈晓燕．L市邮储银行小额贷款信用风险管理研究［D］．安徽财经大学，2017.

［18］陈诚高．神经网络技术在商业银行信用风险评估系统中的应用研究［D］．东南大学，2006.

［19］方匡南，章贵军，张惠颖．基于Lasso - Logistic模型的个人信用风险预警方法［J］．数量经济技术经济研究，2014（2）．

［20］侯春霞．大数据背景下银行信用风险管理研究——以Z银行为例［J］．区域金融研究，2018（12）．

［21］Vandell K D, Thibodeau T. Estimation of Mortgage Defaults Using Disaggregate Loan History Data ［J］. Real Estate Economics, 2010, 13（3）：292 –316.

［22］Copestake J. Mainstreaming Microfinance：Social Performance Management or Mission Drift? ［J］. World Development, 2007, 35（10）：1721 –1738.

［23］Salas V, Saurina J. Credit Risk in Two Institutional Regimes：Spanish Commercial and Savings Banks ［J］. Journal of Financial Services Research, 2002：203 –224.

［24］Wiginton J C. A Note on the Comparison of Logit and Discriminant Models of Consumer Credit Behavior ［J］. Journal of Financial & Quantitative Analysis, 1980, 15（3）：757 –770.

［25］West D. Neural network credit scoring models ［J］. Computers & Operations Research, 2000, 27（11）：1131 –1152.

［26］Chawla N V, Bowyer K W, Hall L O, et al. SMOTE：synthetic minority over – sampling technique ［J］. Journal of Artificial Intelligence Research, 2011, 16（1）：321 –357.

8 移动互联网支持农村地区 数字普惠金融发展的研究

8.1 引言

2018 年 2 月，《中共中央国务院关于实施乡村振兴战略的意见》发布。金融是现代经济的核心，实施乡村振兴，发展乡村经济，非常需要金融倾斜支持，因为农村金融的资金缺口巨大且长期存在，农村金融正成为金融领域的一片新蓝海。"普惠金融"一词首次出现在中央正式文件中，是在 2013 年党的十八届三中全会通过的《中共中央关于全面深化改革若干重大问题的决定》（以下简称《决定》）中，《决定》提出"发展普惠金融，鼓励金融创新，丰富金融市场层次和产品"。而以往被使用较多的词语是"小额信贷""小微金融""中小企业融资"等，该《决定》标志着我国全面迎来"普惠金融"发展的良好机遇，给弱势群体特别是农村地区的经济发展带来希望。

近年来使用手机和互联网的金融交易量大幅增加，2018 年《全球金融包容性指数》数据库显示，全球已经有 38 亿成年人拥有银行或移动支付账户，普惠金融在全球呈上升趋势，这为减缓贫困打下了可靠的基础。当然，全球还有 17 亿人没有银行账户，但其中三分之二的人已经拥有手机，这是个好现象和好机会，借助移动互联网有助于他们获得金融服务，有助于金融杠杆能够更细密地延伸到实体经济的各个角落。

金融制度是一项重要的经济制度，2003 年以来，我国的金融改革特别是银行股份制改革已经取得显著成效，尤其是银行金融机构的业务发展日益成熟和多元化，金融总量逐年提升，我国已成为全球金融大国。普惠金融可以让金融更多、更公平地惠及全体人民，带来更加便利、多元、开放的金融普惠服务。近年来，我国一直在深化普惠金融的具体工作，比如支持村镇银行、社区银行、小额信贷公司的设立，让每个个体拥有享受金融服务的权利。普惠金融实施的难点主要集中在农村地区，由于农村地区空间分散，难以形成规模效应，导致单个服务成本较高，金融服务经济效益不够，导致为农村地区提供的普惠金融供给服务非常有限。与此同时，随着 2020 年小康社会的全面到来，农村居民文化水平的提升，农村地区的金融需求正发生着变化，不仅需要传统的存、贷、汇，也需要在城市已经快速发展的证券、保险、信贷、银行卡、理财产品等金融服务。当前普惠金融已不再单单依靠传统金融机构通过设立实体网点的方式大面积铺开，这种方式在经济层面缺乏可行性，信息化、移动化和个性化是全球金融服务创新发展的重要趋势和普惠金融发展的重要推手，尤其是以移动手机为载体的移动互联网群体的快速兴起，极大地促进了金融服务模式与内容、工具和产品的创新。伴随着 4G 的全覆盖和 5G 的商用试点，移动互联网时代已经到来，金融交易更加便捷和频繁，特别是面向消费一线场景的金融交易数量的剧增，积累了大量的结构化和非结构化数据，伴随着算力的提升和算法技术的日趋成熟，在金融领域产生大量的创新应用案例，比如防网络欺诈、机器审核、智能风控等。

8.2 理论基础

通过移动互联网开展普惠金融业务的优势以及存在的困难，已经得到研究者的普遍共识。马化腾（2015）认为只有移动互联网才是真正的互联网，每个人手中都有可以 24 小时联网的移动终端，可以随时在线、随时获得服务。李东荣（2014）提出可以依靠移动互联网发展普惠金融，通信技术的应用使为农村边远、贫困地区以及低收入群体提供普惠金融服务成为可能。可以肯定，在农村地区，以手机银行为代表的移动金融必将成为发展普惠金融的主要渠道。在肯尼亚，央行鼓励金融机构开展技术创新，鼓励在国家支付系统中使用手机金融服务以降低成本，多数成年人使用手机银行服务（M – PESA）（焦瑾璞，2014），肯尼亚在以技术驱动普惠金融业务发展方面树立了全球样本。普惠金融的发展模式方面，由商业银行主导的普惠金融模式会减少，移动互联网金融服务商主导的模式将增加，最终构建可持续的普惠金融模式（江瀚和向君，2015），增加普惠金融服务主体，提高竞争活力。以手机终端为主的移动金融还存在以下三大障碍：手机作为终端丢失时难以及时处理；手机易受信号屏蔽和电量不足的困扰；手机的业务效率和范围受到限制（朱纯福，2015）。实践表明，在助力农村普惠金融业务方面，移动支付正成为一种新兴手段，服务于外出务工人员小额转账和汇款、农村居民新农合等，如蚂蚁金服依托区块链技术为在中国香港的菲律宾人提供跨境支付服务，极大地缩短了汇款时间间隔。在实证方面，北京大学数字普惠金融指数（2019）数据显示，偏远地区的数字支持金融服务的程度反而高于其他省份，这说明在偏远省份大力发展数字普惠金融服务适逢其时，可以跨越物理网点和实体银行卡片阶段。通过构建指标体系，基于嘉兴地区的调研，通过回归模型实证分析，表明数字普惠金融具有显著的减贫效应（吴金旺等，2019）。创新与监管是移动互联网时代数字普惠金融永恒的话题，但在数字普惠金融风险特征、风险类型方面的研究还有待加强。

8.3　移动互联网对数字普惠金融发展的影响

8.3.1　移动互联网降低服务边际成本，增加数字普惠金融供给主体

普惠金融实质上不是"扶贫"和"福利"，未来的普惠金融必须以商业可持续为前提条件，走市场发展道路。但是对于传统金融机构来说，是难以真正走到农户等弱势群体身边的，因为收益难以覆盖成本；另外，传统金融机构自身也已经沉淀了良好的客户基础，业务发展中更愿意去竞争优质客户或者开发新的战略性业务领域。对于互联网公司和通信公司来说，比如阿里巴巴、腾讯、中国移动、中国电信，在现有的云计算、区块链、生物识别等先进技术的配合下，借助移动互联网应用技术，可以将移动金融推广到三四五六线城市甚至偏远农村地区，摆脱物理网点的障碍。在突破性信息技术不断发展的背景下，边际成本可以一直呈现下降趋势，摆脱传统经济理论中边

际成本进入最低点再上升的问题，即对互联网公司或者开拓移动金融业务的金融机构来说，如果服务对象越多，单位成本就会越低，而且技术的进步会产生很好的叠加效应，呈现出技术越进步、单位成本越低的良性循环。所以从长期来看，移动互联网使得提供普惠金融服务的主体增加，可以做到金融领域服务全覆盖。

8.3.2 移动互通网增强信息双向流通，增加数字普惠金融资金来源

金融是解决资金的融通问题，实现资金供给和需求在时间和空间上的对接。资金的来源很重要，金融机构有富余资金时才能提供资金供给，信息中介机构也需要寻找资金供给方。随着居民人均收入水平的逐年提升，即使是传统上金融不发达的西部地区和东北地区，在国家"西部大开发"、振兴东北、中部崛起等政策的支持下，特色产业逐步形成，大部分居民已经脱贫致富，并且形成一定的资金结余。有闲散资金，在寻找储蓄机构时需要一定的时间成本，同时传统储蓄在农村地区的利率和期限方面存在较多限制，表现为很多农户选择了三年甚至更长时间的储蓄，但是由于家庭临时需要往往提前支取，结果只能享受活期存款的较低收益。移动互联网的应用可以扩展农村地区居民投资理财渠道，突破地域限制，通过网络平台购买理财产品，和城市居民一样享受公平的服务和收益，而对于金融服务主体来说可以增加资金来源。通过移动互联网购买保险，比如重疾险、车辆险、交通险等零散性保险，享受理赔也很便捷快速，提高了农村居民抵御风险的能力。经济的发展使个人财富的拥有量各不相同，传统上由于地域的差异，农村地区居民处于信息劣势，存在大量的信息不对等，而通过移动互联网，信息的鸿沟可以解决，真正实现每个主体都能享有更高投资收益产品的权利，通过再分配优化社会财富格局。

8.3.3 移动互联网支持大数据融合创新，个性化数字普惠金融服务走入千家万户

移动互联网用户规模巨大，用户使用深度不断增加，而且可以随时在线，

通过大数据、云计算和边缘计算技术，移动互联网用户产生的大量非结构化数据，比如零散的交易信息、社交网络信息、位置信息等，可以真正发挥价值，而且随着 5G 技术的试点和物联网、虚拟现实技术的成熟应用，数据会出现指数级增长，从而弱化传统的抵押和担保，进一步降低融资中的成本。金融服务主体也能够迅速地挖掘和分析客户的多样化需求，千人千面，及时推出具有针对性的个性化金融产品，提升资金配置效率，以点对点滴灌的方式推动普惠金融服务供给侧结构性改革。基于 App，移动互联网更加开放，迭代更加便捷，提供的金融服务适应能力强、敏捷性高，可以跟传统网点的业务相互配合，形成双向导流：一般的业务网络解决，特殊的业务现场解决，线上线下相结合，最终提高客户服务效率和质量。通过移动互联网，金融可以服务小微、服务居民、服务大众、服务实体，回归实体经济，让每个家庭拥有相匹配的金融活动。

8.4　移动互联网支持农村地区数字普惠金融发展的路径

8.4.1　移动支付领先发展，推进农村地区数字普惠金融服务群体的增加和频率提升

在移动支付领域，得益于早期相对宽松的监管环境，以及相对廉价的华为、中兴网络设备，我国网络覆盖面处于全球领先水平，特别是在电商支付和社交支付领域，我国是全球的先行者，具有绝对领先地位。尽管 2015 年移动互联网才真正崛起，但是发展速度惊人，人民银行发布的《2019 年第一季度支付体系运行总体情况》显示，第一季度移动支付业务为 196.90 亿笔，同比增长 79.6%；金额为 86.62 万亿元，同比增长 22.32%，这为我国进一步开展数字普惠金融业务打下了坚实基础。移动支付可以促进线上和线下交易的融合，比如，线下选购、线上付款正成为常用模式，这种服务的体验感非常好，消费者的获得感很强，业务发展证明，移动支付的推广和渗透能力非常强，而且在技术层面完全具有可复制性，这为全球的数字普惠金融发展提供了良好的范式。比如，近年来，泰国、越南、马来西亚、印度等发展中国家

基于本国特色，陆续成立各种类型的移动支付公司，正成为推进农村偏远地区甚至是一些现有城镇、城市数字普惠金融业务的突破口。而且移动支付是一种场景金融，具有高频交易特点，对大量的长尾客户来说，移动支付仅仅是接受金融服务的第一步，在此基础上可以进一步享受账户查询、小额转账、小额取现、投资理财、保险等服务，也直接促进了知识付费、在线学习、在线咨询、在线直播、游戏竞技等行业的兴起。

货币是交易的媒介，伴随着人类交易频次的逐渐增多，货币正在向无纸化、虚拟化、数字化迈进。电子商务的快速发展，催生在线支付技术日益成熟，特别是二维码的大量应用，显著扩大了支付场景和支付链条，将线下购物和在线支付有机结合。当前在乡村地区，大部分中青年人群对电子货币的社会接受程度已经非常高。在电子货币发展过程中，一些大的第三方支付公司承担了交易记账的角色，部分代替了银行体系的功能，发挥类银行金融机构的货币支付结算职责，提高了农村数字普惠金融的覆盖面。

8.4.2 移动理财开始兴起，数字普惠金融正发挥农村减缓贫困的积极作用

理财是家庭资产保值和增值的有效渠道，农村地区金融机构主要提供的是储蓄业务，这只是理财的一种最基本和最原始的方式。移动理财的出现，为农村地区普惠金融提供了新的业务模式，而且移动互联网可以与智慧金融进行结合，通过大数据的收集、挖掘和分析，在科学分析用户风险承受能力和信用评级的基础上，开发新型金融产品，根据农户风险承受能力低的特点，提供适切性的个性化理财服务。当然，由于理财具有一定的风险性，在面向农村地区的移动理财选项中，一切复杂的结构化、对冲性理财产品要坚决规避，刚开始以低风险的各种货币基金或者对接银行的理财产品为主，形成用户的移动理财习惯和移动互联网风险防范意识后，再逐步增加更多理财产品，为其中的高风险偏好人群提高投资收益。通过移动互联网，随时随地购买互联网保险，构筑家庭和个人的安全保障，理赔也可以更加便捷，使每个主体可以更有尊严、更有质量地生活。

8.4.3 移动融资成为中小企业融资必由之路，农村中小企业迎来多元化融资渠道

融资往往是企业发展过程中的一条必经之路，也是决定企业发展走势的重要能力，对于遍布全国广大农村地区的中小微企业和个体工商户来说，能够享受的银行类金融机构提供的融资服务占比很低，日常资金主要来自家庭资金和民间融资，资金不足、资金供小于求是常态，资金成本高是显著特征，资金来源不稳定。以移动互联网为手段，可以打造专门服务于农村地区的移动互联网融资产品，如网络小额贷款、互联网消费金融、互联网供应链金融，扩宽资金来源。目前，农村地区智能手机覆盖面也很广，使用微信、支付宝等相关软件的用户很多，依靠借款用户的网络大数据，开展互联网信用评估，扩大农村地区征信范围，可以真正构筑起农村地区信用体系，支撑最广大的信用社会建设，也可以有效降低借款过程中的信用风险，进一步促进借款利率的下降。

可以预想，未来的农村普惠金融市场将会是一个以移动互联网为主要工具，汇聚便民惠农各项服务的个性化金融产品，形成包括银行、证券、保险、供应链金融、消费金融、信托租赁、数字资产等业务场景在内的大超市。

8.5 移动互联网时代农村地区数字普惠金融发展的对策建议

8.5.1 制定移动互联网时代农村数字普惠金融发展战略

在国家监管政策的指引下，传统银行基本已设立"三农事业部"，且在贷款金额、年增长率、户均贷款等方面不断优化，以满足监管要求。而随着以云计算、区块链、大数据、人工智能、物联网、5G 移动通信等为代表的新一代移动信息技术的加速突破应用，经济社会各个领域正逐步向数字化、网络化、智能化发展，产业数字化时代俨然已经到来，普惠金融也正向数字普惠金融转型。2016 年以来，数字普惠金融的发展大大降低了普惠金融的经营成

本，扩大了服务范围，减轻了物理网点和营业时间的限制，提升了服务的效率，充分证明了大力发展数字普惠金融的必要性、重要性以及可行性。但是，县域"三农"、低端社区居民（如残障人士等）、小微企业和个体工商户对数字普惠金融的认知与使用还处于一个较低的水准，这需要政府部门尽早制定数字普惠金融发展战略，明确总体发展思路，促进各类金融机构、通信公司、互联网公司积极开拓市场份额，从而为全面建成小康社会全力提供金融支持。

在普惠群体、网点布局、金融产品设计与营销以及金融知识科普等方面可以遵循以下总体思路：依托普惠金融的服务宗旨，将县域"三农"、低端社区居民、小微企业和个体工商户等个体作为数字普惠金融的主要客户群体。其中，打通县域"三农"和小微企业两条路径是重中之重：在网点布局上，保留原本线下的基础建设，积极推进线上渠道，打造新金融基础设施，充分发挥金融科技与代理网点（如零售超市）的作用；在产品设计与营销上，针对不同地区、不同行业、不同年龄等特征的目标群体，提供金融产品套餐组合，实现金融服务最优化；在金融知识科普方面，将其作为一项长期的、基础的、必要的工作来做，让更多的个体了解数字普惠金融，享受数字普惠金融服务。

8.5.2　不断优化农村地区数字普惠金融发展路线图

在明确战略目标的基础上，围绕不同的目标客户群体，不断优化数字普惠金融的发展路线图和时间进度表。首先，依托"线上＋线下"渠道的组合方式，分别从村镇银行、小微银行、社区银行入手，优化业务办理渠道，坚持"部分业务最多跑一次，一些业务跑零次""让数据多跑、让人少跑"的创新优化；其次，依托数字普惠金融市场的特征，优化产品体系，针对"三农""小微企业""低收入社区人群"群体的特征，分别推出个性化数字金融产品，使不同的目标群体享受到最满意的数字普惠金融服务；再次，数字普惠金融的发展离不开数字化驱动因素的影响，围绕普惠金融群体的业务需求、客户定位、风险控制等问题，优化技术创新路径，促进技术的创新与应用，鼓励新兴互联网银行拓展农村新兴市场的数字金融业务；最后，优化数字普惠金融的风险管理路径，金融机构和类金融机构需要注重目标群体的使用体验,解决普惠群体使用数字化的后顾之忧。

8.5.3 打造综合型的农村地区数字普惠金融生态圈

传统金融机构与新兴互联网金融企业在提供普惠金融服务的过程中各有优劣,需要加强彼此的合作与支持;同时,新兴互联网金融企业、金融科技公司和传统金融机构需要加强与科技界、数字经济产业界的纵向合作,积极开展与电信、移动、联通三大通信运营商的合作,提高农村地区网络基础设施服务水平,并进一步与央行数字货币、第三方支付、电子商务、手机制造商等机构开展跨界合作,共同打造综合型的数字普惠金融生态圈,将数字普惠金融生态圈融入家家户户。

8.5.4 积极发挥教育在农村地区数字普惠金融发展中的作用

教育改变命运,教育是百年大计,是决定个体经济发展的重要因素。要把支持教育放在关键位置,让更多的孩子有机会接触到基础教育,让更多的农村青年享受到优质的高等教育,特别是高等职业教育。首先,政府及相关部门应加大对农村及偏远地区的教育资源投入,让更多的孩子有机会上学、有机会接触到好的教学资源;其次,国家应该加大对西北地区高校的经费投入,充分保障其更好更快地运转;最后,对真正贫困的学生提供特殊入学途径。唯有知识可以改变命运,教育在数字普惠金融发展中的地位非常关键,当前教育的渠道也越来越多元化,移动互联网使得随时随地学习成为现实。当学习者了解信息技术、了解数字普惠金融后,就可以将数字普惠金融作为生活的一个组成部分,作为减缓贫困的一种手段。

8.5.5 守护系统性风险防范底线,试点"监管沙盒"支持农村地区数字普惠金融业务创新

创新与监管是永恒的主题,在农村地区更加突出。农村地区的居民风险意识较弱,更容易冲动,口口相传的影响力也很大,风险辨识能力不强,而一旦产生风险损失,带来的家庭影响和社会影响也会很高,容易产生极端报复行为。所以农村地区的数字普惠金融业务,安全问题会更加突出,安全事

件的发生会更加出人意料。一定要守住不发生系统性风险的底线，做好业务准入、现场监管和事后处置各项工作，并及时防范风险外溢，防止致贫、致残等事件发生。以数字货币为例，由于具有去中心化的特点，使得洗钱、恐怖融资等更加方便，一些货币交易市场缺乏必要的监管，价格起伏较大，投资者损失的概率高。对于各类移动互联网金融业务，一定要摆脱"法无禁止即可为"的思想，尽快推广建立"沙盒监管"机制，严格控制各类风险敞口，条件成熟时有序引入各类成熟的大数据、人工智能、区块链等技术，同时发挥传统农村地区积累的有效的风险评估手段，为数字普惠金融的发展有效控制风险。

8.6　案例分析：移动支付大战硝烟四起，农村地区普惠金融踏上新征程——兼评 BAT 的移动支付战略

　　猴年春晚，以 BAT 为代表的红包大战硝烟四起，当然与这三家企业目前在互联网市场的活跃程度完全相符。背靠"银联"，Apple Pay 于 2016 年 2 月 18 日正式入华，市场再次风起云涌。而自 2016 年 3 月 1 日起，微信支付将对超额提现交易收取手续费，微信意欲何为？移动支付在这段时间一直占据市场头条，那么红包和移动支付有什么关系，为什么互联网企业会重金攻占移动支付市场，BAT 的移动支付战略是如何定位的，移动支付市场会走向何方呢？这些都是当前金融领域的热点话题。

　　近两年，因为移动互联网的参与，红包变成了一项全民参与的活动，尽管远隔千山万水，依然可以及时交互。互联网红包兼具社交属性和支付属性，能够吸引用户体验，快速积累用户群体，培养用户的移动支付习惯，还可以借助移动支付串联起多个生活服务消费场景，形成消费场景，实现商业、金融支付 O2O 闭环，所以每一个红包的背后都是一份社交关系、支付关系乃至消费行为。

　　红包大战的背后其实是争夺移动端支付客户，因为随着中国移动互联网用户的增长，移动支付的场景也已逐渐建成，移动支付早已超过互联网支付成为第三方支付的主要渠道。借助春晚这个大平台，红包大战明显带动了三

四线城市以及广大农村地区的移动支付用户。这为普惠金融提供了良好的契机，普惠金融意味着让更多的人能够享受金融服务，从 2005 年提出后，"最后一公里"实在难以逾越，智能手机的普及为此提供了很好的载体。借助春晚，让移动支付的市场扩展到广大农村，培育用户习惯，为以后的信贷、理财服务打下良好的基础，解决金融服务缺乏的难题。

支付是金融的基石，支付也是金融业务唯一的高频入口，毕竟理财、信贷、保险等不会经常发生，而支付则可以随时产生，支付以账户为依托，而且"得账户者得天下"。在当前的第三方支付市场，支付宝和腾讯旗下的财付通占据了绝大部分的市场份额：2004 年成立的支付宝依靠先发优势以及阿里集团强大的电子商务，占据 70% 左右的市场份额；财付通占据 15% 左右的市场份额。财付通目前和支付宝仍有差距，腾讯在金融上的投入也远不及阿里的投入，依靠着微信庞大的用户群，腾讯是要做大第三方支付方式——财付通的。支付宝成为春晚合作伙伴的背后是想带动社交，实际上"社交带支付"比"支付上加社交"更加容易，这也表现为很多人在春晚当天通过微信发红包和交流，请好友通过支付宝账户来赐福。相比阿里和腾讯，没有资金流、供应链、社交网络等整合优势的百度在互联网金融上的布局要弱，百度在 2015 年 7 月才取得第三方支付牌照，其优势在于用户流量和搜索能力，但这是没有账户特性的，而在金融领域，账户特性非常重要。百度可以利用的就是大数据，比如查询金融产品和比价，将其打造成一个第三方金融产品的大平台或大超市，从而在互联网金融领域找到自己的入口和定位。

金融是经济的核心，各家互联网企业积累了大量的客户，比如电信公司、360 等，提供金融服务、导入用户是很好的一种财富变现的方式。这也表现为近两年基金市场的快速发展中，互联网企业为基金销售提供了良好的平台，沉淀的大数据也可以提高金融服务的精准性，进一步推进利率市场化。相比互联网业务，互联网金融产品则完全不同，在金融这件事情上，通过互联网的方式进行渗透，谁都能做，谁都有角度可以做，因为技术问题已经不是难题，所以很难形成核心竞争力，竞争只会越来越激烈。

第三方支付在提供普惠金融服务的同时，对传统银行来说，则意味着在支付领域受到更多的威胁，银联卡的支付业务减少，所以以后借助苹果、三星、华为等手机品牌，为银行卡支付提供工具，会成为银联进入移动支付的法宝。微信转账收费的根源在于，与支付宝的电子商务环境不同，微信支付缺乏场景，通过收费引导用户利用红包消费，从而避免微信支付沦为用户提现的工具，这只有通过社交的稳定性才能做到。

对于用户来说，处于"互联网＋"的风口，需求往往是被激发出来的，由于历史上长期的金融抑制和银行业的垄断地位，居民的金融需求被压制，移动互联网借助开放、平等、共享的特点，为普惠金融的实施提供了有效的载体。对于居民来说，在能够控制好风险的前提下，通过移动支付确实得到了更好的用户体验，当前中国移动支付的应用场景的普及度、成熟度、用户体验居于世界领先地位，普惠金融完全可以从最高频的支付环节入手。综合而言，由支付产业开端的数字普惠金融业务正在形成由点及面的形态，业务模式也更加智能化、人性化，农村的支付业务乃至金融业务也正在成为新的"蓝海"。

参考文献

［1］吴金旺，顾洲一．移动互联网与农村地区数字普惠金融创新发展［J］．齐齐哈尔大学学报，2020（3）．

［2］周俊生．数字金融推动普惠金融"弯道超车"［N］．上海金融报，2016 - 08 - 05．

［3］毕舸．数字普惠金融需要更多的政策"普惠"［N］．每日经济新闻，2016 - 08 - 02．

［4］焦瑾璞，孙天琦等．数字货币与普惠金融发展——理论框架、国际实践与监管体系［J］．金融监管研究，2015（7）．

［5］江瀚，向君．以移动互联网推动普惠金融发展［J］．金融发展研究，2015（10）．

［6］朱纯福．银行移动金融发展与货币数字化、财富积累［J］．金融论坛，2015（2）．

［7］吴金旺，郭福春，顾洲一．数字普惠金融能否显著减缓贫困？——来自浙江嘉兴调研的行为数据［J］．浙江学刊，2019（4）．

［8］吴金旺，顾洲一．数字普惠金融文献综述［J］．财会月刊，2018（19）．

9 浙江打造互联网金融创新中心助推数字普惠金融发展的实践

9.1 引言

2015年2月，浙江省政府发布《浙江省金融产业发展规划》，指出全省将着力构建五大金融产业、四大金融平台、三大区域金融布局的"大金融"产业格局，加快金融机构、金融市场、金融业务创新，进一步推进金融产业实力强和金融服务实体经济能力强的"金融强省"建设，计划到2020年末，将着重培育具有全国影响力和引领带动作用的"互联网＋"金融企业10家以上，打造"全国互联网金融创新中心"。"互联网＋"、供给侧结构性改革的新常态下，浙江省充分发挥"民营经济大省、金融强省"的历史优势，着力转型"创新强省、数据强省"，重点建设互联网金融高地，建设互联网金融创新中心。"十三五"期间，加快形成包括信息、金融在内的八大万亿产业为支柱的产业体系，信息与互联网交叉融合的互联网金融正是重中之重。浙江省的互联网金融蓬勃发展的势头非常明确，P2P网贷、众筹、第三方支付三个细分行业中，浙江省的龙头企业数量均排名全国第四，交易量、客户规模等指标国内领先，尤其是科技金融独角兽蚂蚁金服打造的金融生态系统影响辐射力巨大，其他互联网金融业态也呈现蓬勃生机与活力。

互联网金融在一定程度上改变了金融交易的方式，是在我国金融业长期存在的金融供求不匹配形势下的创新，代表了普惠金融的趋势。互联网与金融业的快速融合促进了我国互联网金融的飞速发展，一方面极大地推动了传统金融机构的技术创新，另一方面大型互联网企业纷纷利用技术优势进入金融领域，依托经济增长红利、政策红利、人口红利、技术红利等，使中国的互联网金融行业与其他行业，如人工智能、生物医药等相比，非常罕见地在国际上都处于领先地位，并直接或间接地带动了全球特别是广大发展中国家的互联网金融化改革进程，促进了数字普惠金融的有效落地。

从业务来看，互联网金融与数字普惠金融具有很大共性，相信随着各项监管政策的正式出台，互联网金融行业将不断正规化、规范化，一个行业高度自律、企业诚信发展、政府监管完善的体系必将形成，推动互联网金融企业回归金融本质，注重利用科技的力量解决传统金融行业的痛点，互联网金融也必将大跨步地迈入数字普惠金融时代。本书基于政企联动视角，以浙江省"十三五"期间打造互联网金融创新中心为主线，分析浙江省打造互联网金融创新中心的四大优势与四大成就，总结建设互联网金融创新中心"一体两翼"（"一体"指产业布局，"两翼"指监管规范与政策支持）的中式样本的六大经验，全面助推浙江省金融改革和经济转型升级，为国家数字金融产业的发展贡献"浙江力量"。

浙江互联网金融与金融科技创新创业的模式，已成为全国学习的榜样。浙江省互联网金融创新中心建设的优势是什么？浙江省互联网金融创新发展的现状如何？浙江省政企联动推动互联网金融创新中心建设的经验有哪些？本书围绕这几个问题展开深层次分析。

9.2　浙江省互联网金融创新中心建设的优势

浙江省在建设互联网金融创新中心上有着历史性机遇和先天性优势（见图 9 - 1）。信息经济的发达和创新文化氛围，为互联网金融创新提供了肥沃土壤；市场资金供给充裕和融资需求的日益增长，为互联网金融创新及发展提供广阔空间；具有导向性和前瞻性的政策，为互联网金融创新铺下一条健康发展的康庄大道；互联网金融龙头企业的辐射作用，激活、带动了更多的企业加入互联网金融创新创业的行列。

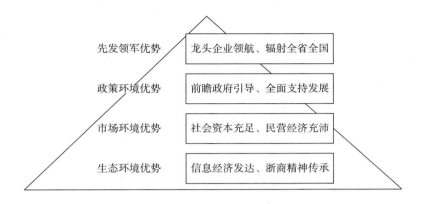

图 9 - 1　浙江省打造互联网金融创新中心的优势

9.2.1　互联网 + 浙商精神，提供优质生态基础

信息化技术高，网络经济起步早。互联网金融的发展壮大需要依靠互联网基础设施，基础设施的进一步建设、应用以及终端普及，解决了最开始的资源问题，继而需要大数据、云计算、区块链等先进技术的支持。浙江省信息化建设起步较早，水平位列全国前四位。作为互联网科技强省，浙江省拥有大量的数据资源和高新技术企业，为建立互联网金融行业的"浙江标准"提供了技术保障。

创业氛围浓厚，创新精神突出。浙商兼具创新、激情、智慧和勇气，这构成了浙江省内涵丰富的创业生态体系。得益于浙江省独有的创业土壤和浙商精神，浙江省互联网金融企业因为强大的创新意识和能力，成为互联网金融创新与发展的先锋。互联网金融在本质上就是一种创新，是一种具有颠覆性的金融创新，而"敢为人先、特别能创业"的浙商精神为互联网金融创新奠定了深厚的文化基础。

9.2.2　供求繁荣各得所需，呈现特色市场环境

在浙江省民间金融起步早、体量大、接受广的大背景下，充裕的社会资本和旺盛的中小企业资金需求为互联网金融发展提供了更广阔的前景。供给方面，浙江省民间资金供给充裕，居民生活消费水平居全国前列，居民强烈

的投资、消费需求已成为互联网金融供给侧结构性改革的最强动力。需求方面，浙江省小微企业众多，强大的市场需求推动着金融创新不断前行。浙江省是中国民营经济大省，浙江省市场监管局数据显示，截至 2018 年 12 月底，全省共有各类市场主体 654.23 万户，其中在册企业 224.47 万户，在册内资企业 220.47 万户，在册内资企业中私营企业 204.72 万户，个体工商户 422.63 万户，农民专业合作社 62 580 户。浙江省小微创新企业量大面广，但长期呈现出"中小企业多融资难、民间资本多投资难"的"两多两难"困境，由此滋生了庞大的投融资需求缺口，使浙江省互联网金融的需求持续增长。

9.2.3 导向明确、宽严并济，搭建良好政策环境

浙江省、市政府把金融及新金融作为新的万亿产业，对互联网金融长期健康发展十分重视，相继出台了一系列促进互联网金融创新发展的政策和措施。浙江省在 2015 年 2 月 2 日出台了《浙江省促进互联网金融持续健康发展暂行办法》，这也是全国第一个互联网金融行业专门地方法规，为浙江省互联网金融行业、企业、投资人、消费者和社会各界指明了方向、增强了信心、坚定了信念。相比全国各省份，浙江省政府对待互联网金融创新的态度可谓严中有宽、目光深远。2016 年，在全国对互联网金融行业进行整治肃清的同时，浙江省、市政府为大力鼓励和支持互联网金融行业的持续健康发展，率全国各省之先分别颁布了《浙江省金融产业发展规划》和《关于推进互联网金融创新发展的指导意见》两份文件，对互联网金融行业加以规范和引导，致力于将浙江省打造成全国互联网金融的新高地，提出打造"全国互联网金融创新中心"，为互联网金融的稳健发展与改革创新提供了合法的创新环境和史无前例的大舞台。

9.2.4 龙头企业领航全国，把握先发优势机会

蚂蚁金服是全国互联网金融创新发展的龙头企业，2013 年诞生的"余额宝"开创了全国互联网金融创新发展新纪元，作为蚂蚁金服成长、壮大的故土，浙江省当之无愧地成为互联网金融行业创新的第一战线。自 2004 年第三方支付的创始性产品"支付宝"面世，到联手天弘基金跨界发展互联网理财，

再到成立蚂蚁金服、收购恒生电子、成立浙江网商银行，其在金融领域的跨界涵盖了第三方支付、互联网理财、网贷、众筹、保险、担保、互联网银行、互联网征信等业务。随着经营主体与业态的丰富，辐射面迅速扩展，逐步架构起阿里金融生态体系。

9.3 浙江省互联网金融创新成就与现状

　　浙江省互联网金融的发展和创新程度，一直获得社会各界的高度认可和证实。在《全国各省市互联网金融发展指数分析报告（第三期）》①中，2016年上半年浙江省互联网金融发展指数②仅次于上海、北京的发展指数，位列第三，早已超越广东、江苏等重点省市，在投资、货基、保险和支付等领域的创新发展方面均表现优异，继续保持了2014年、2015年的领先势头。

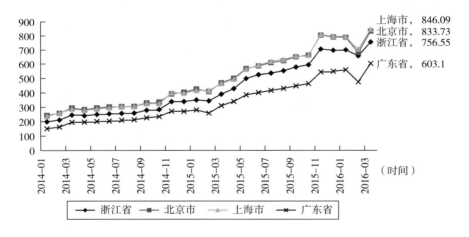

图 9-2　浙江省互联网金融发展指数位列全国第三

　　值得一提的是，浙江省所有 11 个市的互联网金融发展指数，均位列全国335 个市的前 55 名，其中，杭州市以绝对优势位列榜首。

---

　　① 该报告于 2016 年 7 月发布，数据统计区间为 2016 年 1 月至 6 月。
　　② 互联网金融发展指数：收集包括央行、企业、第三方研究机构在内的海量互联网金融数据进行指标建构与分析，对互联网支付、互联网金融信贷等六类业态进行指标衡量，并汇总为互联网金融发展指数总指标，是显示各地互联网金融发展差距的量化参考指标。

表 9 – 1　　浙江省 11 市互联网金融发展指数在全国 335 个市中的排名

排序	地区名称	互联网金融发展指数
1	杭州市	1 202.88
11	金华市	779.73
13	宁波市	736.89
15	温州市	714.88
19	嘉兴市	674.66
27	绍兴市	614.6
29	湖州市	594.04
31	台州市	585.2
37	舟山市	553.5
45	丽水市	499.65
55	衢州市	454.47

值得关注的是，《北京大学数字普惠金融指数2011—2015》指出，每个城市的数字普惠金融指数[①]和互联网金融发展水平，几乎与该城市到浙江杭州的地理距离成反比，即离杭州越近，互联网金融发展水平越高，可见互联网金融具有很强的辐射引领作用和集群示范作用。

9.3.1　互联网金融创新与传统金融创新齐头并进

互联网金融创新不仅代表着互联网为金融服务提供了高效率、低成本的解决方案，更代表着金融企业改革创新的新思路和新做法，是对传统金融的传承与创新。浙江省传统金融机构和互联网金融企业齐步创新、协同并进，依托互联网金融发展绿色、小微、普惠金融和科技金融，进一步推进金融供给侧结构性改革。

互联网金融企业蓬勃发展并名列前茅。从细分行业企业数量、成交量等指标看，浙江省成为互联网金融创新中心当之无愧。网贷之家数据显示，截至2016年末，全省正常运营的 P2P 和网络理财公司共 280 家，年交易额达到 2 216 亿元，仅次于北京、上海、广州，位列第四。相比网贷，众筹尤其是股

---

①　数字普惠金融指数：补充原有依赖于传统金融的产品和服务而构建的普惠金融指标体系，充分考虑到互联网金融及其带来的数字普惠金融的优势，更准确地刻画我国数字普惠金融的发展现状。

权众筹处于起步阶段，截至 2016 年 6 月，浙江省各类型众筹平台共 27 家，筹资规模达 14.17 亿元，仅次于北京、广东的规模。2015 年，全省互联网基金销售公司有 3 家，销售金额达到 2 000 亿元，同比增加 150%。全国首家互联网保险公司众安保险、全国第一家云上银行浙江网商银行均已上线运营，业务增长迅猛。

传统金融机构积极推进互联网化改革创新。第一，在"鲇鱼效应"影响下，商业银行互联网金融化改革明显提速。《商业银行互联网战略转型研究》指出，浙江省内的银行是最早与阿里巴巴等互联网企业开展合作的，浙商银行、金华银行、宁波银行等在全国银行互联网战略转型中表现优异，特别是浙商银行的互联网化改革已经成为金融机构学习的榜样。第二，新金融机构应运而生。浙江网商银行、温州民商银行、杭州银行消费金融公司等新金融机构陆续诞生，信托公司、金融租赁公司、消费金融公司和企业集团财务公司等非银行金融机构也在不断转型发展。第三，金融机构与互联网企业紧密合作。在 P2P 平台资金存管的监管要求下，浙商银行与 P2P 企业积极开展资金存管业务合作，解决网贷机构的难点问题。杭州银行 2015 年与生意宝①等互联网企业合作，共同组建杭银消费金融公司②，推出基于大数据和移动互联网的"云抵贷"互联网抵押贷款产品；财通证券与同花顺合作，携手拓展线上线下互联网证券服务。

9.3.2 互联网金融产品业态创新百花齐放

浙江省在互联网金融领域的产品不断拓展丰富，创新应用层出不穷，形成了百花齐放的互联网金融产业全景。以支付宝、余额宝等为代表的新兴互联网金融机构对浙江省整个金融体系产生了"鲇鱼效应"，极大地促进了金融体系的变革和效率提升。随着互联网金融创新创业类企业的增多，P2P、股权众筹、互联网支付、互联网金融产品销售平台等互联网金融业态愈加丰富、

---

① 即浙江网盛生意宝股份有限公司，是一家从事互联网信息服务、电子商务、专业搜索引擎和企业应用软件开发的高新企业。

② 2020 年 4 月，杭银消费金融公司股东变更为杭州银行、中国银泰、西班牙对外银行（BBVA）和海量集团。

百花齐放，俨然成为浙江金融的一张"新名片"。在杭州的西溪谷、钱江新城、玉皇山南基金小镇等聚集区，集聚了蚂蚁金服等一批新兴的互联网金融企业，和恒生电子、同花顺、融都科技、同盾科技等一批上市或者新三板挂牌的互联网金融信息服务商，形成了多元化、移动化、数字化、智能化的新金融业态、产业全景及其代表企业或产品。

2016 年以来，互联网金融进入整顿期和升华期，经过对接监管规范、产品研发、业务剥离、行业细分、兼并整合等一系列动作，互联网金融产品创新更为稳健和丰富，如网络借贷的细分产品就包括汽车贷、电商贷、供应链金融、政府平台融资等，互联网金融业态更为多元，垂直细分领域精彩纷呈、机会无限。

9.3.3 金融技术应用精益求精

互联网金融在国外被称为 FinTech（金融科技），这正说明技术对互联网金融的重要性，在浙江优越的信息经济环境大背景下，技术创新是浙江省互联网金融企业的生命力，是助推金融改革创新和互联网金融走向创新高地的关键所在。信息技术对互联网金融的重要性首先体现在更高效、便捷的服务。以蚂蚁金服为例，互联网技术突破了金融活动的时空限制，让金融的边界变得模糊，促进了普惠金融的发展，因而取得巨大成功；支付宝又极大地增加了金融服务的可获得性，反过来促进了互联网金融行业的发展。同时技术在金融领域更深层次的应用渗透到金融体系的方方面面，如大数据画像、营销服务、资产定价、风险控制及内部管理等。萧山农商行 2015 年推出"电商云仓贷"，利用大数据为电商小微企业提供便捷贷款；2016 年浙江大数据交易中心落成，为全省提供统一大数据交易平台；以迈宁数据、杭州绿湾为代表的众多互联网金融科技企业，利用大数据技术为互联网金融和传统金融企业提供着多样化的数据服务……无论是政府、金融机构，还是科技企业，均为金融技术应用的创新不断贡献着自己的力量。

9.3.4 互联网金融地域创新特色显著

浙江省互联网金融的发展与浙江省金融业的发展一样，呈现出鲜明的地域分块特色，各地特有金融试验区基础扎实，实现了协同发展，逐步发展出各具特色、各有所长的互联网金融行业形态。

杭州：打造全国互联网金融创新中心，全面发展，领衔全国。截至 2016 年 11 月，杭州聚集了 433 家银行、证券、保险等金融机构，金融业的增长值占地区生产总值的比重已经将近 10%；全市共有境内外上市企业 127 家，居全国城市第四位。玉皇山南基金小镇、钱塘江金融港湾等特色小镇的规划与建成，充分发挥了金融集聚区的作用；中国（杭州）跨境电子商务综合试验区则大力发展供应链金融与电商贷款业务；而杭州拥有的风险投资、天使投资和私募强项，正逐渐引导企业迈入股权融资时代。

温州：打造民间金融试验区。借力温州金融改革历史机遇，全面整合民间借贷登记服务中心、互联网金融服务中心等已有资源，促使民间借贷阳光化。

宁波、舟山：全力打造海洋物流金融中心，创新互联网＋港口物流金融。一方面，打造浙江省海洋经济核心示范区、海洋经济综合开发试验区；另一方面，大力发展以"互联网＋港口物流"为特征的物流与供应链金融。

其他地区：台州是小微企业金融服务改革创新试验区，鼓励支持泰隆银行、台州银行和民泰银行三家民营银行推进互联网金融改革；丽水、衢州以农村金融改革试点为依托，利用先进信息网络技术构建银、政、企信息交流平台，完善农业保险制度，走好普惠金融"最后一公里"；金华（义乌）牢牢立足义乌国际贸易的厚实基础，加大线上与线下、电商与实体的融合，积极探索供应链金融；嘉兴主动承接沪杭，力争成为全国互联网金融中后台；湖州以佐力小贷（浙江省最大的持牌小额贷款公司）为突破口；绍兴加强与绍兴 E 网等城市生活门户网站的合作，形成自身城市品牌特色。

9.4 政企联动发展互联网金融创新中心的"浙江经验"

浙江省政企联动发展互联网金融创新中心的模式可概括为"一体两翼"模式。"一体"指浙江省对互联网金融产业的鲜明政策导向和产业布局规划；"两翼"指为了实现互联网金融创新中心的建设，分别是监管规范和政策支持。

在监管规范方面，浙江省因势利导携手互联网金融行业渡过2015—2016年的清理整顿难关，并积极制定推出更有利于发展的长效监管机制。在政策支持方面，浙江省对互联网金融创新所需的人才、资金、技术等方面利用政策进行倾力支持。有了良好的政策支持和监管氛围，浙江省在产业布局方面突出特色区域规划，建立互联网金融集聚区和特色小镇，同时创新各类方法加强国际合作、政企合作、行企合作，加大人才引进与培养力度，助力"全国互联网金融创新中心"及"中国互联网金融创新高地"的打造与建成。

浙江省打造互联网金融创新中心的政企联动路径经验"一体两翼"如图9-3所示。

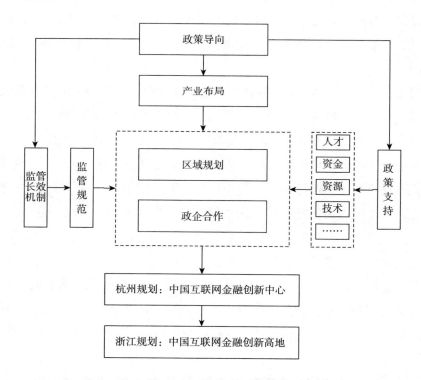

图9-3　浙江省互联网金融创新政企联动路径经验"一体两翼"

9.4.1　政策导向明确、产业布局明晰，激活互联网金融创新基因

互联网金融之于浙江省，最显著的影响就是可以通过互联网跨区域、跨

国家引入资金，重点支持本地小微企业发展，助力浙江省金融改革乃至浙江省经济转型升级的重大变革。浙江省深刻意识到互联网金融对未来浙江省金融改革及经济发展的深远影响，出台了互联网金融相关的政策意见，政策导向非常明确，产业布局也很明晰，为浙江省互联网金融创新发展描绘了宏伟蓝图。

浙江省金融办 2015 年 1 月牵头会同人民银行杭州中心支行、银监会浙江监管局、证监会浙江监管局、保监会浙江监管局印发《浙江省促进互联网金融持续健康发展暂行办法》，坚持服务实体经济、坚持开放包容、坚持风险底线思维和坚持信息披露公开透明。前瞻性政策在业内引起巨大反响，增强了互联网金融企业在浙江省发展的信心，也给企业规范经营提供了有效指导。浙江省人民政府办公厅牵头编制的《浙江省金融产业发展规划》也将互联网金融作为重点打造的五大金融产业之一，计划到 2020 年，培育具有全国影响力和引领带动作用的互联网金融企业 10 家以上。省会杭州市出台《关于推进互联网金融创新发展的指导意见》，提出了打造"全国互联网金融创新中心"的目标。随着杭州西溪谷、钱塘江金融港湾、未来科技城等互联网金融集聚区建设的不断推进，互联网金融的"浙江经验"俨然形成，互联网金融产业的"浙江品牌"正快速形成，并通过分公司或者控股子公司的形式辐射到省外。

9.4.2　因势利导监管、深化长效机制，规范互联网金融健康发展

本着引导和支持互联网金融行业服务实体经济、服务小微企业的原则，为实现普惠金融发挥积极作用的监管原则，浙江省政府明确指出不能盲目支持互联网金融的发展，加强行政监管和司法打击是保护互联网金融健康发展的必要举措。浙江省政府在互联网金融行业发展中坚守原则、因势利导，既严抓严打有害于实体经济发展的互联网金融案件，又稳步落实互联网金融监管长效保障机制，在加强监管、统筹协调的基础上形成监管合力，开展穿透式监管，加强跨行业、跨市场的风险防范和处置协作，为互联网金融健康发展奠定了良好的基础。

从 2014 年开始，浙江省公安厅经侦总队就连续部署了"投资管理类公司排查"等专题排查活动，对核查中发现的可疑公司，通过会同相关部门联合约谈告诫、工商税务施压、物业劝离等措施实施清退。2015 年，互联网金融欺诈事件集中涌现，浙江省公安厅针对借互联网金融名义实施非法集资以及部分互联网金融因经营不善而倒闭"跑路"等案件高发的态势，持续加大排查和打击力度，对违法违规经营且构成犯罪的互联网金融企业，提高法律威慑力，予以严厉打击制裁并追究刑事责任。

互联网金融是创新型金融，符合浙江经济新常态下的金融改革理念，其系统性风险较小，创新发展带来的好处远大于弊端，因此适度宽松的监管政策更为合适。在 2015 年底以"e 租宝"为代表的网络借贷行业案件引起全社会的高度关注，全国各省从严管理、纷纷出台禁止投资类企业工商注册登记时，在基于总体风险可控的前提下，浙江省在加大打击违法犯罪力度的同时，颇有远见地放开投资类公司注册，为互联网金融创新留下了更大的空间。随着 2016 年 4 月国务院办公厅下发《关于印发互联网金融风险专项整治工作实施方案的通知》，浙江省立即制定《浙江省人民政府办公厅关于印发浙江省互联网金融风险专项整治工作实施方案的通知》（浙政办发〔2016〕62 号文件），建立监管长效机制，促进互联网金融规范有序发展。2017 年 1 月，浙江省人民检察院专门出台了《关于加强互联网金融刑事检察工作的意见》，加强互联网金融相关刑事司法保护，建立健全行政执法与刑事司法衔接机制，提高互联网金融检察工作能力。

9.4.3 多维政策支持、利好层层推进，推动互联网金融创新开花

硬件设施建设到位、提供良好孵化环境。互联网金融企业的创新与发展首先离不开孵化器等基础设施的支持。浙江省为互联网金融发展提供一流的基础设施和服务。例如，按照"有核无界"的布局原则，2015 年 2 月全国首座互联网金融大厦在杭州落成。在硬件方面，浙江省为企业提供 3 万平方米办公场地及各类中心、广场、会议室和配套设施；在软件方面，推出人才集聚、产业孵化、政务互动、科技金融服务等八大平台，力图解决企业创业发

展过程中遇到的各项关卡和困难，为创新创业提供良好孵化环境。

政府财税支持、优化贷款投向。一方面，浙江省（包括各地市）为支持互联网金融发展，出台了一系列财政、税收、补助等资金支持政策。如 2015 年 11 月浙江省办公厅出台《关于大力推进大众创业万众创新的实施意见》后，各地市也出台了很多相应的政策，吸引互联网金融企业落户或支持有条件的企业依法设立互联网金融企业。另一方面，政府致力于优化全省各银行的贷款投向，引导银行贷款向包括互联网金融在内的科技类企业倾斜。杭州市 2016 年印发的《关于促进科技、金融与产业融合发展的实施意见》中，明确提出要创新银行科技信贷支持模式，并设立信贷风险补偿池。如杭州银行科技支行专门为科技型中小企业提供创新融资解决方案，快速准确对接杭州地区的科技金融潜在客户，并在产品、服务模式等方面不断创新，解决了上千家科技型中小企业的资金难题，而且不良贷款率不到 1%，比其他业务低很多，成效显著。

创业软环境改革、推进网络诚信建设。互联网金融企业的创新与发展需要良好的创业平台和信用环境。互联网金融企业可以有无数的小创新，但若没有政府主导的创新创业平台，它们将无处孵化；若没有政府搭建的包括信用体系在内的大金融环境，它们几乎无法落地。2016 年 1 月，浙江省人民政府印发的《浙江省"互联网+"行动计划》指出：大力推进互联网网络诚信建设，建立信用评价体系，建立涵盖政府、企业、个人的网络信用档案，依托浙江政务服务网，完善社会信用基础数据库和信用公示平台。

促进技术进步与共享、保护技术产权与成果。技术是互联网金融创新的第一生命力，保障和推进技术进步就是在支持互联网金融创新。在《浙江省"互联网+"行动计划》中提出，通过严格实行知识产权保护制度，建立有效的中小企业知识产权综合服务和援助机制；加快完善浙江省科技创新云服务平台和全省知识产权信息平台，完善科技创新成果转化体系。

9.4.4　全面政企合作、创新协作路径，促进互联网金融创新结果

在互联网金融创新方面，浙江省政府采取了多种路径和方法跟进企业合

作。首先，与各类互联网金融企业开展战略合作是省内各地市一直在推进的工作；其次，浙江省政府产业引导基金近年来逐步开始收获成效；最后，行业自律组织成为政府与企业协作的良好沟通桥梁。

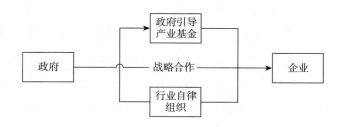

图 9 - 4　浙江省互联网金融政企合作模式示意图

政府与企业全方位开展战略合作。早在 2013 年，浙江省政府就与阿里巴巴集团开展战略合作，在《2016 年浙江省人民政府与阿里巴巴集团战略合作工作要点》中提到，浙江省政府支持阿里巴巴重点项目建设，包括阿里云和大数据产业、网商银行的创新发展，共同建设浙江信用体系等，取得了积极成效。又如 2016 年 7 月，诸暨市人民政府、恒丰银行杭州分行、深圳赛飞软件有限公司三家单位签订战略合作协议，诸暨市人民政府全力支持合作方推进创业创新项目开展，并在行政审批、政策扶持、人才支撑等方面提供便利。

政府与企业成立产业引导基金。金融是现代经济的核心，金融和互联网金融领域是浙江省政府产业引导基金的重点投向领域之一。浙江省首推"PPP + P2G"模式①，尝试解决政府融资受限、资金不足和民间资本无处可投之间的矛盾。另外，浙江省民间资本也加速在互联网金融行业中谋势布局，如杭州国瀚是浙江省首家由民间资本控股的金融控股集团，致力于打造百亿级金融控股平台。

政府与互联网金融企业协作建立互联网金融行业自律组织。2015 年 9 月，浙江省成立互联网金融业的行业自律组织"浙江省互联网金融联盟"，省金融办为指导单位，该行业自律组织由浙江大学互联网金融研究院、蚂蚁金服和

---

①　"PPP + P2G"模式：指将 PPP（政府与社会资本合作模式）与 P2G（创新互联网金融模式）结合起来。P2G 是 P2P 的垂直细分模式之一，通过搭建民间资本参与政府基建项目的中间桥梁，同时为投融资两端提供高效率、低成本的政信资产撮合交易服务。

浙商银行牵头筹建。联盟搭建了政府与企业的沟通平台，加强行业监督引导，通过数据集中平台提高透明度，通过自律与创新服务推动行业发展。① 杭州市互联网金融协会同月成立，开展行业促进、信息宣传、交流合作等业务，推进、维护杭州互联网金融行业的健康发展。

9.4.5 特色区域布局、彰显集聚力量，打通互联网金融发展血脉

在浙江省金融产业的区域布局上，有杭甬金融核心区、区域金融特色城市和金融特色小镇三类区域金融建设路径，而"特色聚集区"是区域金融的基础模块。按照"政府引导 + 市场运作"模式②，促进高端要素集聚，形成专业性、功能型金融集聚地。

杭州"一湾五镇"着重互联网金融聚集区建设成效初显。《杭州市金融业发展"十三五"规划》指出，杭州要形成"一湾五镇多点"的新金融空间支撑体系，在国家级高新区建设科技金融专营机构聚集区。"一湾"即钱塘江金融港湾，其中钱江金融大数据创新基地密集分布着互联网金融企业。"五镇"中的"西溪谷互联网金融小镇"是首个"杭州市互联网金融集聚区"，包括西溪谷和云栖小镇，重点发展互联网金融产业。西溪谷已经拥有互联网金融八大重点细分业态③，互联网金融产业的财政贡献率超过了60%。依托西湖区独特的区域优势、人文优势、科研优势，杭州成为长三角南翼区域金融中心主引擎，打造国内外互联网金融产业发展的集聚区和创新示范区。浙江省多个小镇大力引进互联网金融产业建设，包括玉皇山南基金小镇、嘉兴南湖基金小镇等在内的特色金融小镇也大力引进互联网金融产业。以南湖基金小镇为例，专门设立互联网金融机构落户运营服务部门，有专人免费为互联网金融机构办理注册、变更、开户等全套行政审批手续；建设南湖互联网金融学院培养专门人才。

---

① 浙江互联网金融联盟，http://www.z-aif.com/。
② 引入社会资本成立专业的开发公司进行市场化运作，政府加强配套政策支持。
③ 指电商结算业务、小微贷款业务、类余额宝业务、网络债权融资、网络股权融资、互联网金融交易平台、互联网金融后台服务、网上自由贸易区和跨境电商金融业务。

9.4.6 产教融合、研究应用并举，推进互联网金融专业人才培养

百年大计，教育为本。互联网金融创新领域的持续健康发展关键靠人才输入。快速发展的互联网金融行业急需大量专业化人才，依靠浙江大学、清华大学长三角研究院等一流高校研究机构培养高层次互联网金融人才，浙江金融职业学院等优质高职院校培养应用型互联网金融人才，形成完善的人才供给结构，在实践中推进专业人才培养的改革与创新。

9.5 浙江省互联网金融创新中心发展展望

随着浙江省互联网金融创新中心的建成，一批有全国影响力的互联网金融集聚区落成，一批具有全国辐射力的互联网金融交易服务平台逐渐成熟，一批互联网金融创新产品在全国市场拥有了较大占有率。这将进一步转化为推进普惠金融和金融改革的动力，转化为浙江省经济转型升级的引擎，进而为全国互联网金融创新发展提供更多的"浙江力量"。

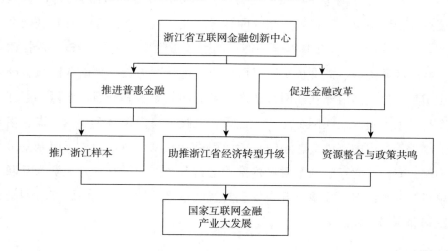

图9-5 浙江省互联网金融创新中心发展展望示意图

9.5.1　全国互联网金融创新中心基本建成，推进普惠金融、促进金融改革

当全国互联网金融创新中心基本建成后，首先受益的一定是互联网金融产业和与互联网金融直接相关的人群。当浙江省具有了一流的金融服务平台、企业与产品时，更多的小微企业和人群将从中受益，以更便捷、更安全、更智慧的方式进行金融活动，使金融成为生活的一部分，"两多两难"问题得到巨大缓解，数字普惠金融在浙江省每个角落得到推进和落实。同时，中心的建成使得信息充分共享、资本充分流动、金融产品极大丰富、金融机构功能细分，浙江省金融改革也将因为互联网金融创新中心的建设而稳步推进，进入良性循环。

9.5.2　深入建设具有"浙江元素"的互联网金融创新中心，与浙江省经济转型升级深度融合

浙江省是中国经济最强的省份之一，在中国排名第四，仅次于广东、江苏以及山东，虽然地区生产总值总量不及前面三位，但2019年浙江省人均地区生产总值达到107 624元，而广东省为94 172元，可见浙江省综合经济实力比较强。按照世界银行的标准，浙江省已经跨入中高收入发展阶段，从传统要素驱动迈向创新驱动，转型升级正成为浙江省经济发展的新常态，而互联网金融与经济转型升级的深度融合，必将使互联网金融发展之"浙江样本"获得进一步的升华。创新跨境电商金融服务、电子商务供应链金融服务、海洋物流金融服务等均是含有"浙江元素"的互联网金融产品创新先驱。随着互联网金融创新中心的建成，此类产品与企业将越来越多，其所服务的领域和行业也将越来越细化，互联网金融创新将与浙江特色产业行业深度融合，为浙江省实体经济转型升级提供全方位的支持。

9.5.3　推广互联网金融创新政企联动浙江样本，为国家互联网金融产业贡献"浙江力量"

我国互联网金融创新发展在全世界范围内可谓独树一帜，在某些领域甚至

已经超越了英美等发达国家的创新和应用。浙江省政企联动打造互联网金融创新中心的样本，既可推而广之，帮助传统金融不发达的中西部地区深入贯彻普惠金融，惠及全国中小微企业与弱势群体；又可谋求与北上广深等其他发达地区协同合作发展，在全国范围内引起更大的资源整合和政策共鸣。以国家为单位优化互联网金融产业建设，是推进我国互联网金融产业建设与发达国家齐头并进的重要战略。站在国家利益的高度，浙江省全面建设推广互联网金融创新中心的资源和经验，将技术、人才、资金、经验等一系列资源输送到全国各地，贡献互联网金融的"浙江力量"。乘着经济全球化、金融国际化和"一带一路"的东风，树立互联网金融的"中式样本"和"中国标准"，同时为提高发展中国家的金融水平作出更大贡献。

9.6　浙江省 P2P 网络借贷的退出

饱受争议的网络借贷行业，刚开始是互联网金融落地的重要模式。伴随着行业的快速扩张，发展水平良莠不齐，诈骗层出不穷，全国出现了越来越集中的"爆雷潮"。据网贷天眼研究院不完全统计，截至 2019 年 11 月 30 日，我国 P2P 网贷平台数量累计达 6698 家，其中问题平台 6232 家，在运营平台 466 家。中国人民银行党委书记、中国银行保险监督管理委员会主席郭树清 2020 年 8 月在《求是》杂志发文"坚定不移打好防范化解金融风险攻坚战"中指出：我国一度存在大量"无照驾驶"平台违法从事金融活动，其中很多打着金融创新和"互联网＋"的旗号混淆视听。经过集中整治，互联网金融领域风险形势明显好转，过去"遍地开花"的乱象得到整治。一大批违法开办的互联网理财、保险、证券、基金和代币机构被取缔。全国实际运营 P2P 网贷机构，由高峰时期约 5000 家压降至 2020 年 6 月末的 29 家，借贷规模及参与人数连续 24 个月下降。而 2020 年 11 月 27 日，中国银行保险监督管理委员会首席律师刘福寿称，我国的 P2P 平台已经在 2020 年 11 月中旬正式清零。在 P2P 平台带着一地鸡毛正式退出历史舞台的过程中，部分头部公司完成转型，成为金融科技公司。

浙江更是 P2P 的重灾区，出现了提现困难、"跑路"平台、经侦介入、平台清盘等问题。2018年7月25日，浙江省互联网金融联合会与杭州市互联网金融协会联合发布《网络借贷信息中介机构业务退出指引（试行）》，并启动"帮扶行动"，提出了退出的基本原则，包括：（1）保护投资人合法权益原则。网贷机构应最大限度地保障投资人的合法权益，把保障投资人合法权益放在退出工作的首要位置，尽可能减少投资人损失。（2）规范有序原则。网贷机构退出网贷行业过程中，须在遵守本指引和其他相关法律法规及监管政策规定的基础上，根据市场环境及自身情况选择合适的退出路径，按照法定程序规范有序进行，积极稳妥地做好相关退出活动，合理处置不良资产，积极清退出借人资金，做好群体性事件的预防和处置，维护社会稳定。（3）协作配合原则。网贷机构在退出过程中，应积极向政府行业监管部门和自律组织进行报告，并与其进行沟通交流，主动接受指导与监督，定时汇报退出进度。（4）"三不可"原则。网贷机构退出期间，未经批准，工商注册信息、实际经营地址不可变更；平台网站不可关闭；平台高级管理人员、退出工作领导小组人员不可失联。（5）诚信透明原则。网贷机构应保证所提交退出手续材料的真实性、客观性、准确性、完整性，且应将相关材料按要求向网贷投资者公开。

截至2019年11月，包括重庆、辽宁、云南、济南、四川、深圳、宁夏、浙江、北京、贵州、天津、湖南、山东、湖北、广州等在内的省份开展了网络贷款专项整治活动。网络借贷专项整治活动也将以出清为目标、以退出为主要方向、以"三降"为主要抓手、以依法合规的分类处置为主要手段。而正在正常运行的网络借贷机构，监管部门会分类处置，对能力强、有金融科技基础的网贷机构，逐步转型为网络小贷公司或消费金融公司，网贷行业将成为历史。

P2P网贷在支持中小企业融资、扩大投资者选择空间方面曾经发挥了重要的作用，网贷行业由兴转衰是无序发展、无准入门槛、无监管机构的野蛮式成长的必然结果。同时，网贷行业代表了以信息技术为支撑的公司对金融行业的一次冲击，间接地促进了金融机构的数字化转型，助推了数字普惠金融发展的技术沉淀，也提醒了创新创业者要始终对金融抱有敬畏之心，要坚持金融为本、技术为用，不能舍本逐末。在一定程度上，网贷行业也直接促进了全面科技监管的推进，中国的金融业经历了一次彻底的洗礼。

参考文献

［1］吴金旺，申睿．政企联动：浙江打造互联网金融创新中心中式样本的经验及启示［J］．齐齐哈尔大学学报，2017（8）．

［2］陈国平，丁敏哲，史晋川．2016年浙江金融发展报告蓝皮书［R］．浙江省金融促进会 浙江大学金融研究院，2016．

［3］CNNIC．2016国家信息化发展评价报告［R］．中国互联网络信息中心，2016．

［4］和讯财经．浙江新增小微企业14.4万户［EB/OL］．［2016 – 03］．http：// news. hexun. com/2016 – 03 – 11/182690472. html.

［5］北京大学互联网金融研究中心课题组．北京大学数字普惠金融指数2011—2015［R］．2016．

［6］盈灿咨询．全国众筹行业半年报［R］．2016．

［7］浙江商务厅．浙江省互联网金融行业发展报告［R］．2016 – 08．

［8］北京大学互联网金融研究中心课题组．商业银行互联网战略转型研究［R］．2017 – 01．

［9］浙江在线．积极合作创新 浙商银行网络金融焕发新价值［EB/OL］．［2016 – 09］．http：//biz. zjol. com. cn/system/2016/09/20/021305148. shtml.

［10］马晓辉．2016全球私募西湖峰会上杭州市副市长马晓辉的发言正文［R］．2016 – 11．

［11］姚耀军．浙江引领互联网金融发展大潮［EB/OL］．［2016 – 11］．http：// biz. zjol. com. cn/system/2015/11/05/020900917. shtml.

［12］都市快报．杭州力争到2020年建成"六大中心"［EB/OL］．［2014 – 07］．ht-tp：//www. hzzx. gov. cn/cshz/content/2014 – 07/16/content_ 5363634_ 2. htm.

［13］浙江在线．政企联手共推创业服务平台 恒丰银行杭州分行启动三方战略合作［EB/OL］．［2016 – 07］．http：//biz. zjol. com. cn/system/2016/07/07/021217348. shtml.

［14］浙江在线．杭州兴起互联网金融产业集聚区［EB/OL］．［2015 – 08］．http：// biz. zjol. com. cn/system/2015/08/14/020786083. shtml.

［15］嘉兴日报．南湖基金小镇7年再造一个互联网金融小镇［EB/OL］．［2015 – 12］．http：//cz. zjol. com. cn/system/2015/12/16/020954558. shtml.

10　基于互联网优势的杭州数字普惠金融发展现状与对策

10.1　引言

　　杭州是历史文化名城，也是创新活力之城。"互联网＋"时代，杭州是一个筑梦的城市，迸发出大众创业、万众创新的无限活力。杭州有阿里系、浙大系、浙商系和海归系四支创业创新的"大军"，还有阿里巴巴和网易两个"摇篮"，聚集了一大批互联网技术人才，也涌现出了许多优秀的创业项目。名企、名校、民资构建的创业生态圈，辅以科技和互联网等要素的注入，杭州正发展成为"创客"们追逐的圣地，也吸引了越来越多创投资本抢滩杭州。由中国城市规划设计研究院等联合发布的《城市数字治理指数研究报告（2020）》显示，杭州超越北京、上海、广州、深圳，成为全国数字治理第一城，杭州人的数字生活满意度全国最高。2020 年上半年，尽管遭受新冠肺炎疫情影响，杭州数字经济依然保持了 10.5% 的增长速度。数字经济不仅是杭州的发展引擎、生活方式，更成为杭州城市治理和制度创新的保障。猎聘《2020 中国互联网行业中高端人才报告》显示，杭州已成为互联网行业中高端人才净流入率位居全国第一的城市，而人才也成为杭州数字经济发展的重要推动力。

　　在金融领域，杭州也走出了一条利用科技驱动金融发展的特色之路，作为长三角南翼金融中心，杭州是最早提出打造全球金融科技中心的城市，金融机构种类齐全，金融生态环境良好。借助阿里巴巴等互联网企业的金融创新，杭州形成构建数字普惠金融体系的独特优势，在服务对象的包容性、服务产品的全面性、服务方式的便捷性以及商业可持续性等方面，取得了一定进展并获得了有益经验。同时，杭州金融机构开展数字普惠金融的时间尚短，金融服务覆盖面和渗透率不高，产品创新能力亟须提高，数字普惠金融的商业可持续性、风险可控性需要重点关注。

10.2 杭州数字普惠金融发展现状

杭州致力于建设成为经济繁荣、社会和谐、具有地方特色的现代化城市，发展数字普惠金融，提高城乡生活水平是一条必由之路。杭州紧抓互联网发展的机遇，持续推进数字普惠金融产品和服务创新，普惠金融取得一系列成效，但也存在一些不足，亟须改进。

10.2.1 发展迅猛，但普惠程度不高

进入 21 世纪后，杭州金融发展势头良好，立足长三角经济一体化发展优势，全力打造长三角南翼金融中心和全球金融科技中心，创建满足中小微等创新型企业融资需求的良好环境。近年来，杭州数字普惠金融发展逐渐提速，实践进入大发展阶段，呈现出正规金融机构拓展数字普惠金融业务、新兴金融机构创新数字普惠金融业务的特点。在数字化时代，银行正在经历一场史无前例的颠覆性革命，科技在支付、信贷等各个领域正在重新定义银行服务。从银行业的业务变革来看，1472 年，Bank1.0 诞生，指的是完完全全以银行物理网点为基础的银行业务形态。到了 1980 年，ATM（自动取款机）逐渐在世界范围内普及，自助服务标志着银行进入到 Bank2.0 时代：用户可以在想要的时间、地点，找到物理网点之外的 ATM，自助完成简单的交易型银行业务。第一代 iPhone 手机在 2007 年 6 月横空出世，一经推出便风靡全球，在开启了智能手机新时代的同时，也标志着全球银行踏进了精彩多元的 Bank3.0 时代：用户处于一个超连通的信息世界，银行无处不在，只要你有一台智能手机，即可以在任何时间、任何地点操作现金以外的其他银行业务。2017 年是人工智能爆发的元年，也是 Bank4.0 时代的开端，即时、实时的金融服务将成为流行的现实，智能投顾和场景介入将为用户提供更好的金融解决方案。

杭州除了大型商业银行、股份制商业银行，还积极培育面向中小企业和"三农"的小型金融机构，如农信社、小型商业银行、商业型小额贷款公司

等，社区银行、村镇银行也陆续开业，全面践行数字普惠金融。以杭州联合银行为例，其服务对象主要为社区、中小企业、小微企业，通过优化网点功能、推广社区银行服务模式、探索设立金融便利店、推行"金融服务便民服务中心"等方式，为客户提供全方位、全天候的服务。同时，杭州市以其良好的政策环境、完备的信息化基础设施、完善的产业配套服务和优美的人文环境，吸引了一大批网商创业，使杭州的电子商务产业发展走在全国前列，2008 年就成为国际知名的"中国电子商务之都"。阿里巴巴将淘宝、支付宝、余额宝、招财宝、娱乐宝、小额信贷等融于一体，构筑起电子商务生态圈，形成广大的客户群体和大量的信用记录，创造了互联网公司发展的新模式。阿里巴巴等互联网企业代表着一个新的数字普惠金融时代的开始，更倒逼传统金融机构改革创新。与此同时，杭州数字普惠金融体系还有很大的提升空间：金融体系的普惠程度仍显不足；数字化程度还需提高，甚至从零开始设计架构；金融机构开展数字普惠金融的时间尚短，盈利前景不太乐观；数字化转型成本高、压力大。要真正打通服务的"最后一公里"，仍然受到多重制约，尚未完全实现"数字普惠金融"理念所要求的基本目标，特别是信贷的基本权利不能得到有效保证。

10.2.2 金融产品和服务日趋丰富，但创新能力不足

"发展数字普惠金融"就是要进一步扩大金融服务的广度和深度，增强金融服务实体经济的能力。经过多年改革发展，杭州金融业总体服务能力大大增强，金融服务的可获得性大幅提高。以银行业为例，杭州银行业的发展效益、速度、稳定性及辐射力，都在中国国内同类城市中首屈一指，其总量远远超过西部一些省份，仅杭州下城区就有金融机构 200 余家。依托自身优势，杭州各金融机构纷纷开发出独具特色的金融产品和商业模式，形成了第三方支付、互联网理财、众筹、互联网银行、证券、基金、保险等金融服务均包含其中的普惠金融。除了全国最大的互联网企业阿里巴巴，杭州还有一批标志性企业，如恒生电子、网盛科技、同花顺、同盾科技等，服务金融领域创新发展。可以说，杭州具备了发展数字金融的产业环境。借助数字金融的"东风"，可有效解决小微企业融资难问题，焕发实体经济活力，加速杭州产

业结构转型升级。但杭州金融服务体系的结构和层次仍不平衡，传统上银行业主导的金融结构依然没有发生根本改变，金融服务覆盖面和渗透率不高；农村金融基础弱、网点少、成本高、盈利性差，涉农金融机构定位不准确，农村产权改革、资源信息登记、信用环境建设等配套条件不成熟，农村小微贷款便利性还不够，尚难以满足农民的潜在需求；中小企业融资难、融资贵、融资慢现象依然广泛存在。杭州数字普惠金融仍处于初期阶段，在提升金融服务的覆盖率和可获得性方面还有很大的提升空间，盈利模式和创新能力亟待实现新的突破。

10.2.3 参与主体日趋多元，潜在风险不断提高

对于金融机构来说，发展数字普惠金融、服务弱势群体是其社会责任。况且目前金融行业竞争愈发激烈，部分金融机构将触角延伸至农村等新的领域，有利于开拓新的市场。随着社会主义市场经济体制的不断完善，杭州市场自由化、开放化程度比以往任何时候都要高。杭州金融体系的参与主体逐渐多元化，外资金融机构大量进入杭州金融市场参与竞争，使市场竞争国际化。大量民间资本不断参与金融行业，如发展小贷公司、村镇银行、资金互助社等地方小型金融组织以及开办网络银行、互联网理财、互联网消费金融公司等。参与主体的日趋多元化，也使潜在风险不断提高。数字普惠金融服务要覆盖包括城乡县域的最基层，满足农户生产、加工、运输、销售、消费、教育、农业产业化发展等全方位的贷款需求，需要金融机构服务到偏远地区的客户。这不仅面临区域经济金融环境较差的现状，同时需要延长服务领域并增强服务能力，极易引发风险。数字普惠金融服务的客户数量庞大、覆盖面广，即使发生风险的概率小，风险事件发生的绝对数也会比较大。另外，数字普惠金融的业务种类丰富，不同类型的业务风险控制要点差异较大，这需要金融机构有较强的风险防控能力。在缺乏制度保障的前提下，数字普惠金融可能引发市场风险失控或者缺失对投资者的保护。

10.2.4 数字普惠金融的商业可持续性有待增强

数字普惠金融绝不是指人人享受金融服务，也绝不意味着金融服务的供

给者在决定提供服务时不顾成本和风险。数字普惠金融在技术层面需要较大的初始投入，后续要重点关注商业可持续性，确保金融机构服务收入能够覆盖运营成本和资金成本，实现自我生存和持续发展，这是保持数字普惠金融体系运行效率的基本条件。国际上那些运行有效的普惠金融体系，基本上都能够实现商业上的可持续，如孟加拉国乡村银行、玻利维亚的小额信贷体系等。互联网不仅是普惠金融的载体，也是未来发展推进的新动能，蓬勃发展的互联网，在推广普惠金融的道路上承担着更重要的角色。数字普惠金融的发展与科技的应用密不可分，传统金融只是将互联网当作信息传递的媒介，线下为大众提供金融服务，现在的新型数字金融多种载体媒介都已实现数字化、科技化，可以让数字普惠金融迈入可持续发展的道路。当前，杭州数字普惠金融不仅要解决金融服务的可获得性问题，更要解决可持续性问题，通过数字化降低成本是一个有效手段，但是还需要时间检验。数字普惠金融的商业可持续性是重点和难点，目前国内还没有成熟的可借鉴模式，需要在摸索中不断完善。

10.3 互联网促进杭州数字普惠金融发展的路径

近年来，杭州抓住互联网发展先机，鼓励互联网企业和金融机构利用互联网技术来创新金融服务方式，为社会各阶层提供良好的金融服务。《杭州市人民政府关于推进互联网金融创新发展的指导意见》（2014 年）提出："互联网金融是基于互联网产业、借助现代信息技术实现资金融通等金融服务功能的新兴金融业态，是我市金融改革创新的重点领域和突破方向，是现代金融服务体系的重要内容和组成部分，是发展普惠金融的重要载体和有效方式。"互联网金融主要是从工具角度，依托互联网平台进行的金融工具的创新。而普惠金融主要是从客户视角，提出应向小微企业、工薪阶层和农户普及金融服务和金融支持。杭州明确将互联网作为杭州发展普惠金融的重要载体。在实践中，互联网已渗透至杭州十多个金融细分领域，包括贷款、支付、保险、理财记账、股票基金、信用卡、众筹、消费金融、外汇期货贵金属等，形成了多样化的发展路径。2018 年、2019 年杭州市互联网人才的净流入在全国居于首位，从2017年1月到2018年9月，杭州人才净流入为14.98%，已成为新一轮海归人才创业就业首选地之一，而且落户杭州的海外精英创业、工作领域90%以上集中于信息软件、金融服务等高端技术产业。

10.3.1 以第三方支付为主，提供便捷的支付清算服务

2014年4月20日，国务院办公厅发布《关于金融服务"三农"发展的若干意见》，要求继续深化农村金融体制改革和机制创新，增加农村金融产品和服务形式，大力发展普惠金融。农村支付服务是农村金融服务的基础，支付是金融的基础设施，利用互联网技术，建立一个由手机银行、电子支付、POS机、ATM等组成的立体化支付系统，能够极大地改善农村支付环境，为农民提供便捷的支付清算服务。《农村电子商务消费报告（2018）》显示，2018年全国农村网络零售额达1.37万亿元，同比增长30.4%，比全国网络零售额增速高6.5个百分点，占全国网络零售额的15.2%。中国人民银行发布的《2018年农村地区支付业务发展总体情况》显示，农村的移动支付发展相当迅猛，2018年农村地区移动支付2748.83亿笔，金额74.42万亿元，分别增长112.25%和73.48%，占网络支付份额分别为94.85%和96.66%。通过互联网，可形成客户、第三方支付公司和银行之间的紧密联系，帮助客户快速实现货币支付、资金结算、信用第三方担保以及技术保障等功能，同时可以提高资金运转效率，推动信息化发展，支持经济转型。第三方支付业务的应用范围，从传统的网上购物、缴费，逐步渗透到证券期货投资、保险、基金理财、教育、医疗卫生、社区服务、航空旅游等。以交通领域为例，支付宝和财付通依托打车软件培养了一大批忠实用户，构成了完整的O2O闭环，建立了线下的用户消费体验的反馈、线下用户引到线上交流、线上体验等良性循环机制。在第三方支付中，电子商务可以起到担保作用，集成众多银行，不用开通网络银行和手机银行也能支付。杭州是副省级城市，是电子商务普及率最高的城市之一，是全国首家通过人民银行支付清算中心实现电力及支付宝公司联网缴费的城市，第三方支付在杭州的生活和经济中均扮演着重要的角色。当前，应以支付系统建设作为发展数字普惠金融的重点，稳妥推进互联网支付、移动支付等新兴电子支付模式，努力为电子商务发展服务，坚

持为社会提供小额、快捷、便民的小微支付服务，提高杭州金融服务水平。

10.3.2　以手机银行为新渠道，推进银行改革创新

互联网是无边界的，可把银行庞大的线下网络优势和线上无限延伸的优势融合在一起，给客户提供天罗地网式的立体化数字普惠金融服务。作为传统金融机构，杭州商业银行应综合利用多种服务渠道，充分利用互联网，建立智能网点、自助银行、手机银行、网上银行等相互补充、覆盖城乡的金融服务网络。我国农村金融机构网点还远远不能满足农村金融服务日益增长的需求。2011 年，银监会在《关于继续做好空白乡镇基础金融服务全覆盖工作的通知》中指出，要积极发展电话银行、手机银行等现代金融服务方式，提高空白乡镇金融服务的充分性与多样性。我国手机网民规模早已超越传统计算机网民规模，而且继续保持迅速增长态势，可见我国发展手机移动金融的基础条件已经具备。当前，杭州可以以手机银行为新渠道，推进银行改革创新。手机银行依靠较少的基础设施投入，促进"三农"和小微企业金融服务模式的多样化发展，一方面能扩大金融服务的覆盖范围和受众群体，契合小微企业和农村地区信贷"短、小、频、急"的需求，是降低金融服务成本、扩展融资渠道、提高服务效率的有益尝试；另一方面缓解了银行客户日益增长的金融需求与金融物理网点有限的矛盾，对于解决农村地区金融服务不足问题具有示范效应，具有很好的社会效益和可观的经济效益。由于金融基础设施建设较差，非洲国家另辟新径，出现了大量的手机银行。在肯尼亚，有62% 的成年人使用手机银行业务；坦桑尼亚有 47% 的家庭使用手机银行业务；乌干达有 26% 的成年人使用手机银行业务。当前，随着4G、5G 的开启和智能手机的普及，手机上网慢的瓶颈基本消除，杭州手机银行业务量井喷，工、农、中、建、交等大型国有商业银行，全国性股份制银行，部分城商行和农信社等，都在开展手机银行业务。有特色且与农村金融相关的手机银行业务包括无卡取现、手机银行——农户小额贷款等。手机银行在不断提高使用安全性并增加丰富的功能后，让金融服务真正变得触手可及。

10.3.3　倒逼传统金融机构迈入互联网时代

中国的金融体系呈现高度垄断性，表现为倒三角状态：上层的国有大型

银行占主导，而底层的小微金融系统发展不足。互联网公司向金融领域不断渗透，丰富了金融服务和产品，将用户的体验发挥到极致，催生了新的商业逻辑和经营理念。这不仅增加了金融服务的多样性，还能够发挥"鲇鱼效应"，通过强化竞争的方式加快金融机构的利率与机构的市场化改革，提升民营资本的金融话语权。吸收了大数据、人工智能等技术的数字普惠金融具有资金配置效率高、交易成本低、支付方便等优势，对传统商业银行运营模式产生了系统性和持续性的冲击。当前，传统商业银行正不断改变经营模式，建立自己的网络系统，加强数据的采集、积累、挖掘、开发和应用，迎接充满竞争的互联网时代。

以杭州银行为例，自成立以来，始终坚持"服务区域经济、服务中小企业、服务城乡居民"的定位，为客户提供专业、便捷、友好、全面的金融服务，不断提高服务能力和质量。杭州银行以客户体验为基础，优势互补，通过以下五大战略加快交易银行数字化转型。第一，关注客户，创造最佳客户体验。进一步依托理财平台复杂专业产品的"柔性"，细分客户群，根据不同客户行业、形式和特点进行模块化定制，提供个性化服务。优化网上银行等高频使用的标准化服务，选择部分核心客户，以客户参与的方式推动"客户之旅"全过程的数字化提升。加快移动金融布局，逐步扩展移动端在线金融功能，整合连接不同渠道服务，提高渠道协同。第二，创新现场切入，提高客户覆盖率，促进在线客户获取。在交易银行产品和服务的创新和完善过程中注入情景思维。政府端（G端）抓住政府在社会治理和便民服务方面的痛点，企业端（B端）抓住企业全生命周期各方面要提高效率、降低成本的痛点，深入挖掘各类金融交易的各种场景，提高服务渗透度。一方面，金融资源管理平台围绕建设"国家数字政务第一城"和国家智慧城市建设"重要窗口"的新目标，不断创新政府服务模式；另一方面，供应链金融依托金融科技支撑，着力解决信息不对称问题，更好地发挥小微企业和民营企业服务产业链和生态圈的作用。第三，向智能和敏捷的贸易银行迈进。在数据治理方面，加强客户标签管理，运用大数据分析多角度识别用户需求，为前台提供更准确、智能的客户画像，拓展客户获取链，提高转化率。例如，根据企业账户的现金流量预测、浏览记录和以往偏好，积极推荐理财方案，而不是简单地销售理财或存款产品；在使用出口信用证在线服务时，推出适用的理财产品，实现从贷款到收款的全过程在线。在敏捷创新方面，建立客户经理、产品经理、技术经理、风险经理、服务经理等跨线的敏捷团队机制，提高市场机会敏捷洞察、客户需求敏捷响应、技术开发敏捷迭代的能力。第四，线上＋线下、人工＋智能联合运营客户群。对于国际结算、国内凭证等业务环节多、流程长的业务，采用电子文档和智能文档审核工具，解放人力，降低运营压力，提高服务效率。同时，通过线下专家席位和"一对一"服务，提升金融服务温度。第五，加大企业＋科技复合型人才的储备和培养。人才是数字化转型的保证。市场上既懂商业又懂技术的复合型人才很少。2019 年，杭州银行交易银行设立网上金融二级部门，科技人员到前台实现金融与科技的无缝融合。今后，要进一步加大金融科技人才的内部培养和外部引进力度，推动网络金融的再升级。

当前，国家大力支持证券期货服务业、各类资产管理公司利用网络信息技术创新服务、产品、业务和交易方式，支持有条件的互联网企业参与资本市场，扩大资本市场服务的覆盖面。伴随着互联网在证券业的应用，证券业会更加注重客户体验，关注销售平台和营销渠道，弱化营业网点功能，加速金融脱媒，推动证券行业的转型。证券交易将进入可移动时代，投资者将利用互联网网络资源传递交易信息和数据资料并进行与证券交易相关的活动。互联网保险是保险行业主动探索利用互联网技术发展的金融业态，是保险公司或其他中介机构利用互联网来开展保险业务的行为，包括保险公司网站模式、网络保险超市模式、网络保险淘宝模式以及网络保险支持平台。2014 年《互联网保险行业发展报告》的统计数据显示，从 2011 年到 2013 年，经营互联网保险业务的保险公司就从 28 家增加到 76 家（占机构总数的 56.3%），互联网保费收入从 31.99 亿元增加到 317.9 亿元，增长近 10 倍。互联网公司还与基金公司密切合作，凭借互联网低廉的边际成本和交易成本，收获了小微客户产生的规模效应，在金融领域获得更多的话语权，甚至创造了奇迹。2013 年 6 月 17 日，支付宝和天弘基金联合推出的国内首只互联网基金——天弘增利宝正式上线，短短数日时间内，便累积了百万级的客户。余额宝 2020年第一季度季报显示，余额宝最新规模已经达到 1.259 万亿元。杭州居民一方面可以通过基金公司自有网络平台购买基金，如南方基金网、华夏基金网等；另一方面可以购买基金公司与互联网机构合作开发的基金产品，如余额宝、理财通、白发等。

10.3.4 互联网借贷平台

互联网不仅可以提高传统金融机构的服务面和服务效率，还可以提供诸多跨界跨区综合性的金融产品和服务供给。信贷的可获得性是普惠金融的首要目标。随着互联网技术的快速发展和普及，新型借贷模式呈现快速发展态势，以网络借贷和众筹模式居首。随着互联网的发展和民间借贷的兴起，网络借贷应运而生并快速发展，资料与资金、合同、手续等全部通过网络完成，降低了单笔贷款的审批时间和成本，成为未来金融服务的一大发展趋势。网络借贷包括电商介入型借贷和 P2P 网贷。电商介入型借贷依靠在电子商务公司的交易数据，有效分析需要贷款的商户信息，进而对商家进行信用评估，如阿里订单贷款、信用贷款、苏宁小贷。P2P 网贷是个体或法人通过互联网平台实现的直接借贷，为民间小额贷款提供了崭新的平台，因其较高的资金回报率和理财便捷性，一开始被不少高风险投资者所了解和接受，但由于其风险较高，现已清零。

众筹，是项目发起者为了进行某项活动或项目，利用互联网和社交网络传播的特性，在众筹平台上发布融资请求，说明融资用途和使用方案。众筹网站的投资者进行评估审核，决定支持后，单一投资者自愿提供资金，金额不限。达到项目设定的目标金额后，成为筹资者所需资本。投资者根据融资合约获得相应的物质或精神报酬，而完成单一项目所需的费用由项目参与者分摊。2013 年，全球众筹网站项目中成功融资的突破 100 万个，总金额突破 51 亿美元。众筹最早从 2011 年开始进入中国，发展迅猛。据世界银行报告称，中国会在 2025 年成为世界上最大的众筹投资方，为这个预计达 960 亿美元的市场贡献近一半的资金。杭州居民可以通过众筹网、点名时间网、追梦网等实现众筹投资，在支持创业创新和实现梦想的同时，最终实现投资回报。

10.4　政策建议

10.4.1　尽快制定数字普惠金融发展规划

数字普惠金融的受益者不仅限于弱势群体，而是全体人民。因此，数字普惠金融也应该是国家普惠金融战略框架的组成部分，在国家金融改革与发展战略中占据核心地位。目前从理论到实践，全世界对发展数字普惠金融已经达成共识。我国正处于经济转型阶段，发展数字普惠金融有利于促进资源的有效配置，维护社会的稳定和健康发展。自 2014 年全国"两会"以后，我国政府和监管层都力挺互联网在金融领域的应用，以便更好地服务实体经济，逐步破除现有金融抑制现象，使金融产业变得更加平等、自由、高效、开放和共享。这是我国金融业迈入"普惠金融"新时代的显著标志。数字普惠金融不是政策性金融，也不是慈善性金融，必须创新出可持续的商业业务模式，但这不是一朝一夕就能做成的。杭州一定要做好数字普惠金融发展规划，全面了解数字普惠金融发展程度，缺什么补什么，避免一哄而上。政府应将杭州金融业的发展与扶贫以及服务"三农"真正结合起来，将数字普惠金融纳入杭州金融发展规划，并制定具体的数字普惠金融衡量指标及阶段性目标，分阶段有序推进。

10.4.2　政府支持和监管并举

互联网金融、金融科技与数字普惠金融，在国家宏观政策导向上具有高度一致性。发展互联网金融、金融科技可以解决中小企业融资难问题，促进民间金融的阳光化、规范化，更可以被用来提高金融的普惠性。但同时也给监管带来了一系列挑战，表现为从传统金融角度制定的法律法规体系有效性减弱，金融消费者权益保护工作压力增大，反洗钱工作难度加大等。杭州应构建多层次的数字普惠金融体系，适度放宽金融业的准入门槛，拓宽金融融资渠道，鼓励传统金融机构开展互联网业务创新，支持小型金融机构的发展及设立新型金融机构，允许金融竞争；推进社会信用体系和诚信文明建设，适当放开金融机构的自主定价权，加快利率市场化进程，优化数字普惠金融体系生态环境。政府要加大对数字普惠金融政策的宣传推广力度，加强对农业生产、个人创业、经济转型、减贫脱贫等各方面政策的推广宣传，多开展金融知识普及教育，提高大众更好地利用金融服务的意识。对农户、小微企业、城市低收入群体，进行必要的生产技能、经营管理知识、专业技术培训等，培养数字普惠金融合格的市场主体，降低市场风险。在监管方面，应保持监管行为的灵活性和创新性，遵循激励兼容、成本收入以及行业自律原则。要进一步完善法律监管环境，给数字普惠金融体系中每类金融机构一个明确的法律地位，推动金融机构的透明化。要以业务性质甄别为核心，实现多部门协调监管，建立市场准入和退出机制，在技术和制度层面为互联网支持数字普惠金融发展提供保障。

10.4.3　金融机构改革创新是根本动力

数字普惠金融应从小微做起，从基层开始，从产品创新、技术创新再到机制和体制创新。其中，技术创新是降低金融交易成本、促进数字普惠金融的重要渠道。技术中，首要的因素就是互联网。利用互联网开放式平台优势，可满足客户一站式和多样化需求。随着互联网技术尤其是移动互联网技术的进一步推广，传统金融行业的效率必然会被主动或被动提高。杭州传统金融机构要把握先机，与时俱进，不能总是滞后于互联网的发展。应该在互联网的大潮之下持续推进改革创新，以网上银行、手机银行为重点，创造出更好的产品和服务，最终将传统金融、互联网金融，实体体系、虚拟体系，线上、线下，业务转型、普惠金融进行非常好的融合。服务对象的多元化需求要求数字普惠金融服务体系的金融机构多层次化，需要金融机构之间以及金融机构与互联网企业进行合作，增加金融服务供给的广度和深度，比如小额储蓄、小贷保险、小额贷款、小额理财、小额转账、小额汇兑等。互联网科技企业应加快与传统金融机构的业务合作，运用自身云计算、大数据、信息搜索等先进技术，进行信贷技术创新，降低信息不对称程度，优化资金配置和融通，提高金融服务在低收入人群中的渗透率。

10.4.4　提高金融基础设施建设是基础

技术越发展，社会对于技术的需求越高，必须有配套的金融基础设施为保障。数字普惠金融基础设施是指数字普惠金融体系运行所依赖的一系列辅助性服务，包括金融运行的硬件设施和制度安排。这是金融改革成败的关键，既影响到金融结构优化的深度，也是衡量金融深化发展的尺度。支付清算是金融服务体系的主要功能之一，有利于减少现金使用，加快资金周转，防范支付风险。基于杭州互联网公司发达的得天独厚的有利条件，应抓住机遇，搭建一个能将金融机构、互联网金融企业、第三方支付机构等对接的互联网综合服务平台，加快村镇银行、小贷公司、担保公司通过技术接口接入，建立健全杭州信用管理体系。建立智能化的支付清算体系，推广第三方支付和手机银行；建立智能化的信息平台、终端技术和数据存储体系，利用云计算提高数据挖掘能力和效率；建立智能化的机构和网点，实现业务管理和运作的智能化；建立一个灵活性、创新性和智能化的监管体系，实现更大范围和更有效的监管。

10.4.5　防范风险能力是关键

风险管理是任何金融的基础，包括客户筛选、贷后管理、风险评估等专业技术。跟传统金融一样，数字普惠金融生存和发展的前提条件中包括健全的法律框架和有效的司法制度、扶助但不越位的政府职能、公平的竞争环境、健全的公共和金融基础设施、有效的金融消费者教育和保护以及一套监控和评价进展的指标体系与制度。如果监管体系严重落后于数字普惠金融的快速发展，则或者成为数字普惠金融的掣肘，或者因为疏漏而导致系统性风险。在管理风险的基础上，普惠金融才能降低交易成本，形成便捷的交易渠道，提高金融发展水平，提升经济绩效。杭州金融机构应对经济金融环境有清晰的判断，对业务有正确的认知，对自身有准确的定位。要加大计算机网络安全设施的投入，增强系统的防攻击和防病毒能力，开发具有自主知识产权的信息技术系统，全力做好信用风险、操作风险、技术风险、法律风险等系统性风险的防控。

10.5　杭州从互联网金融发源地到国际金融科技中心

随着大数据、人工智能、区块链、物联网、5G等技术在金融中的广泛应用，我国金融行业的互联网化、数字化、智能化成为新常态，2016年互联网金融行业开始走向金融科技（互联网金融2.0），2017年成为中国金融科技元年。国际金融稳定理事会（FSB）于2016年给出了国际通用的标准定义，金融科技主要是指由大数据、区块链、云计算、人工智能等新兴前沿技术带动，对金融市场以及金融服务业务供给产生重大影响的新兴业务模式、新技术应用、新产品服务等。巴塞尔银行监管委员会（BCBS）总结了国际金融科技活动最为活跃的四个领域：一是支付结算类，如移动钱包、数字货币等；二是资金筹集类，如网络借贷、股权众筹等；三是投资管理类，如智能投顾；四是金融市场基础设施类，如客户身份认证、分布式账户、云计算等。2019年8月22日，中国人民银行印发的《金融科技（FinTech）发展规划（2019—2021年）》指出，在新一轮科技革命和产业变革的背景下，金融科技蓬勃发展，人工智能、大数据、云计算、物联网等信息技术与金融业务深度融合，为金融发展提供了源源不断的创新活力。在2019年召开的全国"两会"中，金融科技也是焦点之一，多位代表、委员提出，金融科技凭借现代信息技术与传统金融的结合，对构建新兴金融业态、提升金融服务质量、促进金融创新等发挥了重要作用。

金融科技具有以下特点：第一，创新。金融科技的本质特征就是创新，创新也是金融科技发展的不竭动力。这里的创新，不仅仅指的是科学技术方面的创新，还包括金融的创新。设计出新的金融产品与风险分散转移的机制，就是有效的金融创新。第二，一体化。它是金融科技的基本特征，主要体现在以下三个方面：（1）科技和金融的一体化，科技的发展增加了对金融的需求，而金融的发展促进了科技的进步；（2）对科技型企业支持的一体化，金融科技涵盖了科技型企业研发、生产与成果转化的全部过程，几乎包括其生命周期的每个阶段；（3）金融科技工具使用的一体化，金融科技工具相互结合的现象越来越普遍，资金的来源方式也越来越多样化。第三，普惠性。金融科技其实是应金融普惠而生。在数字经济时代，金融科技已成为经济可持续发展的重要动力之一。金融科技的应用，有效降低了金融服务成本，提供了个性化的金融服务，提升了金融服务质量和普惠金融能力。通过消除信息不对称，降低金融服务成本，盘活存量，激发增量，将更多资源配置到实体经济发展的关键领域，从而实现金融科技对金融业发展和变革的推动作用。

从全球视角看，伴随着金融和科技的相互融合，金融科技正成为全球包容性增长和金融创新发展的新动力，以及国际金融格局中各方角力的新竞技场。国际上金融科技公司服务金融行业的主要形式包括金融云、大数据、智能营销、智能风控、智能助理、生物识别、智能投顾等，金融科技的智能化为用户提供了更为便捷的用户体验，将迎来新的发展机遇。

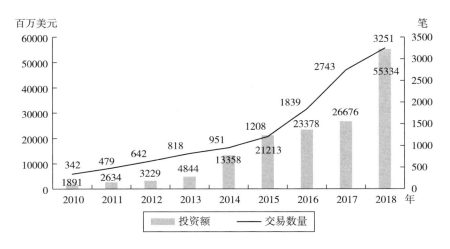

图 10 - 1　2010—2018 年全球金融科技投资规模

（资料来源：埃森哲）

中国金融科技公司的发展引领世界，影响力遍及全球。在毕马威（KPMG）和金融科技投资公司 H2 Ventures 联合发布的 2019 年全球金融科技100 强榜单中，蚂蚁金服、京东数字科技、度小满金融分别名列榜单的第一位、第三位和第六位，共有 10 家中国金融科技公司进入百强名单。如图 10 - 1 所示，埃森哲研究表明，2018 年全球金融科技投资增长逾一倍，达到 553亿美元，主要原因是中国资金激增，中国金融科技交易价值增长了 9 倍，达到 255 亿美元，几乎相当于 2017 年全球所有金融科技投资总额（267 亿美元）。2018 年，中国金融科技投资额占金融科技投资总额的 46%。由此可见，在全球金融科技的浪潮中，中国已成为金融科技发展的领航者。

在人工智能、大数据、区块链等技术快速发展与应用的背景下，杭州作为互联网金融的发源地，也在积极促进互联网金融向金融科技转型，浙江大学互联网金融研究院发布的《2017 金融科技中心指数》显示，杭州与北京、上海、深圳、广州一起构成了全国金融科技中心的第一梯队，其中杭州在金融科技体验这一分指数上位居全球第一，堪称是全球领先的移动支付之城。根据毕马威发布的《全球金融科技公司百强》报告，蚂蚁金服已连续三年在全球科技金融百强榜中名列榜首，恒生电子在保险、基金、银行、证券等 IT 服务市场的占有率保持五个全国第一。杭州金融科技的强劲实力，除了体现在服务小微企业融资外，在跨境支付上也亮点突出，2018 年，国内首家中外合资银行卡清算机构——连通（杭州）技术服务有限公司获批筹建，全球金融科技创新实验室等项目顺利落地，金融科技中心指数稳居全球第一方阵。在业内看来，杭州被誉为"全球移动支付之城"，创造了第三方支付城市服务场景的多个"第一"，第三方支付服务场景基本实现政务、医疗、交通等成熟场景全覆盖。在杭州，只要拥有一部手机就能完成"吃、住、行、游、购、娱"。同时，浙江在政务服务上大力推行"最多跑一次"改革，让"数据多跑路、让群众少跑路"的改革创举也正是得益于大数据、云计算、移动支付等的发展和创新应用，为金融科技发展提供了良好的环境和支持。

杭州作为国内金融科技的发展高地，具有良好的发展基础与先发优势来规划建设国际金融科技中心。2019 年 6 月，《杭州国际金融科技中心建设专项规划》发布，目标定位是打造中国金融科技第一城和全球金融科技应用与创新中心，着重推进大数据、人工智能、分布式技术、信息安全等金融科技核心技术的发展与应用，大力发展智能移动支付、数字普惠金融、金融 IT 及智能投顾、大数据征信与风控、分布式金融服务等金融科技重点产业。在空间布局上，打造"一核、两轴、四路、多点"的杭州金融科技产业空间格局，做到"空间有序、功能集中、配套完善、生态健全"，把杭州国际金融科技中心建设成为国内外金融科技产业集聚的首选地。"一核"是指钱塘江金融港湾规划的"钱江财富管理核心区"，包括钱江新城和钱江世纪城的金融核心区域；"两轴"是指杭州城区范围内的钱塘江金融港湾和城西科创大走廊的规划空间；"四路"是对两轴空间的细化，具体指城西科创大走廊区域范围的文一西路、西溪路沿线，钱塘江金融港湾规划范围的钱江路（之江路）和江南大道（奔竞大道）沿线；"多点"指集聚于"两轴""四路"及散布于杭州市其他各区域的重点金融科技集聚园区、众创空间。

参考文献

［1］吴金旺．互联网视域下杭州普惠金融发展路径探讨［J］．杭州研究，2015（1）．

［2］焦瑾璞，陈瑾．建设中国普惠金融体系［M］．北京：中国金融出版社，2009．

［3］谢平，邹传伟，刘海二．互联网金融手册［M］．北京：中国人民大学出版社，2014．

［4］王曙光．互联网金融的哲学［J］．中共中央党校学报，2013（12）．

［5］张明哲．互联网金融发展分析［J］．中国统计，2013（12）．

［6］谢平，邹传伟．互联网金融模式研究［J］．金融研究，2012（12）．

［7］伍旭川，肖翔．基于全球视角的普惠金融指数研究［J］．南方金融，2014（6）．

［8］娄飞鹏．金融互联网发展普惠金融的路径选择［J］．金融与经济，2014（4）．

［9］徐会军．利用互联网金融助推普惠金融创新发展的若干问题探讨［J］．金融理论与实践，2014（4）．

［10］周雷，邱勋．"小蚂蚁"绘就"大蓝图"：金融科技创新的杭州样本［J］．杭州，2020（17）．

11 中国金融科技指数评价与分析

11.1 金融科技成为助力数字普惠金融发展的利器

中国人民银行发布的《金融科技（FinTech）发展规划（2019—2021年)》指出，金融科技成为促进普惠金融发展的新机遇，通过金融科技不断缩小数字鸿沟，解决普惠金融发展面临的成本较高、收益不足、效率和安全难以兼顾等问题，助力金融机构降低服务门槛和成本，将金融服务融入民生应用场景。运用金融科技手段实现滴灌式精准扶持，缓解小微企业融资难融资贵、金融支农力度需要加大等问题，为打赢精准脱贫攻坚战、实施乡村振兴战略和区域协调发展战略提供金融支持。文件中重点任务第十二条中提出，强化金融服务意识，下沉经营重心，加大对零售客户的服务力度，使金融科技发展成果更多地惠及民生。依托电信基础设施，发挥移动互联网泛在优势，面向"三农"和偏远地区尤其是深度贫困地区提供安全、便捷、高效的特色化金融科技服务，延伸金融服务辐射半径，突破金融服务"最后一公里"制约，推动数字普惠金融发展。积极探索金融惠民创新服务模式，借助移动金融、情景感知等手段将金融服务深度融入民生领域，进一步拓展金融服务在衣食住行、医疗教育、电子商务等方面的应用场景，实现主要民生领域的金融便捷服务广覆盖，提升社会保障、诊疗、公用事业缴费等公共服务便利化水平。

中关村互联网金融研究院在《中国金融科技与数字普惠金融发展报告(2019)》中总结了金融科技和数字普惠金融的十大发展趋势，也明确了金融科技与数字普惠金融的同向而行：一是我国金融科技发展"双稳"结构基本成型，发展稳定、后劲充足的特征已经显现；二是数字普惠金融生态系统更加健全；三是金融科技底层技术融合加快；四是区块链产业将迎来新一轮增长期；五是生物识别技术的金融安全保障作用更加凸显；六是构建开放银行体系的探索和实践更加多元；七是"中台"战略将得到更加广泛的实施；八是互联网企业"去金融化"趋势更加明显；九是监管科技的主导角色强化；十是中国版"监管沙盒"模式逐渐成形。

金融科技发展既需要市场驱动、创新创造，也需要政策助力、促进发展，更需要科学研究、智力支持。金融科技也存在风险和隐患，2016 年 10 月国务院办公厅发布《金融科技风险专项整治工作实施方案的通知》，旨在规范各类金融科技业态，形成良好的市场竞争环境，促进行业健康可持续发展。可以说，数字普惠金融的发展关键在于金融科技的创新，当前关于金融科技发展的争议也很多，金融科技如何发展？如何对我国各地区的金融科技现状进行动态的、定量的评估？本书尝试编制中国金融科技指数，对我国金融科技的发展进行系统的探索，为各地区数字普惠金融的发展提供借鉴。

11.2　金融科技指数的作用

第一，记录金融科技发展轨迹。帮助金融科技从业者和投资者了解相关行业的整体发展状况和发展热点，帮助公众更准确地了解整个行业的发展情况，增加对金融科技的了解。

第二，为政府监管金融科技、出台相关支持和监管政策提供参考意见。行业监管机构可以根据中国金融科技指数来判断行业整体的发展情况，采取适度的监管政策来促进和规范行业的发展，深入了解数字技术是否会带来数字鸿沟，为支持数字普惠金融发展指明方向。

第三，通过各地区的中国金融科技指数向地方政府展现当地的金融科技发展概况，并为当地的金融科技发展指明方向。地方政府也可以根据中国金融科技指数来判断本地区的金融科技发展水平，并借鉴其他地区的发展经验。

第四，为企业提供决策参考的依据。金融科技企业可以根据中国金融科技指数来判断行业整体的温度，实时把握，作出投资经营决策。

11.3 金融科技指数的创新与特点

第一，维度设计新颖且适应当下热点。为顺应新时代下的新常态，中国金融科技指数需要结合经济学原理，将金融科技的投入、产出、生态等相关方面纳入整体框架，分析各个角色在金融科技发展过程中的作用，观察金融科技产业及其子行业的发展情况，刻画金融科技产业发展路线。

第二，复合结构，多角度刻画中国金融科技现状。金融科技将科技与经济前所未有地紧密结合在一起。为了能够客观、有效地衡量高速发展下的金融科技活力，中国金融科技指数需要由复合的指数组成，从多个角度，细腻地反映中国金融科技环境。通过指数系统的复合结构体系，从宏观到微观，全方位分析变化原因和变化趋势。

第三，客观与主观相结合的权重训练算法。传统指数的权重设置往往采用单一的方法，如专家打分法。金融科技指数考虑各个指标对于指数所作的贡献不同，根据指标的特点使用多种权重训练算法。

第四，工具变量需能敏锐捕捉，并量化创新的维度。工具变量设置不拘泥于传统金融指数的固有变量，而是在经济学理论背景下为每一维度设计精妙合理、反应迅速且数据可得性强的工具变量，量化反映金融科技的真实面貌，敏锐捕捉科技与金融结合所迸发的能量。

第五，运用大数据技术高效处理多类型数据，让"万物数据化"成为可能。从数据处理到算法构建，均要深度应用大数据技术，在显著提升数据处理能力的同时，让文本、图片、地理信息等皆成为可量化的数据。

11.4 金融科技指数的指标构建原则

（1）全面性原则。尽可能全面地选取指标衡量金融科技的发展，这在大数据时代更加容易实现，通过网络爬取数据、智能化处理数据，可以解决传统人工不足和效率低的问题。

（2）代表性原则。选取的金融科技业务组合在一起要能代表金融科技市场，能同时反映金融科技业务的总体广度发展和各业务的深度发展，以便能分析比较金融科技发展过程中的变化和趋势。

（3）科学性原则。选取的金融科技指标及细分类指标含义要明确，不仅能够客观地反映金融科技的发展进程，还要着眼于未来，能比较容易地获得持续、完整、准确的数据资料，便于分析长期趋势。计算方法要符合数学、统计学、经济学等学科的基本原理，保证评价结果的相对客观性。

（4）可拓展性原则。中国的金融科技处于快速发展过程中，新的业务形态不断出现，整个市场结构也处于快速变化之中。要充分考虑业务和指标体系的拓展性，具有前瞻性，能进行同步调整。

（5）可行性原则。尽可能多地使用网络产生的数据，这样的数据公开透明、便于收集，也可以保证真实性。

（6）可比性原则。金融科技范畴较广，在不同时间同一细分行业、不同细分行业间差异较大。指数要可以同时进行横向（不同细分行业）比较和纵向（不同时间区间）比较。

按照以上原则，本书设计指标体系的思路是：在现有文献和国际组织提出的互联网金融、金融科技、数字普惠金融指标基础上，结合数字技术应用新形势、新特征与数据的可得性、可靠性和可分析性，从企业发展指数和市场环境指数两个方面来构建金融科技指标体系。具体而言，金融科技指数各包含两个子指数，子指数各包含 3 大维度和 4 大维度，共计 15 个具体指标。具体指标体系框架如图 11-1 所示。

11.5　金融科技指数的指标体系

企业发展指数主要从资本、劳动力和科技三个维度进行量化。在资本维度中，充分考虑金融科技企业注册资本，并创新性地加入了新三板资本和风险投资属性，直接体现了金融科技企业的资本特征。在劳动力维度中，将金融科技企业招聘时的平均工资水平、招聘数量以及人力资本纳入量化范围。同时，为了迎合科技属性，创新性地加入了科技因素，主要考虑了研发人员、专利申请以及专利转移。市场环境指数主要分为市场情绪、政府支持、基础设施以及社

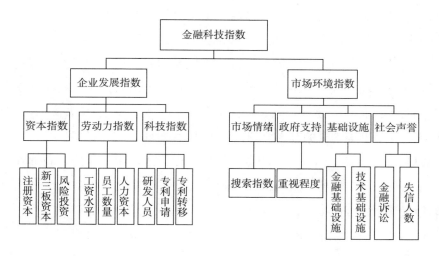

图 11 - 1　金融科技指数开发框架

会声誉四个维度。各子指数的构建均在传统指标的基础上，加入互联网因素，充分考虑当前金融市场的互联网化特色。具体指标细则详见表 11 - 1。

表 11 - 1　　　　　　　　　　金融科技指标体系

一级指标	二级指标	三级指标	含义	数据来源
企业发展指数	资本指数	注册资本	新成立金融科技企业注册资本总额	国家工商局
		新三板资本	申请新三板金融科技企业注册资本总额	Wind
		风险投资	金融科技企业获得风险投资总额	私募通
	劳动力指数	工资水平	金融科技企业招聘平均工资	招聘网站
		员工数量	金融科技企业招聘员工数量	招聘网站
		人力资本	金融科技企业招聘员工平均受教育年限	招聘网站
	科技指数	研发人员	金融科技企业招聘研发技术人员数量	招聘网站
		专利申请	金融科技企业的专利申请数量	国家知识产权局
		专利转移	金融科技企业的专利转移数量	国家知识产权局
市场环境指数	市场情绪	搜索指数	互联网上搜索金融科技类上市公司的次数	CNRDS
	政府支持	重视程度	政府在金融科技领域相关的招标数量	招标网
	基础设施	金融基础设施	金融企业的注册资本总额存量	国家工商局
		技术基础设施	云计算、大数据、区块链企业的注册资本总额存量	国家工商局
	社会声誉	金融诉讼	金融类民事诉讼数量占所有民事诉讼数量的比例	中国裁判文书网
		失信人数	失信人数量	中国失信人执行网

中国金融科技指数指标包括全国指数、省级指数和行业指数三大类，均为月度指数，从 2016 年 1 月开始计算。其中全国指数、省级指数都包含企业发展指数和市场环境指数两个一级指标。行业指数只包含企业发展指数一个一级指标（市场环境对所有行业是一样的）。行业指数包括如下 4 个行业的指数：

（1）互联网移动支付行业。支付是最传统的金融业务之一，其本质是价值的转移过程。随着互联网信息技术的发展及支付场景的丰富拓展，互联网及移动支付越来越能够满足社会小额、快捷、便民的支付需求。总体来说，支付业务是众多移动互联网及移动业务的流量入口，并具有巨大的增值服务潜力，包括消费信贷融资、投资理财等金融业务以及账户管理、营销方案等增值业务。互联网移动支付指数应能充分展示自身行业发展情况（支付数据、支付机构数据和支付用户三方面），跨境支付和海外移动支付等新兴业务发展方向。

（2）互联网投资理财行业。广义上的互联网理财具有产品种类丰富、门槛低、便捷灵活、覆盖人群广、较大的市场空间等特点，互联网投资理财指数应充分展示网络借贷市场、传统线下金融机构理财产品的线上化、互联网保险等各方面的发展状况。

（3）互联网征信行业。因金融科技服务具有小额、快捷、与场景深度绑定等特点，目前互联网征信业务已被广泛应用于个人消费等领域。同时考虑国内传统企业信贷关系链仍深度沉淀于线下，线上业务渗透率有限的特点，此处所讨论的互联网征信业务主要指个人征信。

（4）其他金融科技行业。随着金融科技业务在国内的蓬勃发展，中国的金融科技处于快速发展过程中，新的业务形态不断地出现，整个市场结构也处于变化之中。其他金融科技行业包括互联网银行、众筹、区块链等。

11.6 金融科技指数的计算方法

11.6.1 数据标准化处理

数据标准化处理主要包括数据同趋化处理和无量纲化处理两个方面。对于多指标综合评价体系，必须将性质和计量单位不同的指标进行无量纲化处理，以便将反映金融科技产业不同侧面的具体指标合并成一个反映金融科技的综合性指标。国内学者彭非等（2007）指出在无量纲化函数多指标综合评价体系中，常见的有传统功效函数法、指数型功效函数法、对数型功效函数法以及幂函数型功效函数法等。本书结合金融科技的发展特点，弱化极端值的影响程度，保持指数的平稳性，故采取对数型功效函数法。对数功效函数的公式如下：

$$d = \frac{\log x - \log x^l}{\log x^h - \log x^l} \times 100 \tag{11.1}$$

其中：对于正向指标，取固定 2016 年各地区指标数据实际值的 95% 分位数为上限 x^h，5% 分位数为下限 x^l；对于逆向指标，取固定 2016 年各地区指标数据实际值的 5% 分位数为 x^h，95% 分位数为 x^l。另外，为了平滑指数，本书对超过指标上限的地区进行缩尾处理。例如，当某地区基准年（2016 年）的指标值超过该指标的上限 x^h 时，则认为该地区 2016 年指标值为上限值；当某地区 2016 年指标值小于下限 x^l 时，则令该地区 2016 年指标值为下限值。

经过这样处理后，2016 年各个行政区金融科技指数每个相应指标的数据功效分值的值域在 0 和 100 之间，取分越高的地区，相应指标的发展水平也越高。对于 2016 年之后年份的数据，指标的功效分值有可能小于 0 或大于 100，这反映了相对于 2016 年指标值下降或增长的情况：分值上升表示增长，反之则表示金融科技指数下降。

11.6.2　基于层次分析的变异系数赋权法

在多指标综合评价过程中，权重的确定等于确定各细分行业、各维度之间的重要性，因此会直接影响评价结果。目前，权重的确定方法有很多，主要分为主观赋权法和客观赋权法。主观赋权法是由专家根据经验进行评价，主观性较强，如德尔菲（Delphi）法以及 AHP 层次分析法等。而客观赋权法不依赖于个人的主观判断，根据各指标的具体数值计算而得到，具有较强的客观性，如主成分分析法、方差赋权法以及变异系数法等。本书将主观赋权法（AHP 层次分析法）与客观赋权法（变异系数法）相结合，从而科学客观地确立权重大小。

11.6.2.1 基于 AHP 层次分析法确定中间层权重

AHP 层次分析法的基本原理是在所构建的层次分析模型中，通过调查判断，形成判断矩阵。当判断矩阵通过一致性检验时，则可以接受判断矩阵，并直接得出各指标的权重值。具体的计算步骤为：建立层次结构模型、构建判断矩阵、计算判断矩阵的最大特征值及其特征向量、一致性检验和计算权重向量。

第一步，建立层次结构模型。通过对金融科技的深入分析，将有关各因素按从属关系分解成若干层次，最上层为目标层，最下层为具体的指标，中间层为准则层。本指数的层级结构模型如图 11 - 1 所示。

第二步，根据本项目构建金融科技指标体系判断矩阵。比较某一层 n 个因素对上一层因素的影响，每次两两比较两个因素对上一层因素的相对重要性。这一相对重要性通常用数值 1 ~ 9 来体现，以为构成判断矩阵的每个元素赋值（如表 11 - 2 所示）。A_{ij} 表示 A_i 和 A_j 对上一层因素的影响之比。全部比较结果构成正互反矩阵。

$$A = \begin{bmatrix} A_{11} & A_{12} & \dots & A_{1n} \\ \vdots & \vdots & \vdots & \vdots \\ A_{n1} & A_{n2} & \dots & A_{nn} \end{bmatrix}$$

其中：$A = (A_{ij})_{n \times n}, A_{ij} > 0, A_{ij} = \dfrac{1}{A_{ji}}, A_{ij} = 1$。若正互反矩阵满足：$A_{ij} \times A_{jk} = A_{ik}$，则称 A 为一致性矩阵。

表 11 - 2 九级标度

标度	含义
1	表示两个因素相比，具有同样重要性
3	表示两个因素相比，一个因素比另外一个因素稍微重要
5	表示两个因素相比，一个因素比另外一个因素明显重要
7	表示两个因素相比，一个因素比另外一个因素强烈重要

标度	含义
9	表示两个因素相比，一个因素比另外一个因素极端重要
2，4，6，8	上述两相邻判断的中值
倒数	因素 i 和 j 比较的判断，则因素 j 和 i 比较判断

第三步，计算判断矩阵的最大特征值及其特征向量。在运用判断矩阵确定各指标权重时，实际上是构造判断矩阵的特征向量。通过解正互反矩阵的最大特征值，可求得相应的特征向量，经归一化后即为权重向量。其中 A 为一致性矩阵，λ 称为 A 的特征值，W 称为 A 的特征值 λ 的特征向量。

$$AW = \lambda_{\max} W \qquad (11.2)$$

第四步，为了度量判断的可靠程度，可以先计算一致性指标值 CI，公式如下：

$$CI = \frac{\lambda_{\max} - n}{n - 1} \qquad (11.3)$$

再计算平均随机一致性指标 RI：从 $1 \sim 9$ 及其倒数中随机抽取数字构成 n 阶正互反矩阵，计算其最大特征值；重复 1000 次得到 1000 个随机正互反矩阵的最大特征值；计算 1000 个最大特征值的均值 k；计算平均随机一致性指标 RI，公式如下：

$$RI = \frac{k - n}{n - 1} \qquad (11.4)$$

表 11-3   **随机一致性指标**

r	1	2	3	4	5	6	7	8	9	10	11
RI	0	0	0.58	0.90	1.12	1.24	1.32	1.41	1.45	1.49	1.51

最后得到一致性比率：

$$CR = \frac{CI}{RI} \qquad (11.5)$$

当一致性比率 $CR < 0.1$ 时，认为矩阵的不一致程度在允许范围内，有满意的一致性，通过一致性检验，可用其归一化特征向量作为全向量，否则要重新构造成对比较矩阵。

第五步，计算权重向量。将通过一致性检验的判断矩阵最大特征值所对应的特征向量进行归一化即可得到该层各因素对上层因素的权重大小。

11.6.2.2　变异系数法确定指标权重

基于层次分析法所得结果的基础上，利用变异系数法求出各具体指标对其上一层的权重大小。该方法就是根据各个指标在所有被评价对象上观测值的变异程度大小，对其进行赋权。变异程度大的指标，说明该指标在衡量该对象的差异方法具有较大的解释力，应赋予较大的权重。具体步骤如下：

首先计算各指标的变异系数，该值反映了各指标的绝对变异程度：

$$CV_i = \frac{S_i}{\overline{X}_i}(i = 1,2,3,\ldots,n) \tag{11.6}$$

其中：S_i 为各指标标准差，$\overline{X}_i$ 为各指标均值。然后对各个指标变异系数进行归一化处理，计算各个指标的权重：

$$q_i = \frac{CV_i}{\sum\limits_{i=1}^{n} CV_i}(i = 1,2,3,\ldots n) \tag{11.7}$$

11.6.3　金融科技指数合成模型

在多指标综合评价中，合成是指通过一定的数学算式将多个指标对事物不同方面的评价值综合在一起，以得到一个整体性的评价。本书采用算术平均合成模型，具体模型如下：

$$d = \sum\limits_{i=1}^{n} w_i d_i \tag{11.8}$$

其中：d 为综合指数；w_i 为各个评价指标归一化后的权重值；d_i 为单个指标的评价得分；n 为评价指标的个数。本书第3章中的数字普惠金融指数和自我经济水平指数的构造均采用了上述理论模型，通过主观赋权法和客观赋权法相结合的形式，形成客观、合理的评价体系。

11.7　中国金融科技指数分析

根据上文的指数编制方法，结合大数据信息收集和处理分析技术，编制了全国内地 31 个省（自治区、直辖市）和全国总体两个层级的金融科技指数，以及金融科技各行业的行业发展指数，以上三类指数时间跨度为 2016—2019 年。在金融科技指数的基础上，还从不同维度编制了金融科技的企业发展指数和市场环境指数。2016—2019 年 31 个省（自治区、直辖市）的金融科技指数如表 11 - 4 所示，本部分主要对金融科技指数的一些基本特征进行概述。

表 11 - 4　　2016—2019 年各省（自治区、直辖市）金融科技指数

省 （自治区、直辖市）	2016 年	2017 年	2018 年	2019 年
上海市	116. 5194	117. 8565	113. 2499	116. 7492
云南省	95. 23539	95. 4195	95. 81239	96. 12566
内蒙古自治区	94. 51107	94. 62134	94. 85951	95. 96444
北京市	120. 0422	127. 0099	138. 2059	140. 2346
吉林省	94. 69545	94. 95026	95. 18948	96. 15082
四川省	98. 89859	99. 43174	100. 8256	101. 6107
天津市	93. 62502	93. 72288	94. 73735	96. 80444
宁夏回族自治区	94. 18952	94. 57887	94. 49698	95. 90262
安徽省	95. 29172	95. 37783	95. 81827	96. 60096
山东省	97. 67748	98. 1954	98. 76764	101. 5426
山西省	94. 54751	94. 7738	94. 89409	95. 75767
广东省	114. 4025	115. 9797	115. 9145	126. 653
广西壮族自治区	94. 02962	94. 16259	94. 25132	95. 66673
新疆维吾尔自治区	94. 88282	94. 99005	95. 21922	96. 53168
江苏省	100. 1218	100. 7137	101. 3063	103. 3744
江西省	94. 20285	94. 17275	93. 94137	94. 35817
河北省	93. 82301	94. 03803	94. 51031	95. 34338
河南省	94. 35083	94. 53353	94. 78019	96. 503
浙江省	106. 351	107. 4046	109. 8195	107. 4757
海南省	97. 15263	97. 98045	100. 1513	112. 3063
湖北省	95. 89495	95. 99117	96. 04393	96. 63392
湖南省	95. 73595	95. 96179	95. 83541	96. 08389
甘肃省	95. 4282	95. 60561	95. 89086	97. 05062
福建省	96. 84022	97. 31134	97. 95648	99. 87255
西藏自治区	95. 50349	95. 51967	96. 30679	97. 52887
贵州省	94. 82851	94. 99557	95. 39422	96. 78415

省 （自治区、直辖市）	2016 年	2017 年	2018 年	2019 年
辽宁省	96. 3523	97. 12287	94. 97557	96. 57969
重庆市	94. 83267	94. 90046	94. 99996	96. 39586
陕西省	95. 37841	95. 56858	95. 91	96. 4823
青海省	94. 71462	94. 85495	95. 23482	95. 69399
黑龙江省	94. 34355	94. 54646	94. 80649	96. 09094

11.7.1 金融科技的增长情况和地区差异

11.7.1.1 基于金融科技总指数的分析

由表 11 - 4 和图 11 - 2 所示的省级数据可知，中国的金融科技业务在 2016—2019 年表现出稳定增长的态势：2016 年各省金融科技指数的均值为 97.88，到 2019 年增长到 100.87；2019 年省级金融科技指数的均值较 2016 年 增长了 3.05%，指数均值平均每年增长 1.01%。总体而言，金融科技行业增长速度并不快，但是稳中有升。

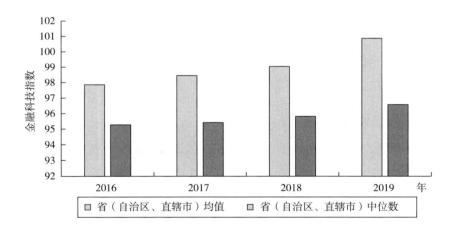

图 11 - 2 2016—2019 年各省（自治区、直辖市）金融科技指数的均值和中位数

当然，在金融科技总体保持稳步增长的同时，与中国大多数经济特征一样，中国的金融科技发展程度在地区间仍然存在一定的差异。如图 11 - 3 所示，2019 年金融科技指数最高的北京市是最低的江西省的 1.5 倍左右。另外，

图 11 - 3 中显示 2019 年西藏地区的金融科技指数要高于陕西省、甘肃省等多个地区。一方面充分说明西藏地区利用科技实现金融科技跨越式发展，另一方面也充分说明了我国对西部地区发展的高度重视。但是，从侧面也反映出指标体系的维度设置具有一定的片面性，数据来源具有一定的局限性，最终导致指数存在一定的误差。

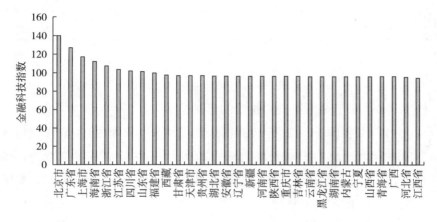

图 11 - 3　2019 年各省（自治区、直辖市）金融科技指数分布

11.7.1.2　基于不同维度的金融科技指数的分析

图 11 - 4 具体反映了金融科技不同维度的情况，可以明显地发现在 2016—2019 年，金融科技的市场环境指数相对高于其他的指数。事实上，图 11 - 5 也显示金融科技在 2016—2019 年稳中有升，且市场环境指数总体更高。

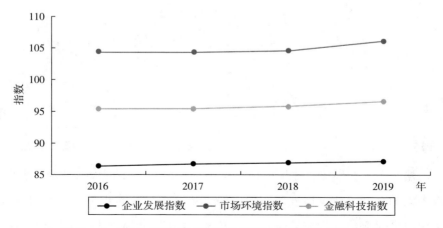

图 11 - 4　2016—2019 年金融科技指数及分指数的省级中位数

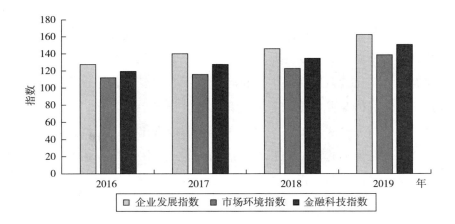

图 11 - 5　2016—2019 年全国总体金融科技指数及分指数

就金融科技不同维度的具体分指数的地区差异而言，由图 11 - 6 中可以看出，金融科技的市场环境指数的地区差距最小。具体而言，金融科技的市场环境指数、企业发展指数 2019 年最高的地区与最低的地区之比分别为 1.27 和 2；而 2016 年这两个指数最高和最低之比分别为 1.22 和 1.61；2017 年则为 1.23 和 1.77；2018 年则为 1.23 和 2.03。可以判断，2016—2019 年金融科技指数的增长主要靠企业发展来驱动，可以认为主要依靠金融科技领域的独角兽企业来支撑。

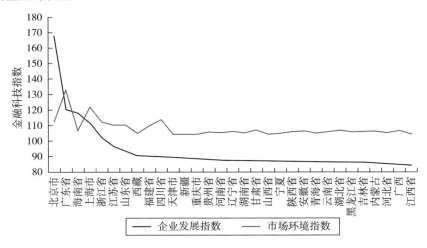

图 11 - 6　2019 年各省（自治区、直辖市）金融科技分指数分布

北京全力推进大数据战略，建设"五位一体"的大数据平台，率先开展金融科技创新监管试点，成功落地中国版"监管沙箱"。就 2019 年各省份的金融科技排行榜而言，可以发现该榜单与 2016 年相比，只有第一名的北京市排名没有发生变化，但后面地区的排名产生了较多变化，这也说明不同地区的金融科技发展情况存在很大差异，有的地区排名上升较多，有的地区则下降较多。具体而言，从表 11 - 5 的省级排名可以看出，近几年排名相对上升的省份并不存在显著的集中关系，东部、西部、华中、华南等地区均有分布，可以认为金融科技的发展相对而言并不受地域的限制，图 11 - 7 更加直观地验证了这一结论。另外，2019 年海南省的金融科技发展水平位于第四位，领先于浙江省、江苏省等经济金融发达地区。深入研究发现，该现象主要是由企业发展指数的变化所引起的，这可能与近几年海南省的科技招商力度、税收优惠政策有着密切联系，如 2020 年 6 月《海南自由贸易港建设总体方案》出炉，标志着自贸港建设进入全面实施阶段，自由贸易港是当今世界最高水平的开放形态，海南自由贸易港将被打造成为引领我国新时代对外开放的鲜明旗帜和重要开放门户。虽然，总体上海南省的科技型公司较少，但是2018—2019 年大量的科技型企业选择落户海南，并在新三板或科创板上市。

表 11 - 5　2019 年各省（自治区、直辖市）金融科技指数排名及变化情况

省（自治区、直辖市）	2019 年指数	2019 年排名	较 2016 年变化
北京市	140. 234581	1	不变
广东省	126. 653048	2	上升 1 名
上海市	116. 749225	3	下降 1 名
海南省	112. 306293	4	上升 4 名
浙江省	107. 475742	5	下降 1 名
江苏省	103. 3744	6	下降 1 名
四川省	101. 610743	7	下降 1 名
山东省	101. 5426	8	下降 1 名
福建省	99. 8725495	9	不变
西藏自治区	97. 5288734	10	上升 3 名
甘肃省	97. 0506221	11	上升 3 名
天津市	96. 8044407	12	上升 19 名
贵州省	96. 7841538	13	上升 7 名
湖北省	96. 6339217	14	下降 3 名
安徽省	96. 6009631	15	上升 1 名

省（自治区、直辖市）	2019 年指数	2019 年排名	较 2016 年变化
辽宁省	96.5796863	16	下降 6 名
新疆维吾尔自治区	96.531676	17	上升 1 名
河南省	96.5030008	18	上升 7 名
陕西省	96.4822983	19	下降 4 名
重庆市	96.3958586	20	下降 1 名
吉林省	96.1508163	21	上升 1 名
云南省	96.1256569	22	下降 5 名
黑龙江省	96.0909436	23	上升 3 名
湖南省	96.0838896	24	下降 12 名
内蒙古自治区	95.9644407	25	下降 1 名
宁夏回族自治区	95.9026247	26	上升 2 名
山西省	95.7576718	27	下降 4 名
青海省	95.6939894	28	下降 7 名
广西壮族自治区	95.6667318	29	不变
河北省	95.343379	30	不变
江西省	94.3581712	31	下降 4 名

11.7.2 各省份金融科技的差异

金融科技的全方位性主要体现在其所提供的金融服务能否广泛地为社会所有阶层和群体所享受。金融科技的全方位性需要验证，首先，相对于传统行业而言，金融科技能否达到更全面的可得性；其次，金融科技服务的地区差异能否处于一个较小的水平。事实上，金融是经济的核心，金融服务作为一种软性基础设施，尽管会受到经济发展水平的影响，但金融服务的优先发展也能为经济发展提供支撑。若金融科技服务在地区间差异能处于一个较小的水平，落后地区则不至于"输在起跑线上"。研究发现，金融科技的确比传统金融服务具备更全面的可得性，这体现在金融科技并没有如传统金融服务那样集中于某一经济发达区域。如图 11 - 7 所示，2016—2019 年排名相对上升的省份并不存在显著的集中关系，各个地区均有分布。这说明，相对于传统金融行业而言，金融科技的确具有更好的地理穿透性，使落后地区如西部地区也可以享受到相对更多的金融科技服务和更优的发展空间。

另外，近年来各省份金融科技的差异一直处于一个较低的水平。但是，一些经济发达的地区如北京、广东的金融科技，逐渐与其他地区拉开了差距，虽然这个拉开差距的过程显得比较缓慢。通过图 11-7 至图 11-9 可以发现，各省份金融科技总指数中较为突出的地区包括上海、北京、广东以及浙江，各省份金融科技企业发展指数中较为突出的地区同总指数中较为突出的地区基本一致，而市场环境指数较为突出的地区只有上海和北京。除了这些公认的经济发达地区的金融科技发展的相对更好之外，其他地区总体水平一致。这也进一步佐证了上面的结论。

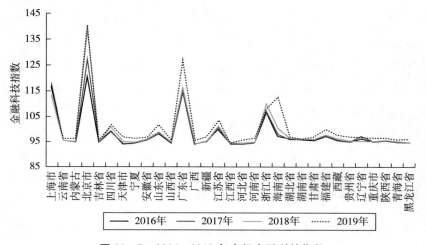

图 11-7　2016—2019 年省级金融科技指数

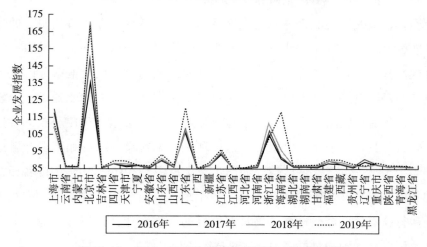

图 11-8　2016—2019 年省级金融科技企业发展指数

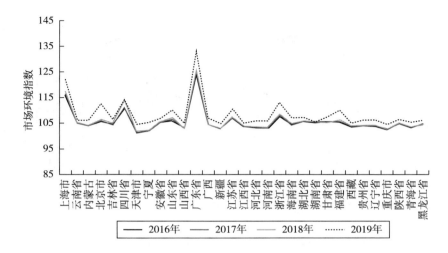

图 11 – 9　2016—2019 年省级金融科技市场环境指数

为了更科学地度量各地区金融科技的相对差距,本书还计算了全国范围内的省级金融科技指数的变异系数。如图 11 – 10 所示,从 2016 年到 2019 年,全国省级金融科技指数变异指数稳定上升,说明各地区金融科技发展的差异化程度逐渐增长,且主要是由北京、广东等金融科技发达地区造成的。

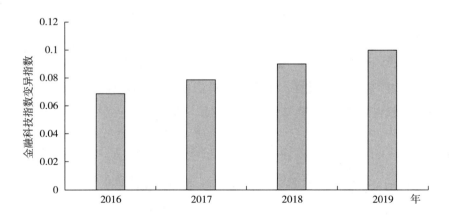

图 11 – 10　2016—2019 年全国省级金融科技指数变异指数

此外,对金融科技的细分行业的行业发展情况做了可视化分析。通过图 11 – 11 可以发现,2016—2019 年在金融科技领域发展最好的细分行业是互联网投资理财服务。

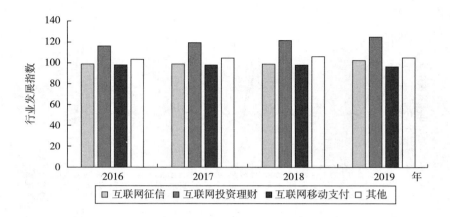

图 11-11　2016—2019 年全国金融科技行业发展指数

当前，中国区域经济一体化的进程在加快，涌现出几个最富增长前景的区域，分别是粤港澳大湾区、京津冀、长三角，甚至长江经济带的中三角（郑州、合肥、武汉）与西三角（成都、重庆、西安）。在中国金融科技总体保持稳步增长的同时，与国内大多数经济特征一样，金融科技发展程度在各个地区之间仍然存在一定的差异。本书进一步借助经济学中关于地区经济收敛性的论证方法对金融科技的收敛性进行讨论，分别从 σ 收敛模型和 β 收敛模型去验证经济收敛。

σ 收敛是针对存量水平的刻画，反映地区金融科技偏离整体平均水平的差异以及该差异的动态过程。如果这种差异越来越小，那么地区金融科技指数存在收敛性。σ 收敛模型具体定义如下：

$$\sigma_t = \sqrt{\frac{1}{n}\sum_{i=1}^{n}\left(\ln x_{it} - \frac{1}{n}\sum_{i=1}^{n}\ln x_{it}\right)^2} \tag{11.9}$$

其中，i 代表地区，n 代表地区数量，t 代表年份，$\ln x_{it}$ 代表 t 年 i 地区的金融科技指数对数值，σ_t 代表第 t 年时金融科技指数的 σ 收敛检验系数。如果 $\sigma_{t+1} < \sigma_t$ 则可以认为第 $t+1$ 年的金融科技指数比第 t 年更加收敛。

图 11-12 汇总了 2016—2019 年中国省级金融科技指数的 σ 收敛系数。显然，中国地区金融科技指数的确有非常明显的收敛趋势。具体来看，中国省级金融科技指数的 σ 收敛系数从 2016 年的 0.47 下降到 2019 年的 0.15。

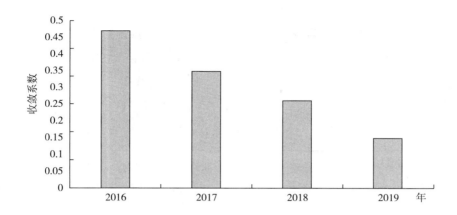

图 11 - 12 2016—2019 年省级金融科技 σ 收敛系数

β 收敛模型是根据经济趋同理论提出，指期初金融科技发展水平低的地区，相比金融科技发展程度高的地区，会出现相对更快的增长速度，即地区金融科技发展速度与期初水平负相关，从而使得不同地区的金融科技发展水平出现趋同，这个模型可以解释原有的金融科技发展水平鸿沟是否会进一步扩大。根据是否考虑收敛条件，β 收敛又可分为绝对 β 收敛和条件 β 收敛。金融科技指数的绝对 β 收敛是指即使不控制外在影响因素，随着时间的推移，不同地区的金融科技发展水平也会最终收敛到相同的稳态水平。用公式表达的绝对 β 收敛模型为

$$(\ln x_{it} - \ln x_{io})/t = \alpha + \beta \ln x_{io} + \varepsilon_{it} \tag{11.10}$$

其中，$\ln x_{io}$ 代表地区期初（2016 年）的金融科技指数对数值；$(\ln x_{it} - \ln x_{io})/t$ 代表 i 地区在 t 年内金融科技指数年均增长率；α 和 ε 是常数项和误差项；β 是收敛系数。如果 β 显著小于 0，则地区金融科技发展水平趋向收敛，即存在绝对 β 收敛，反之，则认为数字普惠金融发展水平趋向分散。

条件 β 收敛是指在控制了一些外在影响因素之后，不同地区的金融科技指数最终会收敛到各自的稳态水平。用方程表示则为

$$(\ln x_{it} - \ln x_{io})/t = \alpha + \beta \ln x_{io} + \gamma X_{it} + \varepsilon_{it} \tag{11.11}$$

其中，X 表示为外在影响因素变量矩阵。此外，已有文献中提到条件 β 收敛模型还有一种控制不同地区的固定效应及其随时间变化的趋势，但放弃了控制变量的估计方法。具体而言，此时的收敛模型为

$$\ln x_{it} - \ln x_{it-1} = \alpha + \beta \ln x_{it-1} + \varepsilon_{it} \qquad (11.12)$$

基于该收敛模型得到结果如表 11 – 6 所示，从中可以发现，中国金融科技指数表现出很强的地区收敛性，三种情形下的收敛系数均在 1% 的水平上通过显著性检验，且系数均为负，表示金融科技的发展有利于弥补传统金融体系中的包容性金融，有利于减少区域贫困、不平等和促进区域经济繁荣。

表 11 – 6 金融科技 β 收敛检验

回归 因子	OLS 回归	固定效应回归	包含年份固定效应 在内的回归
lnx	– 0.218	– 0.267	– 0.481
时间效应	不含	不含	含
R^2	0.791	0.823	0.881

11.8 中国金融科技指数特别说明

需要特别说明的是，以上指标数据仅代表笔者学术研究的观点，不代表所在单位浙江金融职业学院和任何官方或企业的意见。笔者认为构建的金融科技指数指标体系还存在一些局限性：第一，由于数据获取的原因导致了指标维度存在片面性，最终引起部分结果出现偏差。第二，在专家打分环节，与大数据企业展开了合作，大多数是通过企业端专家完成打分环节，缺少对学术界专家意见的考虑，会存在权重设置的偏差。第三，由于数据量大、来源较广，更多的是借助大数据企业的力量来获取数据、清洗数据，会存在一定的"黑箱"。第四，指数编制过程中非常需要系统考量，所以在顶层设计层面就需要深入研究，而金融科技业务的快速发展变化，给指标体系的选择带来很大难度。第五，在具体数据采集过程中，一方面是基于公开的统计数据，金融交易类数据存在与用户隐私冲突，会导致网络获取的数据偏少，可用性不强，而研究中使用的数据本身并不是来自一个大的平台沉淀的数据，虽然可以避免数据来源单一，但也会带来数据的有效性问题，体现为数据种类过多、无效数据过多、数据价值密度过低。第六，在指数的结果分析方面，发现了一些不尽合理的地方，比如江西省、河北省排在最后，而新疆、内蒙古等地区排名靠前，也需要进一步探索数据采集、分析中的客观性。

综上所述，本书对中国金融科技指数的分析还只是一个粗略的度量，结果也存在一些值得商榷的地方，仅仅作为学术层面的一个探讨。但是随着大数据、人工智能、区块链等技术的不断发展，以及国家对数据隐私权的相关规定的出台，数据作为一种新的生产要素也会推动底层数据的规范，这样更加有利于开展相关指数的编制，更加准确地描绘我国金融科技发展蓝图，并进一步为我国数字普惠金融的发展提供动力支持。

参考文献

［1］郭峰，王靖一，王芳，孔涛，张勋，程志云. 测度中国数字普惠金融发展：指数编制与空间特征［D］. 北京大学数字金融研究中心工作论文，2019.

［2］邹艳芬，陆宇海. 基于空间自回归模型的中国能源利用效率区域特征分析［J］. 统计研究，2005（10）.

［3］李四维，傅强，刘珂. 创新驱动空间溢出与区域经济收敛：基于空间计量分析［J］. 管理工程学报，2020（6）.

［4］吴金旺，郭福春，顾洲一. 数字普惠金融发展影响因素的实证分析——基于空间面板模型的检验［J］. 浙江学刊，2018（3）.

［5］彭非，袁卫，惠争勤. 对综合评价方法中指数功效函数的一种改进探讨［J］. 统计研究，2007（12）.

［6］郭峰，王靖一，王芳，孔涛，张勋，程志云. 测度中国数字普惠金融发展：指数编制与空间特征［J］. 经济学（季刊），2020（4）.

［7］刘园，郑忱阳，江萍，刘超. 金融科技有助于提高实体经济的投资效率吗？［J］. 首都经济贸易大学学报，2018（6）.

［8］赵昌文，陈春发，唐英凯. 科技金融［M］. 北京：科学出版社，2009.

［9］艾瑞咨询：《中国金融科技发展报告2017》，2017.

［10］吴金旺，郭福春，顾洲一. 数字普惠金融能否显著减缓贫困？——来自浙江嘉兴调研的行为数据［J］. 浙江学刊，2019（4）.

［11］King R G, Levine R. Finance, entrepreneurship and growth：Theory and evidence［J］. Journal of Monetary Economics, 1993, 32（3）：513 – 542.

［12］Consoli D. The dynamics of technological change in UK retail banking services：An evolutionary perspective ［J］. Research Policy, 2005, 34 (4): 461 – 480.

［13］ Schinckus C. The financial simulacrum: The consequences of the symbolization and the computerization of the financial market ［J］. Journal of Socio – Economics, 2008, 37 (3): 1076 – 1089.

［14］ Ernst & Young Global Limited (EY). Global FinTech Adoption Index 2019 ［R］. 2019: 4 – 6.

［15］ Barro R J. Economic Growth in a Cross Section of Countries ［J］. The Quarterly Journal of Economics (2): 2.

［16］ Rey S J, Montouri B D. US Regional Income Convergence: A Spatial Econometric Perspective ［J］. Regional Studies, 1999, 33 (2): 143 – 156.

［17］ FSB. Financial Stability Implications form FinTech: Supervisory and Regulatory Issues that Merit Authorities' Attention ［R］. June 27, 2017.

［18］ Christian Haddad, Lars Hornuf. The emergence of the global FinTech market: economic and technological determinants ［J］. Small Business Economics, 2019 (53): 81 – 105.

12 数字普惠金融中网络用户参与众筹的动机研究

12.1 引言

近年来，依托云计算、移动互联网、大数据等技术的迭代更新，中国在数字普惠金融各领域上稳居世界前列，而且呈现业态形式多样化的特征，如目前较成熟的互联网支付、互联网保险以及互联网财富管理等。其中，众筹①作为一种相对年轻的形态，凭借其传播性广、互动性强以及高效性的优势，拓宽了数字普惠金融的融资渠道，为数字普惠金融的融资赋予了巨大的主观能动性。

网络众筹在国内的起步可以追溯到 2011 年"点名时间"平台的上线，之后，淘梦网等一系列垂直型众筹平台开始萌芽，随着电商巨头淘宝众筹、京东众筹的加入，越来越多的金融科技公司开始步入互联网众筹领域。但是，随着行业规模的急剧扩张，其潜在的内部隐患也逐渐暴露出来，平台融资的资金链风险运作与管理、领投人的败德行为、平台跑路等问题频发，直接影响了众筹用户的主观参与性，且抑制了国内众筹行业的可持续发展。用户到底倾向于何种第三方平台和项目、关注交易中的哪些细节，这些因素究竟如何影响用户的参与行为？当前，国内外不少学者也通过相关研究发现了挖掘用户的投资动机有助于各行业的风险规避与规范管理。因此，科学客观地挖掘用户参与网络众筹的动机，对该行业的规范化发展和风险管理有着巨大的意义。同时，考虑到网络众筹的数字普惠金融属性，研究该类用户的参与动

---

① 文中提到的众筹即为网络众筹、互联网众筹（下同）。

机能够更好地深入发展数字普惠金融领域，更好地抓住用户心理，拓宽数字普惠金融的服务范围与效果。

杭州作为浙江省数字普惠金融践行的领跑者，《北京大学数字普惠金融指数（2011—2019）》报告①的数据显示，在全国 337 座城市中杭州市排名居第一位，并且在支付、货基、信贷、信用等二级业务指数中均居第一位。因此，杭州可以作为数字普惠金融发展的典型城市纳为研究对象。本书依托杭州市的网络众筹用户行为数据，通过探索性分析了解用户对众筹行业的认知与参与情况，基于修正的 UTAUT 理论（整合的技术接受模型）构建参与动机量表，并通过随机过抽样、随机欠抽样、SMOTE 等算法对样本进行平衡处理，构建决策树、随机森林、Xgboost 和支持向量机模型以识别用户的参与动机。研究结果旨在深化对众筹行业的现状认知，挖掘用户参与动机，把握众筹行业的市场需要，为助力网络众筹以及数字普惠金融领域的健康发展提供一定的理论支撑。

12.2 理论研究

众筹在国外的起步相对早于国内，其理论研究也更为系统和深入。2011年，"点名时间"平台的上线，开启了国内众筹的发展。至此，众筹开始走进了实务界与学术界的视野。基于当前国内外学者的主要研究成果，本书梳理了众筹行业的基本理论和发展现状，并着重对用户参与动机领域的相关研究进行了系统总结。

众筹的基本理论主要包括基本概念、众筹模式与参与主体三个方面。2006 年，麦克尔·萨利文（Michael Sullivan）最先使用了"crowdfunding"一词，即众筹。Schwienbacher 和 Larralde（2010）首次从广义视角对众筹进行了概念界定，即众筹是一种以互联网为载体，通过公益捐赠、预购商品或者具备获得其他回报的权利等方式，对具有特定目的的项目提供资金上的支持。众筹模式的划分标准不一，大部分学者根据投资回报的差异，将众筹划分为

---

① 资料来源于 http://idf.pku.edu.cn/results/zsbg/2019/0426/37845.html。

公益众筹（也称捐赠众筹）、奖励众筹（也称产品众筹、回报众筹）、债券众筹以及股权众筹，其参与主体通常被分为融资方、投资方以及平台。

众筹起源于国外，美国最早在 2001 年上线了第一个众筹平台 Artistshare。国内众筹行业的起步尽管较欧美国家晚，但自 2015 年开始步入了高速发展的轨道。数据显示，截至 2018 年上半年，我国共上线过众筹平台 854 家，其中正常运营的为 251 家；同时，在 2018 年上半年众筹行业成功项目的实际融资金额多达 137 亿元，与 2017 年同期相比增长了近 25%。①

在互联网金融、金融科技持续发展的浪潮下，研究用户的参与意愿与动机成为国内外学者热议的主题之一。现阶段，研究众筹参与动机的主流方法是基于自我决定理论和认知评价理论。在该理论框架下，可将参与动机划分为内在动机和外在动机。国外学者 Schwienbacher 和 Larralde（2010）的研究指出，个体参与奖励式众筹主要是出于"喜欢""兴趣"以及"享受参与过程"，属于自我内在激励因素。Gerber 和 Hui（2014）对内在驱动因素进行了归纳，包括"帮助他人""融入圈子""支持事业"三项。Cholakova 和 Clarysse（2015）基于 Gerber 和 Hui（2014）的成果，对动机进行了内外划分，外在动机是指"获取奖励"，其中，经济收益型的奖励如"分红""利息"属于外在经济动机，非货币型的奖励如"纪念品""价值产品"属于外在非经济动机；并且他们在 Gerber 和 Hui（2014）的基础上，在内在动机中增加了"对融资方的信任"因素，认为信任也是重要的内在因素。

Leimeister 等学者（2009）通过实证数据表明，经济报酬往往是众多用户参与众筹项目的最初动机。国内基于微观用户视角对众筹投资动机进行的研究尚处于探索阶段，夏恩君等学者（2017）基于上述成果，并结合驱力理论，提出内在动机可划分为"助人动机""社交动机""支持动机"和"信任动机"；外在动机可划分为"获取收益动机""获取奖励动机"，并进行实证分析。邱瑾和张淑楠（2018）基于众筹网爬取的数据，指出在众筹投资行为中存在明显的"羊群效应"。因此，用户的"从众心理"也是参与众筹的重要内在驱动力。

---

① 资料来源于众筹家提供的《中国众筹行业发展报告 2018（上）》。

众筹作为一种重要的数字普惠金融模式，对其用户参与动机的研究实际上属于用户采纳和使用行为的范畴。因此，有学者针对旅游营地众筹项目，利用整合的技术接受模型（UTAUT）构建了众筹参与动机的影响因素模型。UTAUT 理论是 Venkatesh 等学者（2003）对技术任务适配模型（TIF）、创新扩散理论（IDT）等八个理论进行了系统的整合和改进，并利用 TAM 模型的框架提出来的，通常用于研究用户对事物的接受和使用程度。该理论搭建了以绩效期望、努力期望、社会影响和促进条件为核心，以调节变量为辅助的用户使用行为模型，在电子商务、互联网金融消费、网络借贷等研究领域得到了广泛的应用和认可。Martín 和 Herrero（2012）将 UTAUT 模型应用于研究用户购买在线旅游产品的行为动机，发现了绩效期望和努力期望的显著影响作用。邢丘丹等（2015）基于 UTAUT 模型，增加了经济价值和感知风险两个控制变量，用于研究余额宝理财用户的投资动机影响因素。此外，目前有关用户动机研究的文献中，绝大部分学者基于 UTAUT 理论并利用结构方程模型进行实证分析。

综上所述，UTAUT 在网络交易行为研究方面具备强大的解释力度，而众筹作为一种互联网线上金融交易行为，借助 UTAUT 模型对其用户参与动机进行探究的文献几乎处于空白。因此，考虑到数据的特征，本书基于 UTAUT 理论构建众筹参与动机量表，利用数据挖掘技术分析用户参与众筹的动机，旨在丰富国内众筹投资动机的理论研究，为经营决策与投资提供理论支撑。

12.3 研究模型与假设

12.3.1 研究模型

整合型信息技术接受和使用理论模型（UTAUT 模型）由 Venkatesh 提出，融合了综合理论行为理论、技术接受模型、计划行为理论和创新扩散理论，被广泛应用于行为学、社会学等学科的用户信息技术接受方面的研究。UTA-UT 模型的核心结构为绩效期望、努力期望、社会影响和促进条件。其中，绩效期望是指用户感知、使用系统所带来的回报；努力期望代表使用的难易程度；社会影响是指个体感知到周围群体对自己使用的影响和评价；促进条件是指一些客观因素对系统的使用支持程度。在该框架下，绩效期望、努力期望和社会影响直接影响用户参与意愿，促进条件和参与意愿则直接影响参与行为。考虑到个体差异性，模型引入了性别、年龄、经验和自愿性四个控制变量，以减少不确定因素对参与行为的影响。本书的研究对象是众筹用户，众筹投资者不仅是众筹系统的感知者，也是众筹产品的投资者、所提供服务的消费者，直接运用原 UTAUT 模型会缺失众筹行业的个体差异信息。因此，本书在保留 UTAUT 原核心结构的基础上，结合 Cholakova 和 Clarysse（2015）的研究，即自我决定理论的学者认为众筹的参与动机包括内在激励与外在激励，并增加了感知风险与信任动机。

综上所述，模型的结构如下：绩效期望表示参与众筹给予支持者的"回报"和"奖励"；努力期望表示用户感知众筹平台使用的难易程度，包括平台的检索功能、支付流程等；社会影响表示在参与过程中，周围有影响力的人或群体对自己参与行为的看法；感知风险代表参与众筹的各项风险；信任动机代表众筹这种集资方式的可信度和对其的接受度。此外，由于众筹在国内发展时间较短、参与门槛较低，本模型在控制变量中剔除了自愿性变量，添加了学历和收入因子。因此，研究理论依据图 12 - 1 所示，并通过机器学习方法挖掘影响众筹参与的重要因素。

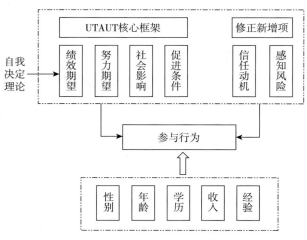

图 12 - 1　研究模型

12.3.2 研究假设

从众筹行业的特征出发，本书在修正的 UTAUT 理论框架下，结合自我决定理论来构建众筹参与动机的量表，并提出了如下的研究假设。

H1：绩效期望是影响用户参与的重要动机

根据自我决定理论，本书将参与众筹的绩效期望分为内在动机和外在动机。其中，外在动机是指"获取的奖励"，包括经济型的回报或者纪念性的物质回报；内在动机包括"兴趣""情感共鸣""自我实现"和"同情（帮助）他人"。Gerber 和 Hui（2014）、Cholakova 和 Clarysse（2015）的研究表明，无论是外在非经济动机、外在经济奖励还是内在动机都是参与众筹的重要动机。不同的众筹项目提供不同的经济回报和体验感知，参与者对于经济报酬、内在情感需求的程度越高，参与意愿也会越强。

H2：努力期望会影响用户的众筹参与行为

努力期望是指用户在众筹参与行为中会付出的学习成本，当参与者感知到众筹平台具有操作简单、交易便捷、界面设计友好等特征时，则会提高参与意愿。Venkatesh 等学者（2003）证实努力期望会直接影响众筹参与者的参与意愿，因此，本书假设努力期望是影响众筹参与的重要因素之一。

H3：社会影响会影响用户的众筹参与行为

众筹具有投资行为可见、项目信息透明的特征，Burtch（2011）、邱瑾和张淑楠（2018）等学者均证实了众筹参与过程中存在着明显的"羊群效应"，有学者对股权众筹进行了进一步实证分析，发现了领投人存在着重要的推动作用。因此，具有影响力的意见领袖可能会直接影响支持者的参与行为，周围朋友、亲人的推荐或者参与也会激发参与的意愿，社会影响与参与行为息息相关。

H4：感知风险会影响用户的众筹参与行为

感知风险是技术采纳模型中常考虑的一个变量，在互联网金融理财领域，罗长利和朱小栋（2015）两位学者根据余额宝的用户行为数据，考虑了安全风险、经济风险和时间风险，证实当用户感知到的风险越高时，其接受意愿就越低。目前还没有学者将感知风险纳入众筹参与的 UTAUT 模型进行研究。作为互联网融资的一种模式，众筹的参与过程是一个支持者选择的平台和发起方的博弈过程，平台和发起方对资金和信息的保护机制是用户最为敏感的，本书假设用户感知到平台和发起方对资金和信息的风险会影响用户的参与决策。

H5：信任因素是影响用户参与众筹的重要动机

Cholakova 和 Clarysse（2015）认为信任动机是用户参与众筹的重要内在动机，其中的信任主要是指用户对融资方合理使用资金的信任。而众筹是涉及融资方、支持者和众筹平台三方的价值交易过程，本书假设发起方、众筹平台和众筹行业的信任动机都是影响用户参与众筹的重要因素。

H6：促进条件会影响用户的众筹参与行为

众筹有别于其他融资方式，众筹平台的成功进度、支持人数、关注度、项目详情都是相对公开透明的，直接的信息刺激会对参与行为起到一定的推动作用。受到从众心理的影响，用户往往更容易偏爱融资进度高、支持人数多的项目，数据和信息越详细的项目也更容易受到用户的信赖，投资门槛低的项目更容易被接纳。因此，本书假设项目详情度、融资进度、门槛这些促进条件都是影响用户参与的重要因素。

同时，本书根据众筹的特征和目前已有的研究成果，构建了性别、年龄、学历、月收入和经验 5 个控制变量。表 12 - 1 为众筹参与动机量表，除控制变量外，其余 6 个维度分别设置"完全不同意"至"完全同意"5 个程度。

表 12 - 1　　　　　　　　　　众筹参与动机量表

UTAUT	变量	备注
绩效期望	获取奖励	问卷中出现的分值所代表的含义为赞同程度（假如参与众筹，您会考虑的因素）： 1 代表完全不同意；2 代表比较不同意； 3 代表一般；4 代表比较同意；5 代表完全同意
	出于兴趣	
	情感共鸣	
	自我实现	
	同情（帮助）他人	
努力期望	参与项目操作简单	
	支付流程便捷	
	界面友好流畅	
社会影响	意见领袖对我的影响	
	周围朋友或者同事的参与行为会影响我	

UTAUT	变量	备注
感知风险	能够保证资金和个人信息安全的发起方	问卷中出现的分值所代表的含义为赞同程度（假如参与众筹，您会考虑的因素）：1 代表完全不同意；2 代表比较不同意；3 代表一般；4 代表比较同意；5 代表完全同意
	能够保证资金和个人信息安全的平台	
信任动机	对众筹这种集资方式的信任	
	对众筹项目发起方的信任	
	对众筹平台的信任	
促进条件	详细、丰富的项目介绍更吸引我	
	支持额度和门槛低的项目更能吸引我	
	支持人数多、融资进度高更吸引我	
控制变量	性别	0 代表男性，1 代表女性；
	年龄	分为小于或等于 18 岁、18～30 岁、30～50 岁、大于 50 岁；
	学历	分为中专及以下、大专、本科、硕士及以上 4 个水平；
	月收入	分为无收入、收入小于或等于 5000 元、收入为 5000～8000 元、收入为 8000～12000 元、收入大于 12000 元；
	经验	是否听说或了解过众筹：分为没听过、不是很了解、比较了解以及非常了解 4 个程度

12.4　基于非平衡样本的众筹参与动机研究

众筹是一种低门槛、高普惠性的融资模式，用户涵盖社会各个阶层人群，本次数据采集以调研问卷的形式进行，问卷由三个核心部分组成：第一部分旨在了解被调查者的基本信息；第二部分是用户对众筹的认知和参与现状；第三部分是基于动机测度量表进行数据采集。为了建立动机挖掘模型并进行预测，需将原始样本划分为训练集和测试集。由于样本的参与情况存在非平衡性问题，首先，利用非平衡样本处理技术对训练集样本进行平衡处理；其次，基于平衡样本训练影响用户参与众筹的决策树模型、随机森林模型、Xgboost 和支持向量机；最后，通过准确率、AUC、ROC 曲线等指标评价分类器性能，筛选出影响用户参与众筹的重要变量。

12.4.1   调研概况

本研究的调研对象为杭州市的社会公众，为了兼顾样本的广泛性和随机性，采用网络问卷和实地发放问卷相结合进行采样，线上数据通过微信、微博等互联网社交平台进行问卷采集，线下的实地调研选取了杭州人流量集中的 6 个地铁口（学院路、凤起路、市民中心、火车东站、文海南路、建设一路），样本发放时间为 2019 年 1 月 1 日至 1 月 20 日。本次调研累计回收样本 567 份，其中有效问卷 540 份，回收有效率为 95.24%。

12.4.2   非平衡样本处理

收集的 540 份有效样本中，仅有 134 个被调查者参与过众筹，占总样本的比例为 24.8%，未参与过众筹的用户占总样本的比例为 75.2%，两者的比例存在一定程度的倾斜，属于非平衡数据集。绝大部分的数据挖掘算法在非平衡数据集中更倾向于多数类样本，而忽略少数类个体的信息，直接导致模型识别少数类别的性能降低。因此，在对训练集生成分类器前，需要对训练集进行平衡处理。

随机过抽样法（Over – sampling）的思想是随机复制不平衡样本中的少数类样本，该方法的优点在于不损失任何信息，但是由于少数类样本的重复，可能会产生过拟合的问题。随机欠抽样法（Under – sampling）是以随机概率来删除多数类的观测样本，使两类的数量保持平衡，适用于数据集较大的情形，通过减少训练集样本容量来降低计算成本。人工合成少数类（Synthetic Minority Over – sampling Technique）方法是由 Chawla 等学者（2011）提出的，通过在少数类样本与其邻近样本间插入新样本来平衡原数据集，并且证实了将向下采样与 SMOTE 算法相结合能得到更优良的结果，因此，文中采用 SMOTE 算法平衡样本的同时结合向下采样。

表 12 - 2 分别为通过随机过抽样、随机欠抽样、过抽样和欠抽样方法混合、人工合成少数类 4 种方法对训练集进行非平衡处理的结果，训练集通过对原数据集的简单随机抽样产生，占到原数据集的 75%。

表 12 - 2　　　　　　　　　　　非平衡数据抽样处理

抽样方式		数据集	未参与过众筹	参与过众筹	总计
		原始数据	406（75.185%）	134（24.815%）	540
随机抽样		测试集	102（75.000%）	34（25.000%）	136
		训练集	304（75.248%）	100（24.752%）	404
平衡方法	随机过抽样	新训练集 1	304（50.000%）	304（50.000%）	608
	随机欠抽样	新训练集 2	100（50.000%）	100（50.000%）	200
	随机过抽样 + 欠抽样	新训练集 3	214（52.970%）	190（47.030%）	404
	SMOTE	新训练集 4	450（52.941%）	400（47.059%）	850

注：括号内为该类别所占总计的百分比。

12.4.3　实证结果

数据挖掘技术中解决分类问题的模型众多，经典的分类算法有朴素贝叶斯、K - 近邻算法、决策树等。在集成学习的框架下，通过多个弱分类器的组合优化可得到强分类器，根据弱分类器间是否有依赖关系，可分为 Bagging 算法和 Boosting 算法，前者存在强依赖关系，其中较经典的拓展就是随机森林模型；后者的弱分类器间是串行关系，典型算法是 Xgboost 分类。以是否参与过众筹作为二分类响应变量，根据构造的 4 个新数据集分别构建决策树、随机森林、Xgboost 和支持向量机模型，以特异性、敏感度、准确率、AUC 曲线等量化指标作为调节参数，并用来评价分类器性能。

12.4.3.1　性能分析

在非平衡数据集中，仅用准确率来评价分类器的性能是不合理的，因为准确率指标是将两类同等对待，而非平衡数据集中更有挖掘价值的往往是少数类。因此，本书选取了包括敏感度、特异性、正例命中率、负例命中率、准确率和 AUC 在内的指标共同评判各分类器的性能，具体结果见表 12 - 3。

表 12 - 3   不同分类器结果

抽样方式	评价指标	CART	C4.5	Random Forest	Xgboost	SVM
随机过抽样	敏感度	0.78	0.92	0.96	0.91	0.90
	特异性	0.75	0.94	1.00	0.96	0.92
	正例命中率	0.51	0.83	0.99	0.88	0.79
	负例命中率	0.91	0.97	0.99	0.97	0.97
	准确率	0.76	0.93	0.99	0.95	0.92
	AUC	0.77	0.93	0.98	0.93	0.91
随机欠抽样	敏感度	0.82	0.94	1.00	0.97	0.92
	特异性	0.62	0.74	0.71	0.76	0.71
	正例命中率	0.41	0.54	0.53	0.57	0.51
	负例命中率	0.91	0.97	1.00	0.99	0.96
	准确率	0.67	0.79	0.78	0.81	0.76
	AUC	0.72	0.84	0.85	0.87	0.82
随机过抽样 + 随机欠抽样	敏感度	0.79	0.82	0.96	0.90	0.90
	特异性	0.72	0.85	1.00	0.84	0.78
	正例命中率	0.48	0.64	0.99	0.64	0.57
	负例命中率	0.91	0.93	0.99	0.96	0.96
	准确率	0.74	0.84	0.99	0.85	0.81
	AUC	0.76	0.83	0.98	0.87	0.84
SMOTE	敏感度	0.67	0.92	0.96	0.91	0.98
	特异性	0.77	0.94	1.00	0.96	0.83
	正例命中率	0.49	0.83	0.99	0.88	0.65
	负例命中率	0.88	0.97	0.99	0.97	0.99
	准确率	0.74	0.93	0.99	0.95	0.86
	AUC	0.72	0.82	0.97	0.90	0.90

从分类器结果中可以看出，经同一种非平衡样本技术处理后，不同分类器表现出不同的性能，其中随机森林表现出的各项指标是分类效果较优的，分类效果较差的是 CART。从细化指标来看，各个分类器的负例命中率均接近 1，且相差不大，说明不同模型识别参与过众筹用户的准确率均较高。与其相反的是，正例命中率指标在不同分类器中表现出较大的差异。此外，不同的

分类器模型中，敏感度、特异性和 AUC 也都存在较显著的差异。从另一个维度看，同一个分类器模型中，不同的非平衡样本处理方式也会造成不同的分类表现，从表 12－3 可以发现，随机欠抽样对参与过众筹的样本识别能力较弱，若使用随机过抽样和 SMOTE 都能在一定程度上提高识别众筹参与者的能力，尤其是在特异性和正例命中率两个指标上，说明有效的非平衡样本处理对少数类样本的识别起到了关键的提升作用。

综上所述，随机森林模型在经过随机过抽样、随机过抽样和欠抽样混合、SMOTE 处理后模型的分类性能相差不大，相较于其他分类器有明显的优势，敏感度能达到 96%，甚至是 100%，即能成功识别 96%～100% 参与过众筹的用户；特异性高达 100%，即能 100% 鉴别未参与过众筹的人群。三种平衡处理后的模型准确率均达到 99%。从正例和负例命中率来看，99% 被识别为参与过众筹的人群确实是参与过众筹的，99% 被识别为未参与过众筹的事实上的确是未参与过众筹的。此外，C4.5 和 Xgboost 在随机过抽样和 SMOTE 的非平衡处理后也表现出相对较优的分类性能，支持向量机的分类效果优于CART，但与随机森林相比没有明显的优势。

需进一步结合 ROC 曲线和 AUC 值比较 C4.5、随机森林和 Xgboost 的分类性能。ROC 曲线越靠近左上角、AUC 值越高说明该模型的分类性能越好，图 12－2 为三个分类器在经过随机过抽样和 SMOTE 处理后的 ROC 曲线结果。从图 12－2 可以看出，在经过随机过抽样和 SMOTE 处理后，三个分类器的AUC 值均能提高到 0.9 以上，其中 C4.5 和 Xgboost 模型较其余非平衡样本处理后，特异性、正例命中率和 AUC 都有明显的提高，且两者的性能差异不大；性能最好的仍是随机森林模型，尤其是在经过随机过抽样和 SMOTE 处理后，AUC 值分别高达 0.98 和 0.97，是所有分类器中结果最优的，此外，ROC曲线也十分逼近左上角。

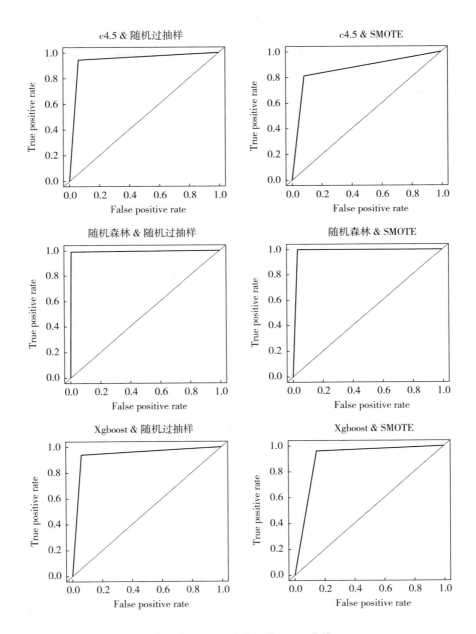

图 12 - 2　不同分类器的 ROC 曲线

12.4.3.2 重要节点分析

总体而言，经过非平衡样本处理后，随机森林在所有分类器中表现出较优的性能，能显著降低对参与过众筹的误判率。因此，为了进一步探究影响用户参与众筹的动机，对表现性能较优的分类器节点进行重要度排序，本书选择随机森林模型进行分析，表 12 - 4 为经过随机过抽样、随机过抽样和随机欠抽样混合、SMOTE 处理后，排名前 10 的重要性节点。

表 12 - 4　　　　　　随机森林变量重要性排序

排序	随机过抽样	随机过抽样 + 欠抽样混合	SMOTE
1	学历	学历	经验
2	经验	经验	学历
3	对众筹这种集资方式的信任	同情（帮助）他人	对众筹这种集资方式的信任
4	同情（帮助）他人	对众筹这种集资方式的信任	获取奖励
5	月收入	月收入	同情（帮助）他人
6	获取奖励	能保证资金、信息安全的平台	月收入
7	能保证资金、信息安全的平台	意见领袖的态度	能保证资金、信息安全的平台
8	意见领袖的态度	获取奖励	参与项目操作简单
9	自我实现	参与项目操作简单	情感共鸣
10	支持人数多、融资进度高更吸引我	支持人数多、融资进度高更吸引我	意见领袖的态度

从表 12 - 4 重要度排序中可以看出，不同的非平衡样本处理技术下，变量重要性结果具有一致性，也有差异性。控制变量中的学历、月收入和经验是影响用户参与众筹的重要因素，不同的非平衡样本技术处理后，学历和经验都是重要性排序位于前两名的变量。结合问卷调研的数据可知，学历是一个在参与度方面存在显著差异的变量，这可能与学历越高的人群对众筹这种创新型的集资模式具有更加理性和成熟的认知有关，在一定程度上有利于提高参与的可能性。经验代表个人认知水平，认知水平越高，参与的概率也越高。根据调研可知，目前公众的众筹参与率普遍不高，并且缺乏对行业的正确认知。可见，没有理性和完善的认知体系是众筹市场冷淡的重要因素之一，因此，如何正确引导用户构建自我认知体系也是发展互联网普惠金融需要探究的问题。此外，月收入也是一个重要的控制变量，象征着用户财富和理财

自由，客观而言，收入水平越高的人群则其投资众筹的倾向性也会越高。

12.4.3.3 研究结论

在绩效期望、努力期望、社会影响、感知风险、信任动机和促进条件六大维度中，占比指标最高的是"绩效期望"维度。在该维度下，"同情（帮助）他人"和"获取奖励"是两个最主要的动机因素，这与国外学者 Cholakova 和 Clarysse（2015）的研究结果是一致的。"同情（帮助）他人"作为一种内在驱动因素，反映了具有慈善性质的募捐行为越来越受到用户的接受与认可，其中占据主导作用的是用户的同情心和同理心。追逐经济收益或物质性奖励是资本市场的本质，也是用户投资众筹项目的重要动机之一，对用户参与众筹起到正向的支持作用。此外，不同分类器的结果显示，"绩效期望"维度下，"情感共鸣"和"自我实现"也是相对较重要的动机，并且都属于内在激励因素，这区别于其他投资行为，参与众筹不仅是为了获得资本回报，在整个过程中用户获得的满足、成就、认可等情感体验都是重要的内在驱动力。

"信任动机"维度的重要程度仅次于"绩效期望"维度，该维度下"用户出于对众筹这种集资方式的信任"是重要因素。这与学者 Cholakova 和 Clarysse（2015）的研究结果不一致，两位学者认为这种信任动机是出于对"融资方的信任"。针对国内众筹行业的发展现状，首先，需要提高用户对众筹的认知水平，加强互联网金融消费者教育；其次，要建立客观有效的监管体系，使用户产生对该行业的信任和对规范化的认可。

"感知风险"和"社会影响"的重要性程度稍弱于"绩效期望"和"信任动机"。"感知风险"主要是指用户对平台的资金和信息安全相较于发起者存在的风险更为敏感，这是因为平台扮演着项目发起的审核、众筹资金的存管、信息安全的监管等重要角色，一旦平台运营出现问题或存在道德风险，那么投资人所承担的风险将被放大。"社会影响"主要是指意见领袖的态度，这与国内学者钱颖和朱莎（2017）在股权众筹中的研究结果是一致的，投资者存在风险厌恶的天性，为了规避风险，有着从众心理和领投人效应，跟随意见领袖以获取自我的肯定，表明了影响力人物对众筹参与存在重要的正向驱动作用。

"努力期望"和"促进条件"仅仅在其中两个分类器下表现出重要影响力的因素。"努力期望"维度下的动机主要是指"参与众筹项目操作简单"，说明降低投资的系统学习成本有利于吸引新用户的参与。在"促进条件"维度中，支持人数多、融资进度高的项目是重要动机因素，这与大众参与投资的心理特征直接相关，受到"羊群效应"的影响，用户会选择作出跟随行为、效仿行动。

12.5 结论与政策建议

本书的主要工作是基于 UTAUT 模型和自我认识理论构建了众筹参与动机量表，借助数据挖掘技术分析用户参与众筹的动机，并对研究假设进行检验得出了有效的结论。研究发现：（1）绩效期望是影响用户参与众筹的首要动机维度。（2）大多数用户参与众筹是出于对这种集资方式的信任，对项目发起方或平台的信任动机是次重要的。（3）在感知风险维度下，平台能保证投资者资金和信息安全是吸引用户参与的重要动机；在社会影响维度下，意见领袖发挥着一定影响，类似于微博大 V、投资界大咖等影响力人物对大众参与众筹有显著的正向驱动作用；在努力期望维度下，交易流程的简易程度是投资者比较关注的因素；从促进条件维度下来看，支持人数多、融资进度高的项目能够促使投资者萌生参与该项目的意愿，这与大众参与投资的心理特征直接相关，受"羊群效应"的影响，用户会选择跟随行为、效仿行动。（4）往往学历越高、月收入越高和经验越丰富的人群，代表着理性的认知、财富自由支配和正确的投资理念，其参与的概率也越高。

针对实地调研的数据和模型的结果，为国内众筹的进一步发展明确思路，提出以下几点建议：第一，加强公众对于众筹行业的认知，树立理性、成熟的投资观念，倡导良性投资理念。第二，随着行业规模的扩大，竞争力也日益激烈，基于投资者的绩效期望心理，对于众筹发起人和平台而言，尝试探索新的管理模式和盈利模式，实现全新一轮的引流和更长久稳定的发展。第三，建议加强和完善众筹平台建设与管理机制，全力打造安全性强、信任度高、失误率低的可靠众筹平台。同时，完善相关法律法规并严格执行，加大监督力度，避免恶性事件的发生。第四，建立投资者良性引导机制，为投资者搭建交流学习的在线平台，严厉打击发布不当信息的人员，尤其是具有一定影响力的网络大咖。第五，项目发起人应在项目说明书或项目路演过程中尽可能地传递能增加投资者信任的真实信息，包括项目主要人员的信息、项目的真实介绍、资金的用途等，从而规避因信息不对称而引起的风险。

参考文献

［1］顾洲一，邱瑾．基于数据挖掘的网络众筹模式下用户参与动机研究［J］．征信，2020（2）．

［2］时勘，范红霞，许均华，李启亚，付龙波．个体投资者股市风险认知特征的研究［J］．管理科学学报，2005（6）．

［3］周雷，朱玉，谢心怡．互联网金融风险认知、风险偏好与投资行为：新时代大学生的新特征［J］．金融理论与实践，2019（4）．

［4］宫建华，周远祎．我国互联网金融发展现状与风险治理［J］．征信，2019（9）．

［5］夏恩君，李森，赵轩维．股权众筹投资者动机研究［J］．科研管理，2017（12）．

［6］邱瑾，张淑楠．基于数据挖掘的互联网众筹成功进度分位数回归模型［J］．统计与信息论坛，2018（2）．

［7］张安．旅游营地项目众筹支持者参与行为影响因素研究［D］．哈尔滨：哈尔滨工业大学，2018.

［8］邢丘丹，解建丽，张宁．互联网金融模式下的余额理财用户投资行为分析［J］．财经理论与实践，2015（5）．

［9］韩丹，慕静，宋磊．生鲜农产品消费者网络购买意愿的影响因素研究：基于UTAUT模型的实证分析［J］．东岳论丛，2018（4）．

［10］李洁，韩啸．公民自愿、技术接受与网络参与：基于结构方程模型的实证研究［J］．情报杂志，2019（2）．

［11］钱颖，朱莎．基于项目类型的股权众筹羊群行为及领投人作用研究［J］．科技进步与对策，2017（1）．

［12］罗长利，朱小栋．基于TAM/TPB和感知风险的余额宝使用意愿影响因素实证研究［J］．现代情报，2015（2）．

［13］Gerber E M, Hui J. Crowdfunding: Motivations and Deterrents for Participation ［J］. ACM Transactions on Computer – Human Interaction, 2014, 20 （6）: 34 – 32.

［14］Cholakova M, Clarysse B. Does the Possibility to Make Equity Investments in Crowd-funding Projects Crowd Out Reward - Based Investments? ［J］. Entrepreneurship Theory & Practice, 2015, 39 （1）: 145 – 172.

［15］Leimeister J M, Huber M, Bretschneider U. Leveraging Crowdsourcing: Activation – Supporting Components for IT – Based Ideas Competition ［J］. Journal of Management Information Systems, 2009, 26 （1）: 197 – 224.

［16］Venkatesh V, Morris M G, Davis G B, et al. User Acceptance of Information Technology: Towarda Unified View ［J］. MIS Quarterly, 2003, 27 （3）: 425 – 478.

［17］Héctor San Martín, ángel Herrero. Influence of the user's psychological factors on the online purchase intention in rural tourism: Integrating innovativeness to the UTAUT framework ［J］. Tourism Management, 2012, 33 （2）: 0 – 350.

［18］Burtch G . Herding Behavior as a Network Externality ［J］. International Conference on Information Systems , 2011 （2）.

［19］Chawla N V, Bowyer K W, Hall L O, et al. SMOTE: synthetic minority over – sam-pling technique ［J］. Journal of Artificial Intelligence Research, 2011, 16 （1）: 321 – 357.

［20］Schwienbacher A, Larralde B. Crowdfunding of Small Entrepreneurial Ventures ［M］. Handbook of entrepreneurial finance. Oxford University Press, 2010: 18 – 50.

［21］Belleflamme P, Omrani N, Peitz M. The Economics of Crowdfunding Platforms ［J］. Information Economics & Policy, 2015 （33）: 11 – 28.

13　数字普惠金融消费者权益保护研究

13.1　引言

金融是国家重要的核心竞争力，金融安全是国家安全的重要组成部分，金融制度也是经济社会发展中重要的基础性制度。党的十八大以来，习近平总书记反复强调要把防控金融风险放到更加重要的位置，牢牢守住不发生系统性风险的底线，采取一系列措施加强金融监管，防范和化解金融风险，维护金融安全和稳定。根据《G20 数字普惠金融高级原则》，需要采取尽责的数字金融措施保护消费者，完善扩展数字金融服务基础设施，重视消费者数字技术知识和相关金融知识的普及，从而达到控制数字普惠金融潜在风险的目的。

13.2　数字普惠金融的主要风险

数字普惠金融的本质仍然是金融，风险仍然是其固有属性，而且这种风险因为数字技术而更易于扩散，必须从源头加以防范和控制，通过传统方法和金融科技相结合，在数字普惠金融产品逻辑、业务流程、服务范式、监管规范等方面做好规则约束和科技防控。

第一，政策性风险。作为金融发展的新模式，数字普惠金融在我国的发展还处于初级阶段。与其相关的法律法规还不健全，关于市场准入、交易主体、权利义务、业务范围、合同合约等相关的数字普惠金融规范尚未出台。目前，我国已颁布《电子银行业务管理办法》《非银行支付机构网络支付业务管理办法》和《网络借贷信息中介机构业务活动管理暂行办法》等法律法规，但对许多数字金融平台没有很强的约束力。一些不法分子利用政策漏洞，假借数字普惠金融名义，采用技术手段进行金融诈骗、非法集资等违法犯罪活动，严重扰乱了金融市场秩序，使广大消费者的财产及人身受到不法侵害，甚至形成"劣币驱逐良币"的现象，对数字普惠金融发展产生巨大风险。

第二，流动性风险。流动性风险是指企业虽然有清偿能力，但无法及时获得充足资金或无法以合理成本及时获得充足资金以应对资产增长或支付到期债务的风险。数字交易平台如果作为信息中介，就单个个体标的而言，投资人资金与项目是一一对应关系，同时单个标的账期也具有确定性，一般没有资金池。数字普惠金融能够较好地满足个人投资以及中小微企业的融资需求。但是，考虑到该类群体综合财力相对薄弱，往往具有快速趋利心理和盲从心理，其可能利用数字普惠金融操作的便捷性进行金融交易，由此增大了挤兑发生的可能性。当遇到流动性风险时，平台一般要动用自己的资金为投资者垫付本金，形成客观上的刚性兑付。如果数字交易平台资金不够充足，容易引发流动性风险，从而影响其盈利水平。

第三，监管风险。有效监管是数字普惠金融健康发展的重要保障条件。现阶段，由于监管的缺失或错位，数字普惠金融发展过程中存在较大风险。一方面，监管缺位产生风险。数字普惠金融时代，金融机构与客户的往来大多数通过线上平台进行。在线上交易中，由于同质化经营的互联网企业没有实现信息共享，也没有接入统一的征信系统，许多被银行排斥在外的客户可以同时在线上多个互联网平台进行交易，由此产生潜在的金融风险。另一方面，监管错位产生风险。当前，许多互联网金融平台或者金融集团乃至金融生态采取混业经营模式，但是，现行的金融监管仍然实行分业监管，没有形成统一的混业监管模式，数字普惠金融发展中存在监管错位现象。从技术层面来看，诸如大数据、区块链、人工智能等技术的发展重塑了金融交易的模式和习惯，现有的法律框架将难以对新型金融交易和金融业态做到提前监管。此外，由于技术带来的负面影响具有滞后性，金融机构应用科技进行创新发展与监管合规之间的矛盾随着创新的指数级增长将难以调和。

第四，信息泄露风险。数字普惠金融在推广过程中，常常遇到消费者信息泄露等问题。在进行互联网注册或贷款时，消费者不仅准确填写了相关隐私信息，还间接贡献了面部、指纹等特征信息。一方面，由于部分企业自身管理机制不完善，存在部分员工会通过售卖消费者信息来获取市场收益的现象，从而造成消费者信息的主动泄露，形成数据黑市。另一方面，由于缺少大量的资金和技术人才，许多中小型数字普惠金融平台并没有非常强大的信息安全防护系统，并不能有效抵御黑客侵入，容易造成消费者信息的被动泄露，而面部生物特征数据的遗失实际上是永久遗失。而购买或盗取了消费者信息的企业极有可能利用用户信息进行消费者行为偏好、行为特征等方面的分析，然后进行金融欺诈和恶意营销等行为。在数字普惠金融刚刚起步的阶段，若不能有效管控信息泄露风险，将会明显降低数字普惠金融的发展潜力。

第五，数字技术风险。数字普惠金融的发展与技术应用密切相关。如果在技术应用中存在安全漏洞，可能使相关普惠金融参与者利用技术漏洞不当得利，由此损害了其他参与者的利益，产生巨大的金融风险。同时，数字技术的复杂性和专业性使得一些新从业者不能及时掌握相关知识和技术，对技术的安全性和风险缺乏足够认识，无法对数字技术进行准确应用。数字普惠金融要求普惠金融机构充分利用大数据技术降低成本、做好风险定价。但是，许多金融企业不具备普惠金融的资质，既没有大数据支撑也不会进行大数据分析，无法利用数字技术帮助企业解决发展难题。

第六，操作风险。由于数字普惠金融依托金融科技，业务专业性较强，而普通客户往往不具备相应的金融知识，在金融市场中可能操作超过其风险承受能力的业务，因而容易遭受由于市场波动带来的无谓损失。对于提供数字普惠金融业务的企业来说，由于是新兴业务，流程尚未定型，如果企业内部治理体系不健全，组织结构和规章制度不完善，当风险事件发生时可能出现无法及时有效纠正和处置的情况。同时，操作人员安全意识淡薄、不按照安全操作标准进行交易或者管理不规范，可能导致指令出现差错的风险。

第七，市场风险。市场风险是由于各类市场主体通过预测数字普惠金融市场利益而进行过度投机引致的过热问题，当市场泡沫虚涨到一定程度而破灭时，将会损害市场参与者的利益。由于以往的传统金融行业属于高准入门槛行业，实施监管相对容易，发生市场风险的可能性相对较低。而当科技在金融领域被广泛运用时，跨界成为金融业务的参与者不再是难事，甚至可以利用互联网进行跨时空交易，这种交易放大了金融市场风险。

第八，声誉风险。每个行业在发展的不同阶段都可能面临声誉风险，数字普惠金融由于直接面向弱势群体，更是如此。金融科技的应用虽然可以加快获取风险信息的速度，但是很难在负面评价发生前就防范声誉风险。不同于传统的金融交易市场，在科技力量的助推下，金融主体的声誉风险会快速传染，从而给处置风险造成更大困难，比如诸多争议和分歧助推了互联网金融的风险传染，即使是合规的互联网金融平台也陷入了声誉困境。研究发现网络借贷中也存在传统借贷对贷款对象的歧视问题，包括性别、种族、地域歧视等，比如借款人的照片越清晰、外貌越美丽越容易获得贷款，而且贷款的利率也比较低，这类不良影响的扩大化很容易使平台陷入声誉风险。

此外，关注数字普惠金融风险首先要关注的是系统性风险，因为这类风险影响面比较广，比如在网络借贷领域，政府近几年出台了多项监管政策，包括加强利率管控，特别是对利率上限的管控，杜绝高利贷；强调数据合规应用，明确数据收集、利用违规点，保护消费者隐私；规范催收管理，并与扫黑除恶相结合，维护市场秩序，已经取得较大成效。一些缺乏科技内核水平、风险控制能力不足、缺乏场景支持的平台就出现了较大的业务波动。而新冠疫情暴发更放大了原本就存在的网络借贷风险，由于中小微企业经营更加艰难，还贷压力显著增加，贷款的违约率上升，直接导致投资者的投资难以收回，遭受投资损失。另外，疫情对于社会中的中低收入群体影响更大，这类人群本身抵抗风险的能力就差，现金流不足，一些人还款能力出现了问题，比如银行大批从未逾期的老客户集中逾期，各大银行信用卡的逾期率也在上升。这类系统性风险需要及时关注其动态变化，特别需要重点关注社会中弱势群体的利益，避免因金融风险致损、致贫，甚至致残。

还有，在中观层面也需要关注行业的风险和区域性的风险。当前国际经济金融面临很大的不确定性，比如全球经济衰退、货币扩张、虚拟货币的冲击，此外，国际政治壁垒、贸易冲突以及本次疫情对具体行业的影响较大，如餐饮、娱乐、消费、出口导向性行业的信贷风险在集聚，也会迅速延伸到相关的生产制造行业。可以说，传统制造业在近年来增长方式面临挑战的同时，受疫情的直接影响，行业不确定性显著增加，面临更大的经营风险。金融方面的行业风险、区域性风险一定会叠加和集聚，不可避免地会蔓延至数字普惠金融领域。

13.3　数字普惠金融消费者的合法权益

13.3.1　数字普惠金融消费者的特点

数字普惠金融消费者是金融消费者概念在数字金融领域的延伸和拓展，指在我国境内通过依托支付工具、社交网络、搜索引擎等技术工具购买、使用金融产品和服务的自然人以及中小投资者，也是金融消费中的弱势群体和长尾部落。数字普惠金融消费者与传统金融消费者的一个重要区别是，前者容易通过互联网而形成一个集团，这是由互联网的高链接性所决定的，互联网平台天生的社交功能，通过虚拟社区形成数字金融消费者集团，在处理权益纠纷时，需要更为灵活的方案，与此同时相关的权益保护内容需要根据情况变化而变化。

13.3.2　保护数字普惠金融消费者权益的必要性

第一，有利于增强消费者信心。信心比黄金重要，数字普惠金融是一个新兴行业，个别子行业由于没有传统金融机构严格的准入牌照管理而被认为缺少政府信用背书，公众的认可还处于培育阶段。行业的长期健康发展取决于消费者的接受度和认可度，侵害消费者权益而攫取利益的短视行为将严重破坏行业口碑、信誉和消费者信心。强化对消费者权益的保护是维护良好行业形象的重要条件，提供数字普惠金融服务的机构应以优质的产品和良好的服务赢得客户。第二，有利于行业良性发展和创新。金融监管和消费者权益保护要求虽然一定程度上限制了创新，但是筑起了数字普惠金融过度创新和超常规发展的边界和刚性约束，是行业运营的底线和红线，有利于强化"以消费者为中心"的创新理念，防范服务机构利用自身优势进行单边获益的"创新"，从而建立良性有序的行业竞争氛围。第三，有利于维护金融市场秩序。数字普惠金融已成为金融行业不可或缺的一部分，资产规模迅速增长，参与者数量众多，一旦发生法律纠纷或财产安全等风险问题，涉及面广、利益重大，极易引起群体性事件，对整体金融市场秩序和经济环境也造成较大冲击，甚至影响社会和谐稳定，所以一定要做好消费者权益保护工作。

13.3.3　数字普惠金融消费者的权利

第一，安全权。《中华人民共和国消费者权益保护法》（以下简称《消费者权益保护法》）第七条规定："消费者在购买、使用商品和接受服务时享有人身、财产安全不受损害的权利。消费者有权要求经营者提供的商品和服务，符合保障人身、财产安全的要求。"数字普惠金融提供企业应保障其负责维护的金融机具、网络平台等设施的安全运行和使用，给消费者提供安全可靠的交易环境，如发生系统故障、黑客攻击、信息泄露等事件造成客户财产损失的，企业应承担赔偿责任。

第二，知情权。《消费者权益保护法》第八条规定："消费者享有知悉其购买、使用的商品或者接受的服务的真实情况的权利。消费者有权根据商品或者服务的不同情况，要求经营者提供商品的价格、产地、生产者、用途、性能、规格、等级、主要成分、生产日期、有效期限、检验合格证明、使用方法说明书、售后服务，或者服务的内容、规格、费用等有关情况。"第二十八条规定："采用网络、电视、电话、邮购等方式提供商品或者服务的经营者，以及提供证券、保险、银行等金融服务的经营者，应当向消费者提供经营地址、联系方式、商品或者服务的数量和质量、价款或者费用、履行期限和方式、安全注意事项和风险警示、售后服务、民事责任等信息。"知情权是数字普惠金融消费者享有的最核心的权利，是其他一切权利的基础，是诚信原则的必然要求。相应企业的义务具体表现为：向消费者全面、完整地提供有关金融产品或服务的真实信息，对复杂产品、关键条款或者交易条件应以通俗易懂的语言向消费者说明，一定要进行必要的风险提示，不得发布夸大产品收益或者掩饰产品风险的信息，不得做引人误解的虚假宣传；消费者要求提供金融产品或服务的计价标准、风险说明或合同条款、相关文本解释、政策法律法规依据等信息说明的，相应企业应当如实、全面地提供真实、明确的信息,并告知客户哪些信息会被如何使用。

第三,个人金融信息受保护权。《消费者权益保护法》第二十九条规定:"经营者收集、使用消费者个人信息,应当遵循合法、正当、必要的原则,明示收集、使用信息的目的、方式和范围,并经消费者同意。经营者收集、使用消费者个人信息,应当公开其收集、使用规则,不得违反法律、法规的规定和双方的约定收集、使用信息。经营者及其工作人员对收集的消费者个人信息必须严格保密,不得泄露、出售或者非法向他人提供。"数字普惠金融经营者应当采取技术措施和其他必要措施,确保信息安全,防止消费者个人信息泄露、丢失。在发生或者可能发生信息泄露、丢失的情况时,应当立即采取补救措施。经营者未经消费者同意或者请求,或者消费者明确表示拒绝的,不得向其发送商业性信息。

第四,选择权。《消费者权益保护法》第九条规定:"消费者享有自主选择商品或者服务的权利。消费者有权自主选择提供商品或者服务的经营者,自主选择商品品种或者服务方式,自主决定购买或者不购买任何一种商品、接受或者不接受任何一项服务。消费者在自主选择商品或者服务时,有权进行比较、鉴别和挑选。"数字普惠金融消费者有自主选择金融产品和服务及其提供者的权利,任何机构和个人无权干涉其自主选择权。

第五,公平交易权。《消费者权益保护法》第十条规定:"消费者在购买商品或者接受服务时,有权获得质量保障、价格合理、计量正确等公平交易条件,有权拒绝经营者的强制交易行为。"数字普惠金融消费者有权获得机会均等、自愿交易、收费合理的金融服务,相应地,企业向消费者提供商品或者服务时应当恪守社会公德,诚信经营,保障消费者的合法权益。不得设定不公平、不合理的交易条件,不得强制交易。不得使用格式条款减轻或免除己方责任,不能违背公平交易原则,歧视性对待客户。

第六,申请救济权。《消费者权益保护法》第十一条规定:"消费者因购买、使用商品或者接受服务受到人身、财产损害的,享有依法获得赔偿的权利。"第三十九条规定:"消费者和经营者发生消费者权益争议的,可通过下列途径解决:与经营者协商和解;请求消费者协会或者依法成立的其他调解组织调解;向有关行政部门投诉;根据与经营者达成的仲裁协议提请仲裁机构仲裁；向人民法院提起诉讼。"第十二条规定："消费者享有依法成立维护自身合法权益的社会组织的权利。"上述三项权利均适用于数字普惠金融消费者，而且消费者的救济权在弱势群体身上更应该充分体现。

第七，受教育权。《消费者权益保护法》第十三条规定："消费者享有获得有关消费和消费者权益保护方面的知识的权利。消费者应当努力掌握所需商品或者服务的知识和使用技能，正确使用商品，提高自我保护意识。"由于金融消费具有高度的专业性与不确定性，所需信息也更为复杂，数字普惠金融消费者有权接受金融产品的性质、种类、特征、风险等有关知识的教育，有权接受权益受侵害时如何救济等知识的教育。

第八，受尊重权与监督权。《消费者权益保护法》第十四条规定："消费者在购买、使用商品和接受服务时享有人格尊严、民族风俗习惯得到尊重的权利，享有个人信息依法得到保护的权利。"第十五条规定："消费者享有对商品和服务以及保护消费者权益工作进行监督的权利。消费者有权检举、控告侵害消费者权益的行为和国家机关及其工作人员在保护消费者权益工作中的违法失职行为，有权对保护消费者权益工作提出批评、建议。"数字普惠金融消费者不仅有权对提供的产品和服务进行监督，还可以对有关部门的消费者权益保护工作提出批评和建议。

13.4 数字普惠金融发展与消费者权益保护的对策

13.4.1 坚持政府和市场双主导

金融是国之重器，要始终坚持党对金融工作的全面领导，政府发挥引导与支持作用，通过政府有形手的调节作用，引导资源配置，适当调整金融资源流向，减少金融服务中的各种歧视和不公平现象，让人们公平、公正、充分地享受金融服务。金融监管机构应运用多样化的监管政策工具，实施信贷投向监管，将商业金融机构提供数字化普惠性金融产品和服务的程度嵌入监管体系之中。同时，应坚持市场主导，向商业可持续的发展方式转变，大力支持市场上各层次的数字普惠金融业态，突破传统金融"灌溉"模式，充分发挥数字普惠金融高效、便捷、个性化、智能化等优势，提高金融服务供给侧结构性改革的能力和水平，以覆盖小微企业、农民等传统金融机构放弃的长尾市场，为尽可能多的群体提供与其需求相匹配的金融服务。尽快做好征信前置性工作，发挥好央行征信系统的作用，接入各类合规的金融信息平台，开放民营资本参与个人征信业务，利用民间征信系统覆盖更多人群，收集更广维度的数据。

13.4.2 坚守数字普惠金融创新边界

习近平总书记提出"创新是引领发展的第一动力"，一定要保护金融创新，但是也必须明确什么叫真正的金融创新，而不是伪创新，或者打着创新的旗帜去招摇撞骗，比如各种空气币、非法集资等就要坚决打击。真正的金融创新应该是围绕着一个中心点，也就是人来开展，金融创新要能够使更多的人享受更加便捷的金融服务，使越来越多的企业，比如传统银行不能覆盖的80%的中小微企业都能享受到金融服务，这就是金融服务实体经济，这就是通过科技的手段提质增效降低成本。但在支持这类创新时，也需要有更好的体制和机制，如银行的考核机制、容错机制等。

在利用互联网等技术提高普惠金融水平的同时，也要时刻关注由此带来的全新的数字普惠金融风险。监管机构需要时刻保持警惕和清醒的认识，确保数字普惠金融创新的边界要以合法合规为基础，必须依托实体产业的深厚基础，不能脱离实体经济，避免空心化。加强数字普惠金融功能监管和协调监管，穿透式监管要贯穿始终，地方各级党委和政府要做好本地区数字普惠金融创新发展和区域性金融风险防范工作，始终与党中央决策部署保持高度一致，并落实到位，规划本地区数字普惠金融发展。惩处金融犯罪其实与保护金融创新并不矛盾，或者说只有有力地惩处金融犯罪，才能有效地支持金融创新，避免市场出现"劣币驱逐良币"的现象。

13.4.3 全面风险管理落实到位

2020年5月14日，人民银行下发《关于开展金融科技应用风险专项摸排工作的通知》，要求各地人民银行分支机构及相关监管机构启动金融科技风险专项摸排工作。本次摸排工作主要范围包括移动金融客户端应用软件、应用程序编程接口、信息系统等，摸排内容涉及人工智能、大数据、区块链、物联网等新技术金融应用风险，其中包括个人金融信息保护、交易安全、仿冒漏洞、技术使用安全、内控管理5个方面的风险情况，覆盖40个摸排项，共123个摸排要点。

各地也在陆续出台地方金融的管理条例，进一步明确监管职责。以浙江省为例，2020年5月15日，浙江省第十三届人民代表大会常务委员会第二十一次会议通过《浙江省地方金融条例》，规定了省级与县级以上人民政府不同的金融风险防范职责。县级以上人民政府应当建立金融风险防范和化解工作机制，加强与中央金融管理部门派出机构的协调配合，牵头依法打击取缔非法集资、非法金融活动、非法金融机构等，及时稳妥处置金融风险。而省人民政府应当建立健全金融风险监测防范系统，整合利用各类金融监测数据信息、基层社会治理网格化排查信息以及政府及相关部门监督管理数据信息，对金融风险进行实时监测、识别、预警和防范。支持云计算、大数据、人工智能、区块链等新兴科技在金融服务和金融监督管理领域的运用，推动金融科技产品、服务和商业模式的合规创新，建立健全与创新相适应的监督管理制度和新型金融风险防控机制。

数字普惠金融监管中要坚持穿透式监管和一致性监管原则，以物联网、区块链、人工智能等新技术在金融领域应用的外溢风险为导向，精准识别传统金融风险新变化以及产生的新风险，比如人工智能在金融领域的应用风险，要研究制定智能客服、智能投顾、智能风控、智能量化交易等智能金融业务规则，加强信息披露、算法报备、留痕管理、安全认证等方面的技术监管，推进金融领域人工智能算法设计、产品开发和成果应用的全流程监管体系建设，实现监管无死角、风险全覆盖。同时，探索运用机器学习、知识图谱等人工智能技术，不断提升监管部门自身的金融风险态势感知能力和监管科技应用水平。

13.4.4 加强数字监管能力建设

数字普惠金融业务是一个新事物，过去的监管不能完全适用，需要借助数字技术手段不断完善。监管部门要注重加强数字监管能力建设,积极运用大数据、人工智能、区块链、云计算等科技手段强化金融监管能力,发挥中国互联网金融协会等行业协会的平台作用,监管部门直接接入各类金融服务主体数据平台,汇集交易信息形成大数据中心。促进金融监管的逻辑自治,缓解监管信息不对称,降低监管成本,提升监管效率。厘清消费者保护和金融发展的关系,平衡数字普惠金融创新和金融安全稳定运行的关系,探索针对数字普惠金融的"监管沙盒"机制,从静态监管向动态监管转变,从被动监管向合作监管转变。实行差异化监管,增强监管主导性,既鼓励适当创新,又深入贯彻执行以防范风险、维护市场稳定为目标的宏观审慎监管。通过数字监管能力的提升,确保监管能够与时俱进,与科技创新同步。

13.4.5　构建恰当的数字普惠金融消费者权益保护的相关法律法规

一定要强调或者形成"建章立制,立法先行"的思想,包括对原有法律法规的修订和创制性专门立法。以保护消费者权益为目标,形成民事、行政、刑事"三位一体"的立体化保障,构建全方位的深度协作网络,健全完善行政执法机关和民事、刑事司法机关共同参与的数字普惠金融安全监管机制。在国务院金融发展稳定委员会的统一领导下,不断完善监管框架,构建起以"一行两会"(人民银行、银保监会、证监会)为主,公安部、科技部、工业和信息化部、商务部、市场监管总局、税务总局、地方金融局等多部门为辅的联合监管主体体系,实现对数字金融业务的全面监管和有效管理。及时修订《商业银行法》《票据法》《保险法》《证券法》《电子签名法》等金融法律法规,出台网络购物、网络借贷、股权众筹、互联网消费金融、互联网支付、智能投顾、区块链金融等与数字普惠金融发展创新相关的规范性文件,加强投诉处理、纠纷处理、损害赔偿等方面的机制建设,明确交易保障、风险承担、责任免除、信息披露、隐私权和数据保护等各方的权利和义务,解决好消费者为什么要保护、谁来保护、保护什么、如何保护等根本问题。

13.4.6　形成通畅的投诉举报机制

加快完善金融消费者保护相关法律制度和工作机制,提高举报、投诉、仲裁等渠道的便捷性和可获得性。依托信息披露、风险提示等手段，增强人工智能技术应用和金融服务全流程的透明度。引导和督促从业机构将消费者保护要求纳入公司治理、企业文化建设和经营发展战略，研究设计适应不同消费者操作习惯和能力素养的智能金融产品。积极开展金融知识普及教育、人工智能科普推广等活动，持续提升全社会的金融素养和数字能力。

让金融消费者享有更加便捷、高效、可靠的投诉和维权服务，也是政府的职责。在遇到金融犯罪时，人民群众最关切的是追赃和挽回或者降低损失。对于执法机关来说，在工作中如何体现"以人民为中心"的思想，需要谨慎处理好打击犯罪与追赃挽回损失之间的关系，比如，对于恶意诈骗的要坚决打击；对于集资犯罪的组织者、策划者以及具体领导人员要严格处理，及时止损；对于一些经营过程中出现问题的金融企业或者类金融机构，允许其改进或者支持其有序退出；对于涉案人员明显过高的工资，要及时追缴，返还投资者，最大限度地保护消费者利益。

参考文献

[1] 吴金旺. 互联网视域下杭州普惠金融发展路径探讨 [J]. 杭州研究，2015（1）.

[2] 焦瑾璞，陈瑾. 建设中国普惠金融体系 [M]. 北京：中国金融出版社，2009.

[3] 谢平，邹传伟，刘海二. 互联网金融手册 [M]. 北京：中国人民大学出版社，2014.

[4] 王曙光. 互联网金融的哲学 [J]. 中共中央党校学报，2013（12）.

[5] 张明哲. 互联网金融发展分析 [J]. 中国统计，2013（12）.

[6] 谢平，邹传伟. 互联网金融模式研究 [J]. 金融研究，2012（12）.

[7] 伍旭川，肖翔. 基于全球视角的普惠金融指数研究 [J]. 南方金融，2014（6）.

[8] 娄飞鹏. 金融互联网发展普惠金融的路径选择 [J]. 金融与经济，2014（4）.

[9] 徐会军. 利用互联网金融助推普惠金融创新发展的若干问题探讨 [J]. 金融理论与实践，2014（4）.

[10] 周雷，邱勋. "小蚂蚁"绘就"大蓝图"：金融科技创新的杭州样本 [J]. 杭州，2020（17）.